数字化转型
打造世界一流财务能力

刘　勤　魏代森　编著

电子工业出版社
Publishing House of Electronics Industry
北京·BEIJING

内 容 简 介

构建基于"双循环"的新发展格局是党中央在国内外环境发生显著变化的大背景下，推动我国开放型经济向更高层次发展的重大战略部署。加速财务数字化转型，促进企业整体数字化转型是立足新发展阶段、适应新发展格局背景下，企业迈向数字化新征程、步入高质量发展阶段的时代要求。与此同时，数字技术的飞速发展扩展了生产要素的范围，数字本身成为新的生产要素，同时也导致生产要素分配更多地向资本倾斜，这使得很多传统的经济理论、管理理论、财务分析框架都发生了革命性的变化。本书通过分析、探讨财务数字化转型的本质、影响因素及发展趋势，提出财务数字化转型的框架、方法论和路线图，并提供一些优秀的财务数字化转型案例供业界参考。

图书在版编目（CIP）数据

数字化转型打造世界一流财务能力 / 刘勤，魏代森编著. — 北京：电子工业出版社，2024.1
ISBN 978-7-121-46994-7

Ⅰ.①数… Ⅱ.①刘… ②魏… Ⅲ.①企业管理－财务管理－数字化－研究－中国 Ⅳ.①F275

中国国家版本馆 CIP 数据核字（2024）第 009503 号

责任编辑：石会敏　　文字编辑：苏颖杰　　特约编辑：侯学明
印　　刷：三河市鑫金马印装有限公司
装　　订：三河市鑫金马印装有限公司
出版发行：电子工业出版社
　　　　　北京市海淀区万寿路 173 信箱　邮编：100036
开　　本：720×1000　1/16　　印张：18.75　　字数：343 千字
版　　次：2024 年 1 月第 1 版
印　　次：2024 年 7 月第 4 次印刷
定　　价：63.00 元

编 委 会

序言（一）

2023年2月，中共中央、国务院印发了《数字中国建设整体布局规划》，指出"建设数字中国是数字时代推进中国式现代化的重要引擎，是构筑国家竞争新优势的有力支撑。加快数字中国建设，对全面建设社会主义现代化国家、全面推进中华民族伟大复兴具有重要意义和深远影响"。自2017年以来，"数字经济"已被多次写入政府工作报告，这表明"加快数字化发展、建设数字中国"已成为当今中国的基本国策。

伴随着新一代信息技术在各行各业中的快速渗透，数字化已演变成为当今社会经济发展的时代潮流。面对全球社会经济环境带来的诸多不确定性，数字化更是显示出其巨大的优势和韧性，成为当前推动整个社会发展的新兴力量。企业作为数字经济发展的重要参与者甚至引领者，在经济发展环境日益复杂，市场需求日趋多元化，产业被新商业模式不断颠覆的背景下，亟须通过数字化转型提高核心竞争力，化解不确定性带来的巨大挑战。

在上述一系列变革浪潮的冲击下，企业中的财务工作也在发生剧烈的变化，传统的基于手工和半自动化的财务管理模式已不能适应越来越复杂的业务发展需要。随着企业对财务、业务数据的要求越来越高，新的理论和概念层出不穷，新的技术和工具持续推出，财务数字化转型已是大势所趋，并成为中国绝大多数企业的共识。

近几年来，由上海国家会计学院和浪潮集团等机构共同组建的智能财务研究院，在不断发展自身研究能力的同时见证了中国财务数字化乃至智能化发展的巨大成就。在以"大智移云物区"等为代表的新一代信息技术的推动下，财务数字化风起云涌，不断演进，从数字技术到云计算，从移动互联到人工智能，从物联网到区块链，其中的发展成果无不反映了企业对于财务数字化的迫切要求和深切期望。

作为中国会计信息化事业的一线工作者，我们深感推广财务数字化之路的责任重大和使命光荣。我很荣幸能参与浪潮集团和上海国家会计学院联合编著的《数字化转型打造世界一流财务能力》一书的编撰工作，期间深切地感受到浪潮企业数字化专业团队巨大的创作热情和奉献精神，由衷希望这本凝聚了众多数字化转型专家智慧的书籍能对中国财务数字化的发展有所裨益。

相对于市场上其他同类的书籍，本书具有以下几个特点：

通过对财务数字化转型的背景、必要性、内容、路径等方面的系统阐述，可帮助读者深刻理解财务数字化转型的基本概念、核心内涵以及转型实现的必要条件等，全面了解数字化时代的财务变革趋势，明确财务数字化转型的目标和方向，掌握数字技术在财务数字化转型中的应用特征。

通过对财务数字化转型中的财务共享、管理会计、业财融合和新生态等几个典型、具体领域的转型实践案例和具体方法的分析，帮助读者深入了解财务数字化转型的一些重要的应用场景及其实现路径，为读者理解和思考数字化转型的内部机理提供一手素材。

通过对中国交建、中国移动、中国铁塔、中国能建、东方电气、潍柴动力、首钢集团、天津港等几个大型或特大型企业数字化转型实践的剖析，帮助读者一窥大型企业集团实现财务数字化转型的核心和精髓以及可能面临的难点和痛点问题，为读者全面负责同类企业的数字化转型工作奠定实践基础。

本书采用通俗易懂、流畅自然的语言，将抽象的财务数字化转型理论很好地转化为具体的实践方法，这有助于读者深入理解财务数字化转型的本质，把握数字化时代下的机遇和挑战，顺利实现财务数字化转型的目标和价值。

本书既适合财务从业人员进行实际应用，也适合企业管理者进行战略决策参考，是财务数字化转型领域的一本重要参考书。

最后，感谢各位数字化转型专家和案例企业在本书完成过程中提供的指导、帮助和参与，并期待读者一如既往地鼎力支持。

刘勤

序言（二）

2022 年 3 月，国务院国资委发布了《关于中央企业加快建设世界一流财务管理体系的指导意见》，对建设世界一流财务管理体系提出了要求，对中央企业财务管理体系的建设目标、主要任务等进行了重要指示。世界一流对于企业而言意味着竞争力，对标世界一流企业，提升国际竞争力，是国家层面对企业提出的要求，也是企业自身发展的方向。构建世界一流财务体系，形成优势竞争能力也是所有先进企业的共同要求，而财务数字化能力是重要组成部分。

数字经济作为拉动经济增长的新引擎，已成为重塑全球经济结构、改变全球竞争格局的关键力量。二十大报告指出，要加快发展数字经济，促进数字经济和实体经济深度融合，打造具有国际竞争力的数字产业集群。数字化转型作为未来数字中国建设主线，是数字经济的关键环节，是加速数字经济与实体经济融合、形成新发展格局的重要基础。企业数字化转型加速，呼唤财务主动转型，在这一背景下，《数字化转型打造世界一流财务能力》一书应运而生。

随着数字技术的发展与应用，以区块链、人工智能、云计算、物联网为代表的技术逐渐成熟，数字技术与实体经济开始以前所未有的广度和深度交汇融合，企业对更加便捷、高效的数字化解决方案的需求愈加强烈，希望通过新一代信息技术加速企业数字化转型进程。

从企业角度看，财务管理的目的是推动甚至引领企业的价值创造，这也是财务数字化转型追求的重要目标。数字化能力和数字技术赋予了财务工作新使命，开创了财务价值创造新局面，如何利用好数字技术与财务进行深度融合，将成为财务整体转型升级的重要驱动力。《数字化转型打造世界一流财务能力》提出财务数字化转型以新一代数字化平台为建设基础，以数字技术为支撑，改变传统财务工作的流程、组织和方法，甚至是战略思维，如帮助财务人员实时、精准地收集数据，帮助组织降低财务工作成本、提高效率等，基于财务思维和数字化本质实现财务共享、管理会计、业财融合、新生态等价值创造，赋能和创新企业的可持续发展。

此外，结合大量实践，《数字化转型打造世界一流财务能力》基于数字技术对企业财务流程、业务流程和管理流程的支撑，建立了企业财务数字化转型框架，并提出了企业财务数字化转型路径分三步走，巩固基础，探索财务智能创新应用，循序渐进，实现企业财务数字化转型。

本书从技术角度充分考虑了关于数字化转型的前瞻性理论，更有基于中国交建、中国移动、中国铁塔、中国能建、东方电气、潍柴动力、首钢集团、天津港等一大批企业的实践总结，还针对新时代财务人才需求进行了梳理与判断，适合企业集团管理者及财务人员阅读。

参与本书编写的还有薛军利、孔冰、朱宏标、李丽娜、邹立宾，写作过程中得到了杜丕峰、杨锦历、王观政、王宏涛、徐晓音、张博、李文琦、滕滨、孙自强、李金明、熊升全、张亚贤、崔雅丽、梁丽亚、卜照坤、杨寅等同事的宝贵意见与材料支持，在此一并表示感谢。

最后，要特别感谢上海国家会计学院刘勤先生百忙之中参与本书编著并题写序言。

书中的不足之处，还恳请同行专家和广大读者批评指正。

魏代森

目　录

第一部分　财务数字化转型的方法论

第二部分　财务数字化转型的实践

第一部分

财务数字化转型的方法论

第1章 财务数字化转型的背景

当今世界，数字经济已经进入加速创新、引领发展的新阶段，面对世界百年未有之大变局，国家"十四五"规划纲要指出，打造数字经济新优势，要充分发挥海量数据和丰富应用场景优势，促进数字技术与实体经济深度融合，赋能传统产业转型升级，催生新产业新业态新模式，壮大经济发展新引擎。加速财务数字化转型、促进企业整体数字化转型是立足十四五新发展阶段、打造共享和创新驱动新发展格局、迈向数字化发展新征程的时代要求。

1.1 经济社会数字化转型

1.1.1 时代背景呼吁下的数字经济

随着互联网的全球化普及，第四次工业革命已经到来，人类社会进入数字化发展浪潮。数据已成为贯穿经济社会活动的关键生产要素，为人类提供了广阔的虚拟空间、全新的思维方式，数字化越来越成为推动经济社会发展的核心驱动力，数字经济站上了世界经济发展的主舞台。掌握信息与数据、掌握数字经济竞争力，是把握机遇、赢得未来的战略选择。

自2020年起，在疫情全球大流行、地缘政治博弈加剧的国际环境下，在全球经济形势不确定性日益增强等影响下，数字经济成为拉动经济增长的新引擎，焕发出前所未有的生机，成为重塑全球经济结构、改变全球竞争格局的关键力量。中国信息通信研究院（以下简称"中国信通院"）发布的《全球数字经济白皮书》研究显示，2020年全球47个国家数字经济规模增加值仍达到了32.6万亿美元，同比名义增长3%；数字经济增加值占GDP的比重从2018年的40.3%提升至43.7%。互联网数据中心（IDC）预测，到2023年数字经济产值将占到全球GDP的62%，全球将进入数字经济时代。

当前，世界各国都把推进经济数字化作为创新发展的重要动能，我国及各发达经济体为增强经济发展韧性和培育经济新动能，纷纷实施前瞻性战略，加强对数字技术和产业的优先布局，抢抓数字经济发展机遇。据相关统计，包括中国在内，已有30多个经合组织国家制定国家数字战略，包括美国的《美国数字经济议程》和《2021年创新和竞争法案》，欧盟的《塑造欧盟数字未来》《欧洲数据战略》，日本提出的"互联工业""数字新政"等战略，以及我国发布的《"十四五"数字经济发展规划》等。现如今，我国已成为世界数字经济大国，数字经济规模连续多年位列全球第二，已具备较为强大的数字竞争力和经济竞争力。但同时，对标世界数字经济强国，我国数字经济质量及规模仍具有一定的发展空间。补齐中国与发达经济体在数字经济领域的短板，发挥中国数字经济的独特优势，正是当前我们需要奋力追赶的目标。

1.1.2 新发展格局下的数字中国

1. 数字经济与数字中国战略蓝图

习近平总书记在中共中央政治局第三十四次集体学习时强调，"要站在统筹中华民族伟大复兴战略全局和世界百年未有之大变局的高度，统筹国内国际两个大局、发展安全两件大事，充分发挥海量数据和丰富应用场景优势，促进数字技术和实体经济深度融合，赋能传统产业转型升级，催生新产业新业态新模式"。党的十八大以来，在以习近平同志为核心的党中央坚强领导下，在习近平新时代中国特色社会主义思想特别是总书记关于数字经济重要论述科学指引下，我国深入实施数字经济发展战略，构建了既有顶层设计又有具体战略部署的政策体系，为我国实现从数字经济大国到数字经济强国的历史性跨越提供了思想指导和行动指南。

2021年11月，中国正式提出申请加入《数字经济伙伴关系协定》（DEPA），积极对接全球数字经贸规则。这一决定不仅符合中国进一步深化国内改革和扩大高水平对外开放的方向，而且有助于中国在新发展格局下与各方加强数字经济领域合作、促进创新和可持续发展。2022年1月，习近平总书记在《求是》杂志发表重要文章——《不断做强做优做大我国数字经济》，强调发展数字经济意义重大，是把握新一轮科技革命和产业变革新机遇的战略选择，有利于推动我国产业结构优化升级、加快新旧动能转换、推动发展方式转变、抢占全球竞争优势。数字经济无疑成为推动中国经济"稳中求进"的重要驱动力，利用数字技术推动产业转型升级，已成为实体经济高质量发展的必由之路。我国需要用"数字"打开更多领域和行业应用场景，打造更明显的数字经济优势、走出具有中国特色的数字化之路，并将"数字"与中国文化连接，培养中国式大数据文化，更好地实现"数字中国"。

2. 我国数字时代的发展机遇

从数字经济的规模和对 GDP 的拉动作用来看，我国数字经济规模自 2015年以来持续扩大。根据中国信通院发布的《中国数字经济发展白皮书（2021）》数据整理，如图 1.1、图 1.2 所示，2020 年我国数字经济总体规模达到 39.2

万亿元，同比名义增长 9.7%，占 GDP 比重为 38.60%，相比 2015 年的规模增加了一倍多。

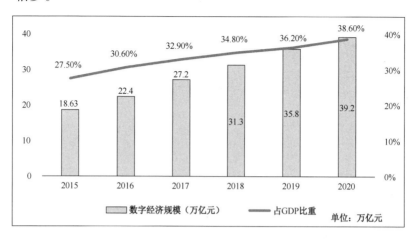

图 1.1　2015—2020 年我国数字经济规模与占 GDP 比重

（数据来源：中国信通院）

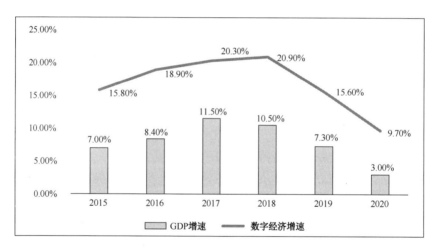

图 1.2　2015—2020 年我国数字经济增速与 GDP 增速对比

（数据来源：中国信通院）

同时，对比我国数字经济增速和 GDP 增速可以发现，数字经济增速趋势和 GDP 增速趋势大体一致，但数字经济增速大大高于 GDP 增速，如 2020 年数字经济增速是同期 GDP 名义增速的 3.2 倍多，成为我国稳定经济增长的关键动力之一。我国数字经济的蓬勃发展，成为拉动 GDP 增长、带动我国国民经济发展的核心关键力量，对构建现代化经济体系、实现高质量发展的支撑作用不断凸显。

发展数字经济作为引领创新驱动的重要先导力量，也是构筑竞争新优势的迫切需要，为中华民族实现"弯道超车"、在数字时代的国际竞争中占据制高点、赢得主动权提供了重要发展机遇。我们既要总结利用我国在数字化、网络化、智能化等领域取得的局部优势，也要清醒地认识到在信息化关键技术上"卡脖子"的风险，克服不同区域、产业和企业间发展不平衡的"数字鸿沟"问题。

通过数字经济，贯彻新发展理念、构建新发展格局、推动高质量发展，下好先手棋，要充分利用我国数字经济发展的优势。

① 发挥我国社会主义制度优势。发挥市场机制在发现创新机会、优化资源配置等方面的优势，不断释放我国数字经济巨大潜能。同时，我国数字化转型政府引领作用显著，破解国内外双循环下产业结构升级困境，集中力量攻克"卡脖子"的信息化关键技术，为数字经济发展筑牢基础，并率先通过"数字政府"和国有企业的数字化转型，为各行业组织变革引路。

② 利用我国的数据大国优势。我国拥有世界最大的互联网人口基数、世界最大的数字经济消费群体，是第一大数据资源国。据中国互联网络信息中心（CNNIC）2021 年公布的数据显示，截至 2021 年 6 月，中国网络用户规模已突破 10 亿，成为全球最为庞大的，也是唯一一个拥有十亿"网络居民"的数字社会。以数据为代表的新要素是数字化转型的新生动力，规模红利将逐渐凸显。

③ 充分利用我国丰富的数字化应用场景优势和良好的软硬件基础设施优势。我国的数字化产业基础，包括 5G 网络、大数据中心、人工智能、工业互联网等发展迅猛，并拥有世界第一大规模的光纤和移动通信网络。截至 2021 年年底，全国 5G 基站数超过 140 万，全国在建的 5G+工业互联网项目超过 1800 个。同时，在细分应用领域，如线上通信、网络支付、网络购物等领域应用场景广泛，不断衍生出数字经济的新服务、新产品，拥有一批具备中国特色原创能力的消费互联网、产业互联网新业态。

除此之外，更要积极参与数字经济国际合作，主动学习借鉴国际先进经验，最大限度地用好全球要素资源，助力中国乃至全球经济高质量发展。

当前，受百年变局与世纪疫情交织影响，新一轮科技革命和产业变革加速演进。面向未来，网络提速、数字赋能、智能加持，中国社会中数字技术应用将无所不在，数字化转型还将产生更大的想象空间。国家"十四五"规划纲要浓墨重彩地描述了数字中国的美好愿景，政治、经济、技术、文化、社会都将被数字化的浪潮重塑，一个充满科技感的数字明天正在悄然到来。

1.2 企业数字化转型

1.2.1 企业数字化转型的必要性

正如尼古拉·尼葛洛庞帝（Nicholas Negroponte）在《数字化生存》一书中所说："我们无法否定数字化时代的存在，也无法阻止数字化时代的前进，就像我们无法对抗大自然的力量一样。"当前，我国企业进行数字化转型的必要性有以下几点。

1. 数字经济发展的关键环节

数字化转型作为未来数字中国建设主线，是数字经济的关键环节，是加速数字经济与实体经济融合、形成新发展格局的重要基础。2020年以来，国家陆续出台各种政策措施鼓励引导企业进行数字化转型，加大对数字化转型的技术支持，着重从部分行业的数字化升级，转向完善各领域数字化转型的制度规范，陆续出台了"互联网+"行动、大数据战略、"新基建"等一系列重大举措，并启动"上云用数赋智"行动，鼓励企业加快数字化转型。2020年8月，国务院国有资产监督管理委员会（以下简称"国务院国资委"）发布《关于加快推进国有企业数字化转型工作的通知》，指出"制定数字化转型方案，纳入企业年度工作计划"。国企以切实行动，坚定推动全社会的数字化转型进程。

2. 新发展战略的必然要求

十九届五中全会以来，三个"新发展"——新发展阶段、新发展理念、新发展格局引起了社会各界广泛关注。随着全球经济和产业格局的重构，高质量发展成为"在危机中育先机、于变局中开新局"的必然要求，数字化转型则是企业高质量发展、可持续发展的内生动力。

① 世界经历的百年未有之大变局，使企业面临环境的不确定性不稳定性加大。数字化转型将有助于企业更加敏捷地感知市场环境并准确做出相应对策，在不确定性中保持韧性，实现高质量发展。

② 高质量的发展必须坚持"创新、协调、绿色、开放、共享"的新发展理念，而数字化转型是助推企业创新发展的关键引擎。企业通过数字化转型，既能够实现资源内外协调、平台开放共享的智能化运营，又可进行业务和模式的数字化创新，成就智慧企业。

③ 构建"以国内大循环为主、国内国外双循环相互促进"的新发展格局，要求企业始终敏捷地把握国内市场需求的变化，一方面通过供给侧改革更好地满足国内需求，稳定产业链，畅通供应链；另一方面则需要通过数字化创新、数字化营销准确响应国内需求。同时，对外要把握数字经济时代机遇，

通过数字化转型在国外市场中构建核心竞争力，共同推动新发展格局的构建和实现。

3. 企业自身发展的战略选择

数字化转型是企业应对不确定性风险挑战的重要保障，也是提升企业生存能力的关键。从产业层面来看，数字化转型是实现模式变革和创新引领的核心驱动，是企业组织、管理与文化创新的大变革，以实现企业战略的迭代升级。从企业层面来看，企业竞争也从"单体企业竞争"转向"供应链与供应链竞争""产业链与产业链竞争"，企业应积极跟进价值链数字化演化进程，加快数字技术赋能，共建开放协同的数字化生态系统。

1.2.2 企业数字化转型的本质

数字化转型是利用数字技术为企业高质量发展赋予新动能，基于企业所在的行业、所处的经济环境、所负的企业使命、所具的机制体系，重构和持续提升企业运营能力，推动企业在规模与效益、市场与品牌、产品与技术、管理与运营诸方面实现运营提升、创新发展、智能升级，如图1.3所示。

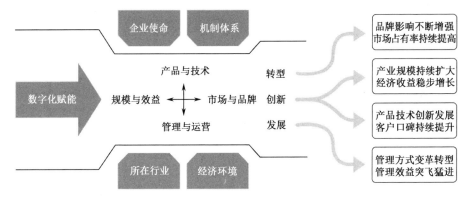

图 1.3　数字化转型的本质

企业数字化转型是运用数字技术对全业务链进行数字化改造和提升，重塑企业战略、业务流程、组织架构和商业模式，是信息化战略的延续与迭代升级。其本质是赋能工具和手段，而不是最终目标。

数字化为企业赋能，其核心是重构企业能力，支撑企业智能化运营。重构企业能力既体现在企业传统的管理能力上，如战略管理；也体现在利用新型技术与业务的融合能力上，如通过对数字技术的掌握和应用而构筑的数字化创新能力和数字化运营能力。

企业应以满足市场与客户新需求为导向，构建企业数字化创新与数字化运行生态体系，以数字化与系统化思维为先导，分步骤有序地推进企业数字化转型。

如图 1.4 所示，企业数字化转型分为三个进阶阶段：数字化 1.0 阶段的核心是运营提升，数字化技术主要应用于内部管理，目的是提升运营效率，增强管控能力，降本增效和风险控制；数字化 2.0 阶段在企业前期奠定的数字基础上，以体验升级为核心，通过数字技术驱动业务应用，为客户提供精准化、定制化、个性化的产品和服务，创造深入的服务体验，提升数字应用广度，逐渐打造"平台+生态"体系；数字化 3.0 阶段以模式创新为核心，基于大数据进行数字技术赋能，孵化新业务模式，产品从一次性销售向服务化和平台化方向转变。

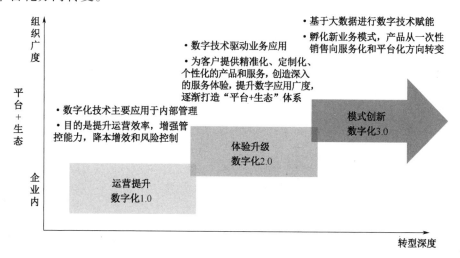

图 1.4 企业数字化转型进阶过程

1.2.3 企业数字化转型的目标和方向

1. 企业数字化转型的目标

"智慧企业"是企业数字化转型的理想目标。如图 1.5 所示，企业数字化转型推动传统企业将财务、人力、营销、制造及服务等各环节与新一代数字技术深度融合，促进业务转型升级，催生新业态、新模式，实现向智慧企业的过渡。

具体而言，企业数字化转型主要有三大目标：一是用数字技术对传统产业进行改造和提升，重塑组织和流程，提高效率，降本增效，催生新产业、新业态、新模式和新收入；二是提高企业的敏捷性和韧性，应对经济环境日益增长的不稳定不确定性，实时感知并满足多样性、个性化的客户需求；三是支持可持续发展，推进绿色低碳转型。

图 1.5　企业数字化转型的目标

2. 企业数字化转型的方向

（1）改善基本运营，提升企业综合竞争力

借助数字化转型契机，充分借鉴领先企业的管理经验，积极对标领先企业在运营方面的各项控制指标，通过全面量化管理最大化降低成本，通过业务转型和创新发展带来新的企业增长点，通过互联网等新手段提升客户便利性与售后服务质量，从而提升企业综合竞争力。

（2）建立以客户体验为中心的端到端流程，优化企业价值链

在数字化时代，相比线下业务，线上业务的客户体验成为客户能否被吸引、转化、留住的核心竞争力。如图 1.6 所示，关注客户个性化需求，建立真正的以客户为中心的端到端业务流程，打造客户全方位服务体验，也是企业数字化转型的方向之一。在产业互联网时代，站在更高的格局思考价值链的优化，将给企业带来更多新的战略机遇。

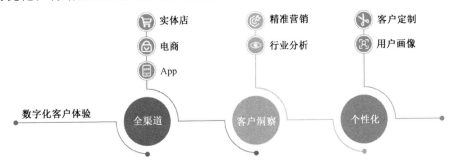

图 1.6　以客户体验为中心的数字化

（3）数据驱动业务，利用数据优化企业决策

数据驱动意味着"以数据为核心"取代"以流程为核心"，充分实时的数据使企业管理者可以从数据视角而非过程视角来审视业务，从而发现变化、预测未来。建立从数据出发的管理体系，用数据驱动业务运营、战略制定和模式创新，是企业数字化转型的核心工作之一。数字化转型的过程，也是经

营数据价值优化、信息积累的过程，而数据资产的积累又带来管理思维和商业模式的迭代，成为引导业务模式创新和创造新增长点的基础。

（4）发挥技术红利，重塑业务模式

在数字经济时代，互联网、大数据、人工智能等数字化技术已从概念推广转向广泛应用。如图 1.7 所示，充分发挥技术红利，进一步解放劳动力，降低企业运行成本，将企业资源更多地投入到产品创新、客户服务等增值效果明显的业务领域，形成持续增强企业核心竞争力的智能化业务模型。

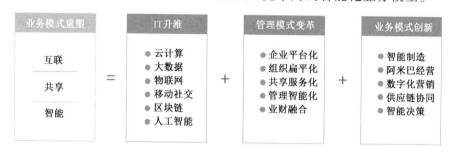

图 1.7　技术重塑业务模式

（5）强化内外部链接，以平台铸生态

平台型企业是企业未来发展的方向。如图 1.8 所示，平台化发展战略，一方面推动企业对内整合后台系统能力，对外链接各大社交、电商、O2O 平台等，从技术角度打造企业生态塑造中心；另一方面加速打造产业链协同的高效经营模式，企业内部实现部门间数据共享、高效流转，外部链接客户、供应商等关联单位，实现价值链、企业链、供需链、空间链的优化配置与提升，从业务角度推动企业生态体系的发展。

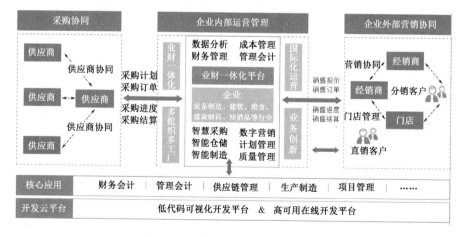

图 1.8　企业内部运营与外部协同

1.2.4　企业数字化转型的规划框架

企业数字化转型的核心不仅仅是技术，更是观念的更新、认识的提升、管理的进步，是技术与企业管理的深度融合，是系统性的建设工程，是创新变革之旅。结合中国企业，尤其是国有企业的特点，可形成一整套企业数字化转型框架和操作方法。如图 1.9 所示的企业数字化转型框架，包含数字化战略、数字化运营、数字化技术三个层面的具体内容，同时也包含了支持数字化转型实践所应具备的保障条件。

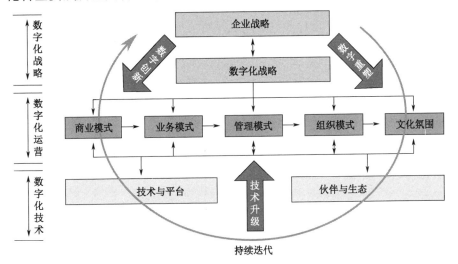

图 1.9　企业数字化转型框架

企业数字化转型框架的核心理念为：坚持两大战略融合，即将数字化战略纳入企业战略规划体系中，并为之制定详细的执行细则，确定数字化转型路径；抓住一条变革主线，即从业务管理模式到商业逻辑、从组织结构到企业文化的这条变革主线；把握两大关键因素，即打造强大的技术平台、建立广泛链接的生态圈；遵循一个基本原则，即遵循持续迭代不断优化的基本原则，最终实现对标一流，建设智慧企业的目标。

在数字技术的驱动下，产业价值链正被重塑，新生态系统不断涌现，行业边界变得越发模糊，越来越多的传统企业都在试图通过重构自身业务模式来从容应对行业变革，并跨越传统的行业界限扩展业务。在剧烈变动的环境中，企业更要深化数字化转型，打造数字化企业，构建数字化产业链，培育数字化生态。

1.3 数字技术创新迭代

中国目前正处于技术变革的新时代，随着云计算领域技术的发展与应用，以容器、微服务、DevOps 为代表的技术逐渐成熟，数字技术与实体经济开始以前所未有的广度和深度交汇融合，企业对更加便捷、高效的数字化解决方案的需求愈加强烈。各大集团企业纷纷开展新技术的探索与应用，希望利用新一代信息技术加速企业数字化转型进程。

数字技术正以风卷残云之势改变着传统财务工作的流程、组织和方法，甚至战略思维，如帮助财务人员实时、精准、安全地收集经济数据，快速、精细、高效地对会计信息进行存储和处理，为管理者展示所需的财务信息，帮助组织降低财务工作成本、提高效率、提升质量、加强风险管控、支撑财务转型和支持组织快速发展。在企业管理模式发生变化的同时，还衍生出一系列的财务数字化场景，如图 1.10 所示。下面仅就其中一些内容加以具体介绍。

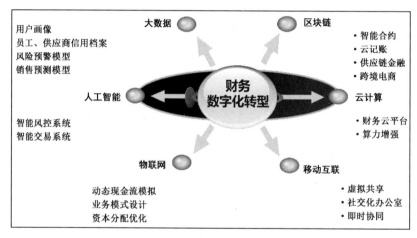

图 1.10　数字技术与财务数字化场景

1. 大数据

大数据技术通过高度自动化地分析企业的数据，结合关联分析、聚类分析、分类分析和演变分析等方法归纳推理，挖掘潜在模式，帮助决策者做出正确的决策。

大数据技术的特点使其在财务管理中有更多的典型应用场景：企业依托数据挖掘技术获取企业盈利能力分析所需的结果，找出企业今后的盈利能力及其存在的不足；对投资环境、行业相关运行状况等数据信息实时动态监控，切实挖掘有助于企业投资决策的信息；在对企业融资管理进行分析过程中，依托回归分析模型、关联模型评估企业需要筹集资金量，挖掘最理想的融资方式、融资渠道，尽可能让企业以最小的风险及成本筹集到需求的资金。

2. 人工智能

人工智能技术为人类的生产、生活提供各种服务，使计算机可以智能地完成过去只有人类才能完成的工作和任务，如模拟人类的生物功能，通过感知外界环境，与人类进行交互，对数据进行采集、加工、处理、分析和挖掘等。

以上特点使其在财务管理中有更多的典型应用场景，包括机器人流程自动化技术在账务处理、发票认证、发票查验、银行对账等场景的应用；专家系统技术在会计核算领域的票据智能稽核、记账凭证自动生成，财务报告领域的报告智能分析和报告自动生成系统等场景的应用；神经网络技术在企业预算管理、税务管理、资金管理以及决策支持中的破产预测等场景的应用。

3. 物联网

物联网是在互联网基础上，将物品与互联网连接，通过信息交互，形成人与物、物与物相连，来实现智能化识别、定位、跟踪、监控及管理的一种信息技术。

在物联网环境下，可以构建一套完整的物资的生产、存储、运输，以及使用状态的管理系统，利用传感设备、读写器的自动识别功能和追踪定位功能，实现对物资的实时动态管理。

4. 移动互联

移动互联网是移动通信终端与互联网相结合的产物，用户使用无线终端设备及移动通信网络或 WLAN 等无线网络来获取网络服务。在移动互联网的促进下，企业财务管理方式发生了一定的改变，有效带动了企业管理会计信息。企业的经营业绩、员工绩效、各部门员工工资等都可在企业的 App 中查询到，企业的日常经营活动也均能与计算机、手机联合，如银行业务中的转账汇款可通过移动设备完成，相关的投资、融资、利润分配等财务管理活动均可在移动设备上完成。

5. 云计算

云计算提供便捷的、可用的、按需的网络访问，这种模式下配置的计算资源共享池能够快速提供资源，用户只需投入很少的管理工作，按使用量付费即可。

企业将云计算技术与财务共享中心协同整合，实现核算报账、数据共享、财务管理、资金管理、决策支持合一，以实现降低总体运营成本、有力整合企业资源支持的企业发展战略。

6. 区块链

区块链技术是下一代云计算的雏形，实现了从目前的信息互联网向价值互联网的转变，且已延伸至数字金融、物联网、智能制造、供应链管理等多个领域。

其自主记账理念和分布式记账特性将会重构传统的财务会计信息系统，促进财务与会计的管理变革；在发票管理领域，促进优化营商环境、税务管理水平提升；还可用于遏制会计舞弊和实现会计转型，并在价值创造、价值传递和价值管理方面发挥积极作用。

此外，为了持续帮助中国会计从业人员积极应对技术挑战、主动学习和掌握数字技术，上海国家会计学院携手专业机构于 2017 年、2018 年、2019 年、2020 年、2021 年、2022 年连续六年对影响中国会计人员的十大信息技术进行了评选，如图 1.11 所示。从发布的《影响中国会计人员的十大信息技术》评选结果可以看出，数字技术在财务领域仍将产生深远的影响，甚至会继续衍生出新的财务类产品和应用场景，这些数字技术更是企业财务数字化转型的关键影响因素。

排名	2022 技术名称	得票率	2021 技术名称	得票率	2020 技术名称	得票率	2019 技术名称	得票率	2018 技术名称	得票率	2017 技术名称	得票率
1	财务云	52.59%	财务云	56.02%	财务云	73.14%	财务云	72.10%	财务云	90.22%	大数据	88.68%
2	会计大数据分析与处理技术	51.28%	电子发票	55.46%	电子发票	66.33%	电子发票	69.50%	电子发票	81.15%	电子发票	81.12%
3	流程自动化（RPA和IPA）	48.10%	会计大数据分析与处理技术	52.19%	会计大数据技术	62.44%	移动支付	50.70%	移动支付	66.49%	云计算	71.26%
4	中台技术（数据中台、业务中台、财务中台等）	47.12%	电子会计档案	47.69%	电子档案	50.56%	数据挖掘	46.90%	电子档案	62.25%	数据挖掘	58.26%
5	电子会计档案	46.96%	机器人流程自动化(RPA)	41.58%	RPA（机器人流程自动化）	48.41%	数字签名	44.50%	在线审计	62.19%	移动支付	54.69%
6	电子发票	45.42%	新一代ERP	33.66%	新一代ERP	47.91%	电子档案	43.10%	数据挖掘	54.77%	机器学习	50.27%
7	在线审计与远程审计	38.97%	移动支付	33.38%	区块链技术	45.73%	在线审计	41.40%	数字签名	54.06%	移动互联	49.28%
8	新一代ERP	35.16%	数据中台	31.77%	移动支付	43.00%	区块链技术	41.10%	财务专家系统	53.30%	图像识别	47.48%
9	在线与远程办公	31.73%	数据挖掘	31.03%	数据挖掘	42.77%	移动互联网	39.60%	移动互联网	48.41%	区块链	46.22%
10	商业智能（BI）	27.64%	智能流程自动化(IPA)	29.32%	在线审计	42.74%	财务专家系统	37.70%	身份认证	47.70%	数据安全技术	45.01%

图 1.11　影响中国会计人员的十大信息技术

1.4　世界一流财务体系建设

1.4.1　财务数字化转型，助力打造世界一流企业

2020 年 6 月，国务院国资委发布《关于开展对标世界一流管理提升行动的通知》（以下简称《通知》），要求以对标世界一流为出发点和切入点，加强管理体系和管理能力建设，并提出了八大重点工作任务，财务管理是其中之一。《通知》强调要加强财务管理，提升价值创造能力，并重点提及了构建一体化财务管控体系、推进资金集中统一管理、完善全面预算管理和财务信息化建设等工作。

2022 年 3 月，国务院国资委发布了《关于中央企业加快建设世界一流财务管理体系的指导意见》（国资发财评规〔2022〕23 号）（以下简称《指导意见》）。《指导意见》进一步对建设世界一流财务管理体系提出了要求，对中央企业财务管理体系的建设目标、总体要求、主要任务、组织实施进行了重要指示，整体概括为"1455"："围绕一个目标""推动四个变革""强化五项职能""完善五大体系"。

围绕一个目标，即构建世界一流财务管理体系，更好统筹发展和安全，更加注重质量和效率，更加突出"支撑战略、支持决策、服务业务、创造价值、防控风险"功能作用，以"规范、精益、集约、稳健、高效、智慧"12字为标准。

推动四个变革，即财务管理理念变革、组织变革、机制变革与功能手段变革。这是推进财务管理转型升级的"思想开关"和理论基础。

强化五项职能，即强化核算报告、资金管理、成本管控、税务管理、资本运作五项职能。这是推进财务管理转型升级的抓手和切口。

完善五大体系，即全面预算管理体系、合规风控体系、财务数智体系、财务管理能力评价体系与财务人才队伍建设体系。这是支撑财务管理职能落地、实现财务管理体系有效运行的根本保障，也是推进财务管理转型升级的主线和重点。

企业数字化转型加速，呼唤财务主动转型。面对不确定的环境及更加复杂的竞争压力，数字化转型是企业高质量发展、提升竞争优势的重要推手。如何利用好数字技术与财务进行深度融合，将成为财务整体转型升级的重要驱动力。

世界一流对于企业而言意味着竞争力。对标世界一流企业，提升国际竞争力，是国家层面对企业提出的要求，也是企业自身发展的方向。构建世界一流财务体系和能力也是所有先进企业的共同要求，而财务数字化能力是重要组成部分。未来，财务与数字化将以更紧密的关系结合在一起，充分发挥数据的决策指引作用，助力打造世界一流企业。

1.4.2 以数字技术驱动价值创造，回归财务数字化转型本质

新一代数字技术是财务数字化转型的第一驱动力。财务数字化转型的本质是以数字技术驱动价值创造，建立以数据为核心而不是以流程为核心的管理体系，用数据驱动战略、运营和创新是财务数字化转型最核心的工作。

1. 数字技术驱动企业管理模式变革

随着新一代数字技术向各行各业渗透融合，企业数字化转型不仅体现在技术应用及深度融合上，企业的管理模式也发生了重大的改变。

（1）转型驱动力：从流程驱动转变为数据驱动

财务数字化转型的驱动力将由以流程驱动为主向流程驱动与数据驱动并重转变，体现数据要素的价值。

（2）组织模式：从科层式组织转变为生态型组织

在数字化时代，生态型组织的特点是去中心化、目标一致、自主决策、动态协同，以快速响应外部市场需求、实现生态体系内资源要素灵活有效配置，推动精准决策和内外部创新。

（3）管理理念：从管控转变为赋能

赋能是数字化时代的企业管理目标，其基本理念是为了追求共同利益而赋能、授权，使他人能够更多更好更快捷地创造可归因的增量价值，并通过内部赋能进而达成外部赋能。

（4）运营模式：从金字塔模式转变为能力引擎模式

在数字化时代，企业应面向全价值链识别业务性质，建立可复用的前中后台能力引擎，推动建立敏捷前台、精益中台和创新后台。

2. 数字技术渗透财务的速度在加快

在企业管理模式发生变化的同时，大数据、人工智能、物联网、区块链、云计算、移动互联等数字技术的影响力也在财务领域发挥显著作用，也衍生出一系列的财务数字化场景，如销售预测模型、智能风控系统、动态现金流模拟、供应链金融、财务云平台、即时协同等。从上海国家会计学院携手专业机构发布的 2017—2022 年"影响中国会计人员的十大信息技术"评选结果看，财务云、电子发票、数据挖掘、机器人流程自动化（RPA）、智能流程自动化（IPA）、移动支付等数字技术在财务领域仍将产生深远的影响，甚至会继续衍生出新的会计类产品和应用场景。

3. 价值创造是财务数字化转型追求的目标

不论数字技术的影响如何深刻，回归本心，财务管理的终极目的永远是推动乃至引领企业的价值创造。价值创造包括对存量业务进行精益化管理产生的精益价值和发掘潜在价值区带来的创新价值。

4. 数字化时代的财务角色再定义

回顾财务组织在企业发展中的角色定位：在会计电算化时代，财务组织充当交易处理者；在信息化时代，财务组织充当管控者和服务者；再到数字化时代，财务组织在企业的角色定位将是赋能者和创新引领者。

数字技术的迅速迭代，给传统的各行各业都带来了巨大机遇与冲击，企业数字化转型之路愈加坚定。财务作为企业运营的重要环节，势必走在数字化转型的前列，成为数字化时代企业高质量发展的重要保障。

第2章　财务数字化转型的必要性

不论数字技术的影响如何深刻，回归本心，财务管理的终极目的永远是推动乃至引领企业的价值创造，这也是财务数字化转型追求的重要目标。哈佛大学商学院教授迈克尔·波特（Michael E.Porter）于1985年提出了价值链的概念。波特认为的价值链为"每个企业都是在设计、生产、销售、发送和辅助其产品的过程中进行种种活动的集合体，所有这些活动可以用一个价值链来表明"。价值链是通过一系列活动构成的，这些活动可以分为基本增值活动和辅助增值活动两类，其中基本增值活动包括内部后勤、市场和销售、服务等，即一般意义上的"生产经营环节"，如材料供应、成品开发、生产运行、成品储运、市场营销和售后服务，这些活动都与商品实体的加工流转直接相关；而辅助增值活动则包括采购、技术开发、人力资源、财务管理和基础设施等，这些互不相同又互相关联的生产经营活动，构成了一个创造价值的动态过程，即企业价值链。

财务与价值链的融合，既要考虑价值链的本质，又要考虑财务数字化转型的价值，才能形成财务价值链。基于价值链的本质和财务的职能，财务价值链在企业内部更多通过业务、财务、管理三个维度体现基于财务思维的价值创造，在企业内部形成一个有效的闭环。财务价值链的基础是财务维度，包括财务会计、管理会计、财务。其中，财务会计算财务账，管理会计算业务账，财务更多地关注资本配置和管理系统，从资金流的角度看企业的价值创造。基于财务数字化转型的价值创造可以分解为两种：一是对存量业务进行精益化管理产生的精益价值；二是发掘管理潜在价值区带来的创新价值。按照价值创造的难度和价值空间大小，可以将价值创造分为价值基础、价值保障、价值挖掘和价值乘数四个层面，如图2.1所示。

从精益价值到创新价值的价值创造需要四个层面共同作用才能实现。首先，落实财务合规和管控，进一步为财务赋能价值创造提供基础。其次，财务部门需不断强化管理会计、内部控制、业财融合等拓展职能，更好地服务业务部门，为业务的可持续发展提供财务价值，这是财务为企业创造价值的基本保障。再次，管理会计的预测、决策、规划、控制、评价服务于企业内部管理，为财务部门职能扩展提供可能。资本市场使会计信息加速应用于估值领域，但其复杂性超出了财务部门独立应对的范畴。面对价值评估与经济不确定性，财务部门需要不断挖掘企业业务数据、财务数据、管理数据，识别潜在数据背后的价值，进一步提升财务的价值地位。最后，企业数字化转型的价值本质不仅需要满足企业内部的可持续发展，也要体现包括客户、供应商、政府、自然等生态圈的可持续健康发展，这是企业价值创造最深层次的内涵所在。

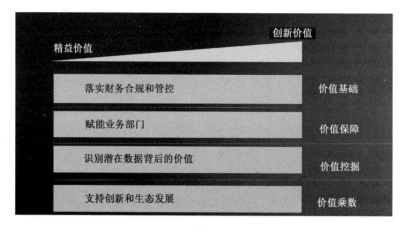

图 2.1　价值创造的内涵

2.1　平台建设

财务数字化转型以数据为关键要素，以数据赋能为主线，以平台建设为底座，以价值释放为核心，对企业全要素进行数字化升级、转型和再造。新一代信息技术革命和信创要求，使传统的 IT 基础设施面临升级换代。与此同时，企业组织和流程在不断地变革，管理和业务创新速度加快，财务软件架构需要更加灵活以适应数字经济时代的变化。因此，平台建设成为企业财务数字化转型的关键，以企业级 PaaS 平台为核心的数字平台成为大型企业的"新基建"。

企业传统业务系统是相互独立的，以竖井式的方式建立和使用客户管理系统（CRM）、制造执行系统（MES）、供应链管理系统（SCM）、企业资源计划（ERP）、产品生命周期管理（PLM）等业务系统，如图 2.2 所示。独立业务系统相互之间没有联系，数据共享将会受限，严重制约了财务系统与业务系统之间的集成，使业务数据无法与财务数据融合，阻碍财务数字化转型的建设和落地。

为了解决企业独立业务系统的诸多问题，企业开始建立基于数字平台的业务系统，以新一代企业级 PaaS 平台助力企业财务数字化转型。新一代企业级 PaaS 平台基于云原生、微服务弹性计算架构，支持以公有云、私有云或混合云为基础设施的多云部署模式，包含业务中台、数据中台、技术平台，为业务系统提供积木式开发、分层灵活扩展的零/低代码开发能力，智能交互、决策预测、流程自动化的数智驱动能力，以及等保、分保、开源开放的安全开放能力。图 2.3 所示为该类平台的一个简图，用部分内容做了一个展示。

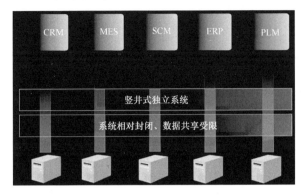

图 2.2　企业传统业务系统模式

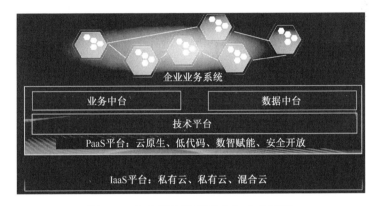

图 2.3　企业基于数字平台的业务系统

2.2　数据要素

　　数据要素是企业数字化转型的关键因素，随着经济社会数字化转型的深入发展，企业对数据需求和数据管理的要求越来越高，只有形成数据资产，才能为企业创造价值，而数据资产需经过复杂加工，才能发挥其作用。企业通过数据治理将零散数据变成标准化、统一化的数据要素，实现包括组织、流程、制度为一体的数据要素管理体系，进而形成数据资产，为企业提供数据服务和数据产品应用。数据要素作为不可或缺的关键因素，其重要性和必要性不言而喻。

　　当前，财务数字化转型的驱动力已经从流程驱动转变为数据和流程双驱动的模式。在信息化时代，财务工作以流程驱动为主要任务，从而提升财务的工作效率，财务共享中心就是典型的流程驱动在财务工作中的应用。在数字化时代，财务工作需要为企业创造价值，基于企业业务流程、财务流程、管理流程的梳理，对流程节点及其关键数据要素分析，智能化地获取管理决策、对标管理、经营分析等高附加值信息。

流程驱动和数据驱动具有不同的数字化特征，主要表现在输入源、过程可见性、自动化程度、应对变化的能力、输出方式、驱动模式等方面，如表 2.1 所示。

表 2.1　财务数字化转型的数据要素特征

数字化特征	流程驱动	数据驱动
输入源	人的直觉和经验	数据
过程可见性	可解释、可视化	不可见
自动化程度	半自动化	自动化、智能化
应对变化的能力	迭代慢	快速迭代
输出方式	规则体系	决策体系
驱动模式	响应式	自驱式

① 在输入源方面，流程驱动主要以财务人员的直觉和工作经验处理财务流程中的具体工作；而数据驱动更多的是财务人员使用数据，借助数字技术，让数据说话。

② 在过程可见性方面，流程驱动可以使财务人员提前了解财务工作的各个节点内容，对具体的财务工作容易解释；而数据驱动财务工作的全过程是不可见的，财务人员只能及时、准确地获取数据的信息。

③ 在自动化程度方面，流程驱动主要依靠财务人员梳理财务工作的全过程及其节点，半自动化地完成财务工作；而数据驱动基于财务流程，借助感知智能、认知智能等智能技术，智能化地处理数据，并完成相关财务工作。

④ 在应对变化的能力方面，流程再造在财务流程梳理完成后时有发生，相对来说流程驱动下的迭代慢；而数据驱动更多的是以数据为基础处理财务工作，企业内外部数据具有实时、快速变化的特征，因此基于数据驱动的财务数字化转型将会是快速迭代的。

⑤ 在输出方式方面，流程驱动使财务工作更多地按照规则来处理，财务人员会按照财务制度、合规体系、管控要求等规则体系标准化处理财务工作；而数据驱动更多的是以智能化方式处理数据，提供各种财务决策，应对不确定性环境。

⑥ 在驱动模式方面，流程驱动大多是按照标准化的流程处理财务工作，前端业务发生后，驱动财务按照规则处理基础交易相关工作；而数据驱动更多是处理分析、决策、控制等财务高附加值工作，是数据要素和智能技术为一体的自驱式财务工作模式。

2.3　管理模式

财务数字化转型不仅体现在技术的应用及与财务的深度融合上，同时还推动了企业财务管理模式发生重大改变，包括财务组织模式、财务角色、财务流程优化、财务运营模式等。数字化时代的财务管理模式如图 2.4 所示。

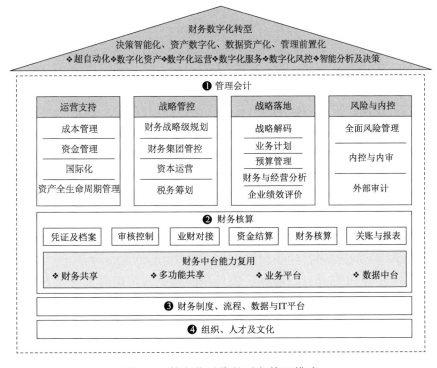

图 2.4　数字化时代的财务管理模式

财务数字化转型使企业的财务组织向生态型组织转型，财务人员也向着"赋能+创新"的角色转型。与此同时，企业的财务制度、流程、数据也将向着业务、财务、管理一体化的"流程+数据"方向发展，并借助新一代数字化平台，打造财务核算和管理会计的数字化场景。财务数字化转型在超自动化、数字化资产、数字化运营、数字化服务、数字化风控和智能分析及决策等引领下，助力企业形成决策智能化、资产数字化、数据资产化、管理前置化等数字化能力，实现财务赋能企业的价值创造。

2.3.1　财务组织模式

传统的科层式财务组织虽然也具有会计核算、财务管理分析、决策支持等职能，且一定程度上能够提高组织的业务效率，但是因为信息传导链条长的特点也导致包括信息失真、决策缓慢、压制创新等众多弊端。进入 21 世纪，企业的财务组织向三位一体的战略财务、共享财务、业务财务加速迈进。战略财务负责集团总部的财务管理职能，具备财务总体规划、风险管理规划、资产管理规划、决策财务规划和投融资规划等多项职能，为集团提供决策支持并指导会计核算与管理控制。战略财务能够参与到分/子公司或机构的日常经营活动与管理控制活动中，及时把握经营状况并落实集团发展战略。共享财务负责集团的会计基础核算工作，如资金结算、报销服务、标准会计报表、会计档案等，既可以有效解决大部分财务人员受限于低附加值工作的窘境，也可以提供及时准确的数据信息，将会计核算与财务管理职能适度分离，使得各层级的权责划分清晰，更好地完成集团全业务价值链的业务支持和战略决策。业务财务为集团的分/子公司和机构提供经营决策分析，支持他们的计划、预算和预测，以及各种盈利分析和财务分析等职能。这种战略财务、共享财务、业务财务的财务组织模式，更好地为企业财务数字化转型升级提供重要的数据基础、组织基础、运营基础。

基于战略财务、共享财务、业务财务的财务组织模式，将会出现管理财务机器人及其职能的财务组织。财务组织需要担任业务流程、财务流程、管理流程的财务价值链中涉及财务思维的职能。结合财务价值链的特点，在保留业务财务、战略财务、共享财务已有的财务组织基础上，企业已经开始建立处理业务工作和管理工作的财务组织，奠定组织基础。

财务组织除履行财务职能外，也逐步向生态型组织转型。生态型组织的特点是去中心化、目标一致、自主决策、动态协同，可以快速响应外部市场需求，实现生态体系内资源要素灵活有效配置，推动精准决策和内外部创新，如图 2.5 所示。生态型财务组织首先是面向客户、服务业务，具有决策授权和精益化敏捷的价值作用，在多元化渠道、数字化营销、供应链数字化、生态联盟创新、智能 BP 创新等方面体现积极的财务作用。其次，生态型财务组织具有智能决策、创新驱动的管理价值，在财务大数据建模与分析、管理会计场景化动态建模、人机共生的智能决策、人机协同的高效财务、数字管理决策等方面发挥积极作用。

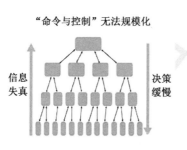

图 2.5　财务数字化转型的财务组织模式

2.3.2　财务角色

财务组织在企业发展的每个阶段，赋予财务角色不同的定位，如图 2.6 所示。以高效率与低成本为目标，以分工、协作、流程化、标准化为手段的企业管控是工业时代的通用管理理念，这一理念越来越难以满足在 VUCA［组织将处于"不稳定"（Volatile)、"不确定"（Uncertain)、"复杂"（Complex)、"模糊"（Ambiguous）的状态之中］市场环境下，企业想要充分发挥员工能动性、灵活快速、精准响应乃至引导市场的管理需求。

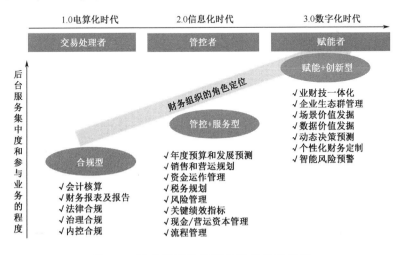

图 2.6　财务数字化转型的财务角色定位

电算化时代的财务工作主要关注会计核算制度的恢复。20 世纪 80 年代左右，企业掀起在财务领域应用计算机的热潮，由于企业对财务工作的不同要求，会计软件多以定点化开发为主。改革开放深化了我国经济体制，在激烈的市场竞争环境下，企业必须借助信息化手段处理财务工作，我国财务软件逐步进入商品化阶段。但企业财务工作更多的是解决各种合规问题，如法律合规、治理合规、内控合规等，财务角色以处理基础交易工作为主，对采购、销售、人力资源等业务工作的信息系统处理没敢有任何期望。

随着我国经济高速发展，证券、期货、金融、保险等衍生工具的出现，一些企业逐步演变成集生产经营、投融资和资本运作为一体的集团企业，拉开了我国财务核算软件向管理软件转型的序幕，财务工作进入信息化时代。21 世纪，我国加入世界贸易组织后，各类企业在国际化进程中出现了财务管理效率低下、成本上升、管控难度增加等问题。基于此，2005 年开始，我国大型集团企业开始建立财务共享中心，财务人员也开始履行财务管控和财务服务等职责。基于战略财务、共享财务、业务财务的财务共享中心的广泛应用，进一步使财务角色分工更加明确。

数字化时代要求企业具有经营管理敏捷性和信息决策实时性，企业以数据驱动带动业务发展，让数据辅助管理决策。企业财务人员更多地履行财务赋能和财务创新等职责，具备经营管理、对标管理、价值挖掘、个性服务等价值创造职能，与信息化时代财务共享模式相比，战略财务、业务财务、共享财务相关的财务角色除做好财务会计、管理会计、业财融合等本职工作外，还需融入业务工作和管理工作中：基于业务流程财务职能的财务角色，应更加了解业务流程各个节点及数据事项的价值创造点；基于管理流程财务职能的财务角色，应更加了解管理流程各个节点及数据事项的价值创造点，发挥财务思维在业务流程和管理流程中的价值作用。

2.3.3　财务流程优化

在信息化时代，财务流程主要根据企业具体情况和财务不断地进行分析、鉴别、优化。结合财务管理模式从"会计核算"向"管理控制、决策支持"转型的目标，企业梳理的财务流程主要包括决策支持、会计核算与管理控制。

在数字化时代，流程再造与优化是财务部门为企业创造价值的核心要素。战略财务、共享财务、业务财务的财务共享模式更多的是通过梳理财务流程以提升财务工作效率，但未能深入梳理业务流程、管理流程，更没有梳理三个流程之间的融合关系。

基于财务价值链的流程优化将明确融合业务、财务、管理的流程清单，包括原料辅料采购、运输、入库出库，产品生产，成品入库出库、物流运输、销售，财务分析等基本流程，进一步梳理细化，建立基于业务流程、财务流程、管理流程的全流程清单。在此基础上，对每个流程进行详细描述，明确每个流程的边界功能并对其进行优化，梳理流程图，清晰直观地展示整个流程走向，明确每个流程节点事项及其关键数据指标。与此同时，分析财务价值链所面临的具体风险，定位财务价值链内部关键控制点，制定并实施相应的管理控制措施，确保财务价值链始终处于优化状态，使财务部门能够明确自身在业务工作、财务工作、管理工作各环节所担任的角色，更好地执行岗位职责，提高财务管理效率。

2.3.4　财务运营模式

财务数字化转型不仅加速了财务管理模式变革，还加速了财务运营模式的改变。在数字化时代，财务思维将在业务流程、财务流程、管理流程的各个节点体现价值创造作用，企业在面向生态圈全价值链过程中，利用财务思维识别业务性质、强化财务职能、服务管理决策，财务运营模式将由传统的金字塔模式转变为前中后台的能力引擎模式，如图 2.7 所示。

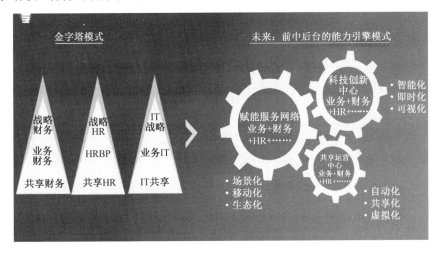

图 2.7　财务数字化转型的财务运营模式

金字塔式的运营模式解决了传统垂直式运营模式的各种弊端，将财务管理、人力资源管理、信息技术管理等运营模式按照职能进行了专业化的分工，使标准化的财务职能由共享财务来完成，包括会计核算、财务报表、资金结算、费用报销等财务运营工作。而高附加值的管理会计、业财融合、战略管理等财务的决策支持和管理控制职能，主要由业务财务和战略财务来完成。这一模式虽然对财务基础交易工作的效率和管控提升起到了积极的作用，但对于财务的分析、评价、决策、控制、预测等方面职能未能起到积极的运营作用，更无法为企业的价值创造提供服务。

在数字化时代，企业应面向全价值链识别业务性质、强化财务职能、服务管理决策，财务运营模式将按照服务业务、财务、管理等价值维度，建立可复用、具有数智作用的前中后台能力引擎，推动建立敏捷前台、精益中台和创新后台的新型财务运营模式。

敏捷前台——服务/体验引擎：企业面临着激烈的市场竞争，业务部门及业务人员首当其冲面对变化莫测的经济环境，需要更多服务和管理支持。财务数字化转型要面临企业日常采购、生产、经营、销售等业务活动，财务部门及财务人员需要充分考虑各种业务场景，以个性化的智能服务，满足客户需要、提升客户体验。前台业务层需要实现业务、财务、管理一体化融合，业务层自动接收财务会计和管理会计反馈的预算、计划等监管和业务支持的数据，指导业务活动开展，更好地服务客户。同时，业务层也会将各种基础交易活动数据作为财务会计和管理会计的数据输入，智能化地完成财务会计核算和报告工作，通过管理会计模型输出指导和规范业务，帮助客户提升体验感。财务运营模式的敏捷前台形式借助移动互联、人工智能、大数据等数字技术，使客户、业务人员、财务人员以场景化、移动化的方式处理各种工作，从而建立具有数字服务理念和沉浸式体验的生态圈。

精益中台——运营效率引擎：企业业务端多变的环境，使以核算为主的传统财务无法实时、高效地为业务提供精益化的财务服务。财务数字化转型使财务的核算、报表、结算等基本职能通过流程再造和优化，尽可能以自动化方式处理，从而在保证完成核算和监督的财务基本职能外，进一步释放财务人员工作强度和工作时间。与此同时，财务数字化转型的重要目标是基于财务思维提供业务支持和管理决策，通过共享服务模式，将企业外部数据和内部的业务数据、财务数据、管理数据互联互通，借助人工智能、知识图谱等数字技术，为企业运营管理提供支撑。在数字经济时代，在提升运营效率方面，虚拟化技术是一个较好的选择。尤其是数据虚拟化，遍布于企业内外部各处的数据将会是难以管理的，可以将不同来源的数据整合到一个单一的来源，并对新加入的数据进行统一管理，通过虚拟化技术将业务及其数据传递到客户需要的场景中并对其进行高效、精益化管理。基于此，财务运营模式的精益中台形式，通过流程的自动化、数据的共享化、业务的虚拟化提高企业的运营效率。

创新后台——技术创新引擎：企业的后台需以稳重和创新的方式为前台和中台提供引擎支持。在精益中台的数据汇集前提下，如何基于财务思维挖掘企业内外部数据中的价值，成为创新后台的首要任务。财务数字化转型基于云计算技术构建的新一代数字化 PaaS 平台为财务决策提供强大的基础设施建设，也包括容器技术、微服务等各种创新架构的应用；人工智能和大数据等数字技术使企业在面临大量的内外部数据时，及时挖掘数据背后的价值，即时、高效地进行决策、分析与判断；移动互联和商业智能等数字技术使财务人员借助各种终端设备，随时随地为业务人员和管理人员提供各种决策、分析、预测、评价等财务服务。基于此，财务运营模式的创新后台形式，借助企业数字化转型推动信息流的充分流动，使财务决策基础发生根本性改变，从而实现财务数字化转型过程中财务服务工作的智能化、即时化、可视化。

第3章 财务数字化转型的内容

3.1 财务数字化转型的内容和定义

数字化能力和数字技术赋予了财务工作新使命，开创了财务价值创造新局面。结合对财务数字化转型的理论研究及实践分析，财务数字化转型的内容定义如图 3.1 所示。

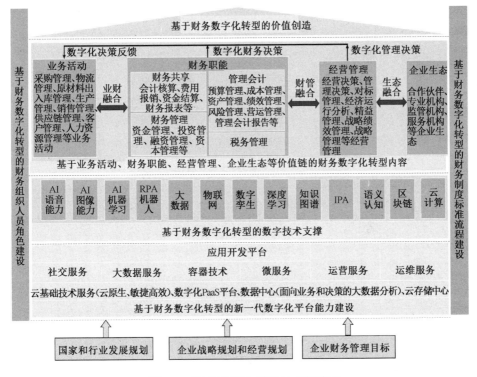

图 3.1 财务数字化转型的内容定义

财务数字化转型以新一代数字化平台为建设基础，以数字技术为支撑，以企业财务数字化转型的组织、人员、角色、制度、标准、流程为建设能力，结合企业业务活动、财务职能、经营管理、企业生态，基于财务思维和数字化本质实现财务共享、管理会计、业财管融合、生态融合等价值创造，从而赋能和创新企业的可持续发展。

1. 财务数字化转型之"财务共享"

从传统的事后、集中核算转向实时、自动、智能核算，企业业务事项自动触发财务规则，借助数字技术，形成自动计量、自动记录、自动监控、自动预警、自动报送和自动稽核。

2. 财务数字化转型之"管理会计"

基于财务思维主动赋能业务、场景化、基于大数据的预测性分析和智能实时决策、个性化的财务信息实时推送，财务能力将真正成为各个业务岗位的泛化能力。

3. 财务数字化转型之"业财管融合"

以业财管数据的自动流动为前提，在"数据+算法"定义的世界中，通过智能算法构建业务模型，基于财务角度分析模型数据，化解复杂财务系统的不确定性，优化财务资源配置效率，构建企业财务赋能业务的新型竞争优势。

4. 财务数字化转型之"生态融合"

财务从企业内部延伸到外部，生态圈内的企业、监管部门及第三方伙伴等通过数字化融合在一起，生态体系内财务健康状况和竞争力的计量、分析和评价日益重要。

3.2 财务数字化转型之"财务共享"

"财务共享"是数字技术和共享服务模式在会计核算、资金结算、费用报销、财务报表等基础交易工作领域的深度应用，促使财务相关工作日趋一体化、自动化、智能化、实时化，从而导致从事低附加值财务工作人员的工作方式、工作内容和能力需求发生实质性改变，如图3.2所示。目前部分企业已可以实现95%以上的核算由业务场景触发，借助规则引擎、专家系统、人工智能等数字技术，自动完成记账、稽核、报表出具、纳税申报等传统核算操作，而核算人员的工作重心将向赋能业务和客户转移。

传统财务共享中心将企业分散的、易于标准化和规范化的财务业务进行流程再造与标准化，借助共享中心的数据及流程支撑基础交易工作的集中处理。数字化时代的财务共享在基于传统共享服务理念的基础上，将数字技术引入财务共享工作中，并进一步推动财务组织、人员、流程、职能等工作模式发生本质变化。其基于企业业务活动产生的标准业务事项，借助数字技术，自动化地完成财务基础交易工作智能录入、财务事项智能审核、资金智能支付、会计智能记账、智能清算对账等工作，同时实现发票识别、预算控制、移动支付审批等工作，提升业务办理的时效性和终端用户体验获得感，实现基础工作处理的智能化。与此同时，企业进一步建立税务中心、资金中心、核算中心、报表中心的多功能一体化大共享，通过人工智能技术实现无人业务中心，将企业业务数据、指标数据、交易数据标准化，并通过数据的智能化抽取、转化和加载，实现数据分析及决策的智能化。

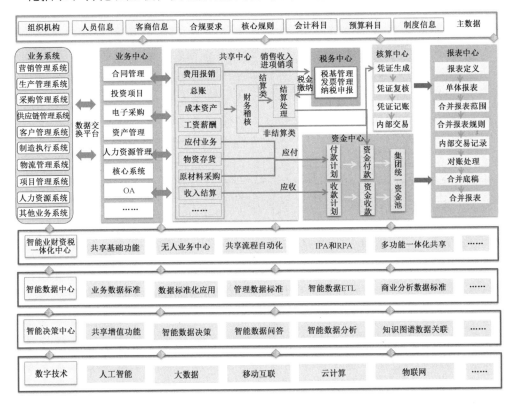

图 3.2　财务数字化转型之"财务共享"

3.2.1　自动化、智能化催生智能核算

　　财务共享的核心任务之一是借助数字技术实现核算全流程的自动化、智能化，解放更多财务人员的劳动力，从而使财务工作在数字化转型之下为企业创造更多价值。

　　① 智能审核：企业利用大数据技术，对机器人进行大样本数据训练，通过机器学习实现财务规则自学习。智能审核一方面可以将财务审核节点嵌入业务场景，主动推送审核判断规则；另一方面可以根据审核结果自动判断审核流程，若符合内部控制要求且没有问题，可以自动校验通过，若有问题则通过人工的方式进行解决，财务审核会重复进行规则沉淀及数据训练，不断

提升智能审核的效果。

② 智能报账：系统平台可以对企业员工的语音输入进行智能识别，结合对生成单据规则的合法性检查，利用机器学习、深度学习等规则，帮助员工自动填单，同时通过判断智能票据箱、智能卡包、影像等信息，关联发票进行 OCR 识别，并对发票进行智能分类、自动查验，确保发票合规，完成自动填单后，推送自动审批及智能审核。

③ 智能报表：企业通过数字技术对原始数据的智能采集、智能审核，参照财务规则实现自动取数；利用区块链技术，在交易双方或多方共享一套可信、互认账本；通过智能合约，实现实时自动执行的交易对账，达到交易即对账，在报表生成时做到自动取数、自动校验、自动汇总、自动合并。

④ 智能对账：企业按照财务对账规则要求，采用机器人流程自动化技术，通过网银机器人自动下载离线银行账户的回单，自动匹配，或者自动下载离线银行账户的头寸和明细，自动对账，并且可以对各业务模块状态、业务完结范围和状态等进行检查，自动完成关账工作。

⑤ 智能税务：企业采用机器人流程自动化、人工智能等数字技术，自动化、智能化完成全税种税基数据的抽取及规则计算，并智能化完成发票认证、查验、抵扣、申报表计算、申报全流程，做到税务数据所见即所得，同时将税务风险融入业务管理过程中，构建税务风险预测模型，实时动态监控、自动预警，并及时提供反馈结果。

3.2.2 核算工作重心转向核算规则管理、异常管理和客户服务

财务共享借助数字技术全面实现核算交易及账务处理自动化、智能化。传统核算工作更多交给智能财务机器人处理，而财务人员的工作内容将日益转向核算规则管理、异常管理和客户服务等高附加值工作。例如：

① 借助财务人员和机器学习的能力，不断识别、归纳、优化各类核算规则，并将这些规则内嵌在业财一体化的信息系统中，使得业务一旦发生就会触发相关核算自动进行。

② 借助各种信息系统内嵌的数字化工具，监控和干预因新业务类型、异常业务、系统故障等原因导致的核算异常，充分发挥人机协同的财务工作模式。

③ 借助财务数字化能力，面向企业内外部客户包括企业管理者、员工、客户、供应商、合作伙伴等提供其他高附加值财务服务。

3.2.3 电子票据加速普及，长远来看可能消亡

《企业会计信息化工作规范》、79 号令《会计档案管理办法》、财会 6

号文《关于规范电子会计凭证报销入账归档的通知》等规范和办法的推出、数字技术的使用，以及财政部、国家档案局、国家税务总局等的大力推进，加速了会计资料无纸化和票据电子化的进程，使得市场交易主体和监管方可实时获取数据，打通数字化转型最后一公里。

随着区块链技术的成熟和推广应用，企业未来的交易数据会全部区块链化，其不可篡改、不可抵赖、高效安全的特性，从长远来看可能使电子票据趋于消亡。电子票据的普及和区块链技术的使用可能产生以下影响：一是省去发票处理过程，促使企业财务核算服务客户更加快捷；二是财务信息反馈更加快速，内控更容易实现；三是财务数据更加安全和透明，区块链技术的不可篡改性使任何交易数据更容易监管；四是社会互信程度增加，企业生态圈的筹资和融资成本降低。

3.3　财务数字化转型之"管理会计"

在数字化时代，认识世界的方法论正在从确定性思维走向不确定性思维，认为信息约束下有限的认知能力导致个体层面的理性选择可能致使集体层面的非理性，企业通过信息的最大化共享识别不确定性中蕴含的机会，并进行社会化资源整合把这些机会转换成利润。

传统管理会计是为了支撑工业时代大机器生产和控制型管理模式而发展出来的一系列基于财务视角的管理理论和工具，其底层逻辑依然是对确定性的管理。通过数据的自动化处理和智能化获取，化解复杂系统的不确定性、资源配置从局部优化和静态优化转变为全局优化和动态优化以精准应对各种不确定性，这些特征将是新管理会计的核心思路。

企业面临的重要变化是决策频率变得越来越快，企业运营由事后的"分析"向事前的"预测"转变，这对企业传统的生产要素提出了挑战，基于"数据+行业模型"实现预测式运营和智能决策的需求凸显。在未来"数据+算法"驱动的世界中，管理会计创新应用的着力点应该聚焦到算法和模型上，依托数据、场景、算法发掘业务本质逻辑，依据业务洞见进行预测和决策，"数据+场景+算法"成为数字化时代管理会计的核心特征，并推动着企业管理各环节的革新，如推动传统的成本管理转化为基于生产驱动的自动化成本管理体系，推动全面预算方式转变为基于数据驱动的业财融合自动化预算体系等，如图 3.3 所示。

新商业模式的快速发展使企业内外部数据变得越来越多，数字技术创新迭代和应用落地，为业务决策模型的构建提供了强有力的支撑。因此，数字化时代，企业结合数据资产价值，构建各类业务智能决策模型，基于财务思维将企业交易数据转换为大量分析数据，从而使财务赋能和创新企业经营管理，并不断创造价值。结合财政部管理会计指引及企业大量管理会计应用实践，并考虑数字技术的深度融合，财务数字化转型之"管理会计"可以包括但不限于以下内容：数字化成本管理、数字化资金管理、数字化资源配置与预算管理、数字化绩效管理、数字化分析与决策、数字化风控、价值地图等。

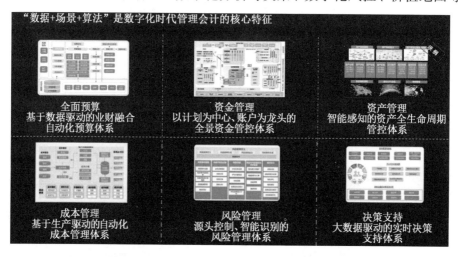

图 3.3 "数据+场景+算法"是数字化时代管理会计的核心特征

3.3.1 数字化成本管理

企业借助 5G 通信、物联网、人工智能等技术，将实物与数据整合在一起，为企业的成本管理带来积极影响，为财务数字化转型之"管理会计"奠定实时数据基础。

实时成本核算及产能预测：企业借助数字孪生等技术实时采集最真实的业务活动数据，如设备运行时间等，并利用 RFID 技术实时追踪整个领料、生产、入库、出库流程，实时更新作业成本数据，准确核算产品成本，从而实现生产成本的动态核算，甚至根据数据预测产能。

企业基于生产过程获取的实时业务数据，借助机器学习等人工智能技术可以进行高效的成本预测。企业采集成本历史数据和实时数据并对其进行预处理，参照人工成本、制造成本、管理成本等成本预测指标，对各类数据进行特征提取，同时采集影响成本预测的外部数据，建立企业生产成本数据样本。然后，基于卷积神经网络等各类人工智能算法，建立成本预测模型并不断训练和拟合，并利用样本数据和训练数据检验成本预测结果，使预测模型更加可靠。

3.3.2 数字化资金管理

当前，资金管理的职能边界范围发生了非常大的变化。企业在具备资金数据资产运营能力、组织协调能力、数字技术创新能力等前提下，其资金管理呈现出流程化、数据化、智能化的特点。通过构建数字化资金管理体系，有效提高企业整体财务资源配置、加速资金周转、降低融资成本、预防税务风险，实现资金的融通、筹资投资，以及信息的流通。同时，基于数字技术实现更加精准的资金预测、分析及风险管控，实时跟踪资金动态变化，达到高效的资金调配和成本控制的目标，最终推动业财资深度融合，确保企业可持续健康发展。

① 营运资金模拟：企业将 RFID 电子标签嵌入实物资产，实现对产供销全链条实物资产和产品的实时监控，数据支撑进行动态的现金流模拟与优化资本分配。

② 资金需求预测：对资金习性进行分析，将资金进一步划分为变动资金和不变资金两部分，再根据资金和产销量之间的数量关系建立数学模型，最后根据历史资料预测资金的需要量。

③ RPA 或 OCR 等数字技术实现资金流程自动化：企业实现资金流动、分布和状态的可视化、实时化、精细化，并对资金指标进行颗粒度更细的层级钻取，查询更多的底层数据资产和资金收益等信息。

④ 大数据资金管理应用：企业通过数据挖掘、知识图谱等对业务活动和资金结算等基础数据进行识别、分析和归类，从而构建业财资融合的大数据中心，统一管理和管控资金信息资源，实现静态管控到智能动态运营。

⑤ 投融资管理预测：企业依靠人工智能技术在投融资管理中的应用，提前识别和预测资产价值；通过大数据技术的应用，不断有效挖掘资金数据的价值，同时优化智能预测模型测算、因子选择等组合，进一步实时高效地赋能投资战略。

随着企业数字化资金管理的不断完善，各财务功能模块的数字技术能力也在升级优化，从而形成更加智能高效的数字化资金管理平台，帮助企业对投融资风控、资金数据挖掘、银行关系等方面进行全方位赋能，实现长远收益和价值创造。

3.3.3 数字化资源配置与预算管理

传统的预算管理以会计年度为周期，越来越不能满足企业对资源配置灵活响应和缩短决策周期的需求。数字化预算管理将更侧重基于数据、场景和算法的预测性分析和实时资源配置。企业传统预算管理和数字化预算管理的本质区别主要体现在管理目标、管理方法、管理模式、技术手段、管理要素等方面，如图 3.4 所示。

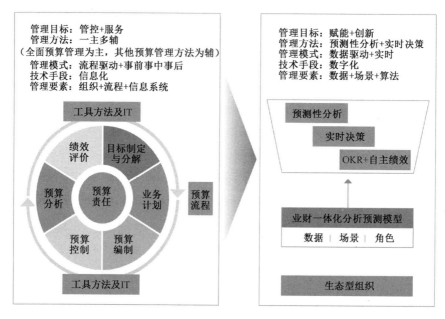

图 3.4 传统预算管理与数字化预算管理

企业数字化转型实现了财务管理、人力资源管理、办公管理等模块的在线化。在打造数字化平台的过程中，企业不断梳理业务流程、财务流程、管理流程，实现企业人、财、物的数字化管理，从而优化资源配置。

除此之外，企业作为一个资源整合体，价值创造的能力也将取决于其所拥有的资源数量及资源整合能力，因此，实现生态圈的数字化资源配置和整合尤为重要，如采购部门需要与供应商的相关信息进行资源整合。企业通过数字化思维整合所有外部资源，从而降低管理成本，提高工作效率。同时，企业通过搭建各环节间数字化平台，整合从获取订单到采购再到生产销售等环节的资源，有效减少各个环节中造成的资源重叠与资源浪费。

数字化时代为企业带来了资源整合的创新管理，解决了企业内外部数据难以收集、统计口径不一致、接口不兼容等问题。企业借助数字技术统筹管理内外部资源，实现资源的高效配置和整合，让资源在生态圈及内部相互传递，提高企业资源利用率；为企业预算编制、预算分析、预算控制等预算管理职能提供更多数据依据，提升了预算管理执行能力。

3.3.4 数字化绩效管理

企业传统的财务分析和基于预实对比分析的 KPI 导向绩效考核，经常会导致企业经营决策中的短期行为和总体利益次优化。同时，企业也面临着绩效管理目标未对标企业战略、绩效管理过程不够及时透明、绩效考核结果未用于实际工作等问题。

在数字化时代，平衡记分卡等传统绩效管理工具更显笨重和迟缓，而以管理目标动态协同、激活组织和员工创造力为导向的，基于 KPI 管理、OKR 管理等多种绩效管理工具和无边界绩效管理应用会越来越广泛。数字化时代企业绩效管理将以企业战略文化为目标，以数据驱动为核心，以数字技术为工具，以制度、流程、标准为基础，建立绩效目标、绩效规划、绩效过程、绩效考核、绩效结果的绩效管理全流程，建设数字化系统平台对绩效管理进行控制和分析，从而帮助企业实现绩效管理目标。

企业建立包括绩效业务、数据分析的统一数字化绩效管理平台，实现绩效数据采集积累，建立绩效评价结果的大数据中心，实现绩效数据的流程化、标准化、规范化。基于数字化绩效管理，企业实现绩效数据的全方面实时分析，通过人工智能等数字技术，实现历史绩效数据分析、未来绩效数据模拟预测等。因此，数字化时代的绩效管理可以实时化、可视化、多维度地反映不同业务场景的绩效评价结果及其趋势，形成高效便捷的分析、评价、决策能力，进一步完善绩效管理制度体系、指标体系、评价体系、决策体系，从而达到组织、领导、员工相关绩效指标和绩效结果的融合应用，在各个方面实现绩效管理水平的提升。

3.3.5　数字化分析与决策

数字技术的应用大大提高了财务部门对企业业务经营信息的收集、处理、分析能力。财务人员及业务人员利用数字技术实现人机交互的工作模式、各类信息的共享共用、智能化的预测分析与实时分析，为企业战略决策提供支持。企业通过场景化的盈利预测，建立商业机会与风险影响模型，将战略决策引入实际的场景中，量化战略结果，帮助决策者对市场中的竞争力、成本、风险和价值驱动等要素实时感知和预测，实现复杂业务逻辑管理和智能决策。

数字化决策是在数据智能分析的基础上，使用大数据、人工智能等数字技术，借助高效、智能的数字化分析方法和工具，建设精细化数据看板、多维度数据来源、全域数据赋能的智能数据决策支持系统，更好地预测采购、生产、销售全过程，赋能业务部门和管理部门。当前，数字化转型对企业分析与决策的影响越来越大，传统的依靠财务人员经验性和知识性的决策分析已经发生了巨大变化，取而代之的是通过人工智能等数字技术建立智能模型和算法，从而进行智能化的结果输出，企业决策和分析交由数据来说话。

企业的数字化分析和决策的场景越来越多，数据驱动业务场景和分析决策的数字化理念已经在企业中进一步落地应用。例如，企业基于数据决策、数据管理推进大数据建设和应用，实现业务场景的流程和数据双协同；基于数字化思维的智能决策平台，利用大数据分析业务历史数据，预测和洞察场景发展趋势；打造数字化商品数据库系统，实现关联商品交易数据查询、商品参数数据导出等数字化功能，释放数据价值，提升商业决策的预见洞察能力；通过大数据、数字孪生等数字技术，以及数据驱动的体验提升，实现企业供应链的精细化运营。

3.3.6　数字化风控

按照 COSO 的定义，企业风险控制体系（简称"风控"）包括经营效率与效果、财务报告可靠和遵纪守法三类子目标，控制环境、风险评估、控制活动、信息交流和监控五个要素。传统的风控过于倚重人工的审查、评估和控制，风险管理相对被动，无法适应当下瞬息万变的企业内外部环境。

在数据爆发式增长背景下，企业将所有业务活动数据化，立足业务场景提炼特征、规则置入业务系统及财务系统，同时引入更多维度的客户数据，重构数据和应用架构，借助分布式大数据平台的能力、机器学习或深度学习模型，及时发现异常数据、锁定异常业务，实现大批量、快速、精准的风险事件过滤或预测，从而在风险管理的时效性、前瞻性、精准性、技术先进性上寻求突破。同时，企业对业务对象及交易行为进行分析，对未来可能发生的风险规模及概率进行预警，建立"数据＋场景＋模型"的智能化全业务流程风险控制体系，以提高风险管控效率，增强风险防控能力。

企业加快建设与数字化转型相匹配的风险控制体系，构建数字化风险管理平台，建立各种风险控制规则策略、智能模型算法，利用数字技术识别和优化各类风险场景，将数字化风控工具嵌入企业的经营全流程，提升风险实时监测和智能预警能力水平。通过大数据技术抓取的企业经营风险数据，面临着类型多样、内容复杂、质量良莠不齐等问题。传统的风险识别模型不能准确识别风险的存在，因此，企业需要建立基于多种风险规则、多维信息融合，以及基于人工智能技术的大数据风险识别模型，从而保证大数据技术有效地服务于数字化时代的企业风险管控，在该模型基础上，通过大数据风控系统，就识别出的风险及时向管理层发出预警信息。

数字化时代改变了风险管控的工作模式，数字技术也改变了风险识别、风险控制、风险分析等风险管控的手段。企业传统风险识别模式一般采用业务流程梳理及业务事项数据抽样的方式，而数字化时代企业通过数字技术，在流程、数据、组织、人员和文化方面开展协同调整，建立风险管控模型，实现企业内外部数据的整合和实时监控，从而帮助企业实现高质量发展。

3.3.7 价值地图

在数字化时代，企业应用价值地图分析工具，可以全面、高效地分析基于核心业务逻辑的企业价值空间，发现价值洼地、制定价值提升策略、促进内外部和跨部门价值协同创造，如图3.5所示。

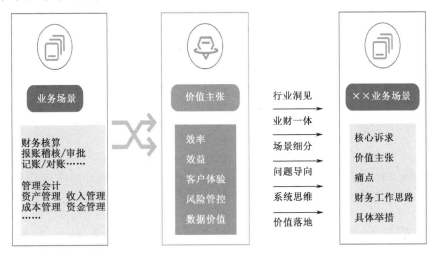

图3.5 数字化时代的企业价值地图分析

企业根据不同的财务职能，梳理和明确多样化的价值主张方向，基于财务思维赋能具体的业务场景。财务核算的报账稽核、审批记账、对账等工作，主要体现了效率和管控的价值主张方向，因而可以借助规则引擎、专家系统、感知智能等数字技术解决这方面业务场景的核心诉求，从而实现人机协同共生的工作模式。又如，管理会计的财务职能，包括资产管理、收入管理、成本管理、资金管理等，价值主张方向主要体现在数据价值和客户体验等方向，因而借助机器学习、神经网络、知识图谱等数字技术，实现"数据+模型"的财务工作模式，基于财务人员知识能力，赋能业务和管理创造价值。

3.4 财务数字化转型之"业财融合"

3.4.1 业财融合描述

对于业财融合的话题，实务界和学术界进行了大量研究，并认为有多种可以理解的本质。业财融合使财务部门打通业财数据壁垒，提供业务需要的信息，满足业务决策和管理；也有的描述为业财融合通过财务部门和业务部门的有效协作，将资源与信息融会贯通，为经营决策提供支持。业财融合通过业财互动、业财一体化等视角研究本质，从而在企业管理经营中起到联通市场和管理的作用，进一步实现基于财务角度的价值创造。在数字化环境下，业财融合促使企业业务流、资金流、数据流融为一体，实现在业务活动驱动下财务数据的收集、处理与分析。

基于价值链本质和财务的职能，业财融合在企业内部更多是通过业务、财务、管理三个维度体现基于财务思维的价值创造，在企业内部形成一个有效的闭环。业财融合中的"业"重点关注企业广义的业务部门及其相关的业务活动和业务事项，"财"更多关注的是财务会计、管理会计和财务。

业财融合之财务会计一般定位为核算和监督，可以对外披露各种报告，而管理会计更多的是对内提供业务分析报告，进行事前预测、事中跟踪、事后决策；财务主要解决投融资决策问题，企业大财务是以投资为核心的财务，现金流量及未来现金流动作为投资决策分析的前提，也需要财务会计提供的财务报表信息。管理会计和财务也为业务提供业绩评价、盈利分析、成本分析、绩效考核、差异分析、财务计划、现金流预测、资源配置等职能，为管理提供战略管理、管理决策、经营决策等职能，并指导企业的生产经营活动。

3.4.2　数字化时代的业财融合描述

业财融合的业务层主要包括企业日常采购、生产、经营、销售等活动。一方面，业务层需要实现业务、财务、管理一体化融合，借助数字技术自动、智能接收财务会计和管理会计反馈的预算、计划等监管和业务支持数据，指导业务活动的开展；另一方面，业务层会将各种基础交易活动的数据，自动化地作为财务会计和管理会计的数据输入，智能化地完成财务会计的核算和报告工作，并为管理会计的数字化模型输入数据，通过智能模型结果输出指导和规范业务。

业财融合的管理层基于新一代数字技术构建管理决策、经营决策、对标管理等价值创造活动内容，其数据自动来源于业务系统、财务系统、管理系统、第三方数据平台等。管理层按照规则标准构建规范模型，按照智能算法构建创新模型，提供业务、财务、管理、税务、监管、风险等方面的数字化分析与决策，发现业务活动、财务管理、生产经营等各类场景内在隐性信息，将管理层的决策结果反馈给业务部门和财务部门，从而实时、智能、准确地指导企业生产、经营和管理。

3.4.3　数字化时代的业财融合实现路径

财务数字化转型是在"数据+算法"定义的世界中，以业财数据的自动流动，化解复杂财务系统的不确定性，优化财务资源配置效率，构建企业财务新型竞争优势。传统的独立型业务发展和核算型财务已经不适应当前企业发展趋势，业财融合是突破经营发展的关键，数字化转型势在必行。而业财融合的实现路径主要包括业财融合团队建设、财务参与业务项目全过程管理、动态预算助力数字化战略决策。

1. 数字化时代业财融合团队建设

实现数字化时代业财融合的重要内容是拥有良好的团队和合作机制。团队成员需要有战略思维能力、数字化思维能力、良好的沟通和业务理解能力、信息技术和扎实的会计技能。企业在制定业务工作评价目标时，同时从专业的财务风险方面和项目业务方面考虑，互为补充优化，为项目提供最专业且科学合理的数字化决策依据，配合项目开展，助力企业价值创造。

2. 财务参与业务项目全过程管理

数字化时代的财务深入业务流程和管理流程中，从而加强业务项目的全过程管理，提高业务项目设计的科学性，合理配置资源，充分发挥财务人员的专业优势；从业务项目设计、可行性分析、具体预算、实际运作、最终效益分析等环节的全方面动态跟踪，采用数字技术使项目资源得到高效利用，实现业财融合从事前、事中、事后不同阶段全程参与业务项目管理。业务项目推出前，业财融合团队从业务规范、成本效益、风险控制等方面对业务项目可行性进行判断；业务项目进行中，对活动进行数字化跟踪分析，及时把握业务程度及资本投入情况，并进行智能财务稽核，防范财务风险；业务项目结束后，数字化团队应详细介绍业务项目的实施效果，分析业务项目的效益和成本，并实时控制对业务事后评价结果的质量。

3. 动态预算助力数字化战略决策

全面预算管理是对下一年度财务预算的编制，其中重点是战略分析。数字化预算管理实现业财数据的连接共享，形成综合的数字化财务条件，成为企业战略决策的重要依据。区别于以往的单一预算模式，数字化转型的预算管理是将业务作为指引，动态跟踪项目进展，通过对目标进行数字化分析，关注重点指标，来发现和探索战略决策的数据，从而实现科学、智能的战略决策。数字化时代的实时预算控制可以进一步促进业财融合的发展，与此同时，业财融合团队检验设定战略目标的实际执行情况，财务人员借助数字技术分析判断企业经营管理的偏差，合理有据地预测、评估、调整下一个时期的指标预期。

3.4.4 数字化时代的业财融合场景分析

随着企业财务数字化转型的快速发展，数字化时代的业财融合将会有更多的场景落地，并对财务赋能+创新的价值创造起到积极的推动作用，下面将从全流程场景融合、价值链渗透、预算协同驱动、预算指标融合等方面来探讨数字化时代的业财融合。

1. 数字化时代的全流程场景融合

当前财务工作已经完全跳出了财务流程的范畴，借助数字技术和数据驱动的理念，将财务思维嵌入业务流程、财务流程、管理流程，以及三个流程的融合中。如图 3.6 所示的企业采购业务的全流程场景融合，企业发起采购事项，创建采购申请，基于采购流程和供应链管理流程的融合，采购申请将在供应链管理流程中进行采购计划、采购策划、寻源招标、发布中标通知书等节点事项，然后流程转向合同管理签订合同的节点。整个流程以数据驱动，其每个节点将会产生相关数据指标，如在采购计划节点，财务人员会关注原材料的报价、质量、周期等数据，借助人工智能等数字技术，基于财务思维挖掘和分析数据可能引起的成本、收入等财务指标波动。

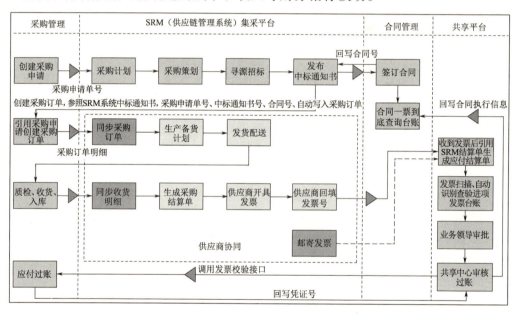

图 3.6　数字化时代的全流程场景融合

采购申请流程完成后，将会进入采购订单创建过程。在采购管理流程中完成采购订单的创建及其采购明细生成，在供应链管理流程中完成生产备货计划、发货配送等流程任务。当采购明细经过企业质检、收货、入库等流程节点后，在供应链管理流程中完成生成采购结算单、供应商开具发票等节点。企业的采购管理流程和供应链管理流程在已有流程前提下，以每个节点产生的数据驱动和数字技术驱动为核心，借助财务思维挖掘和分析各个业务事项，赋能业务决策支持。

企业在供应链管理流程完成供应商开具发票节点后，将会进入传统财务工作的流程环节，借助人工智能技术，将供应链管理流程的结算单自动生成应付结算单，并自动识别查验进项发票台账，业务人员和财务人员进行智能稽核、智能付款及智能记账。基于数据驱动和数字技术引领，财务人员将会融入企业流程的各个节点，并进行数据挖掘和分析，为业务提供决策支持，为企业创造价值。

2. 数字化时代的价值链渗透

价值链在企业经济活动中无处不在，上下游关联的客户、供应商与企业之间存在着行业价值链，企业内部各业务部门之间生产、经营等联系构成了企业的价值链及其价值链联结。价值链上的每项作业活动都会对企业最终实现价值造成影响，企业财务思维将会渗透到研发、市场、营销、生产、售后等价值链的各个环节，以产、供、销、人、财、物为落脚点，开展财务赋能企业价值创造，如图 3.7 所示。

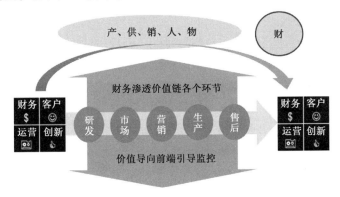

图 3.7　数字化时代的价值链渗透

企业以财务、客户、运营、创新四个维度为战略目标，构建基于业务流程、财务流程、管理流程的企业价值链，梳理企业流程清单，针对每个明细流程，绘制运营流程图，确认每个流程节点的分析目标，梳理每个分析目标中产、供、销、人、财、物的关键数据指标，根据企业流程及其节点等业务结构特点，建立财务分析框架，基于财务思维挖掘业务流程和管理流程中的价值点，实现基于财务数字化转型的企业价值链，并在建设及落地过程中，进一步加强基于财务数字化与企业价值链的财务组织、人员、制度、标准建设，为财务创造价值目标的实现提供强有力的支撑。

3. 数字化时代的预算协同驱动

全面预算管理是现代企业内部管理控制的重要方法，是具有计划、协调、控制、激励、评价等多功能的经营管理工具。全面预算管理反映企业一定期间内研发、生产、经营等活动的财务计划，以实现预定利润目标为原则，结合销售目标，对采购、生产、成本、资金等进行预测，以反映企业财务状况和经营成果。

基于数据驱动和数字技术引领，数字化时代的企业全面预算管理主要从战略管控主线、跨领域协同主线、数据集成主线三个维度来实现，如图 3.8 所示。

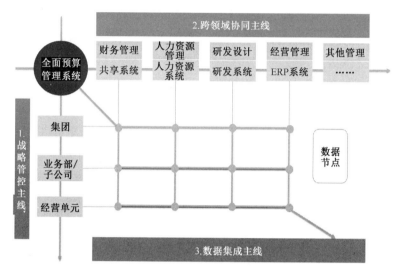

图 3.8　数字化时代的预算协同驱动

① 战略管控主线：全面预算管理的执行需通过集团、业务部/子公司、经营单元层层落实，以纵向思维进行企业战略管控体现企业的管理能力和执行能力。

② 跨领域协同主线：全面预算管理的执行需通过企业内部财务管理、人力资源管理等各个职能领域落实，以横向思维在企业内部各个信息系统进行协同管控，体现企业的信息系统集成能力。

③ 数据集成主线：全面预算管理的执行需通过企业内外部的交易数据、经营数据、财务数据等各个维度数据落实，通过企业内外部的经营流程进行数据管控，体现企业的数据治理能力和数据价值。

全面预算管理的落地还需充分考虑数字技术的应用，根据各类业务预测模型实现预算编制的自动化和智能化；根据各个信息系统集成实现预算控制的前置化和自动化；根据各类预算分析控制预警模型实现预算分析的实时化、智能化、可视化；根据业务语言和财务语言的规则引擎关系实现预算项目与财务项目的自动转换。

4. 数字化时代的预算指标融合

企业管理以财务管理为核心，将财务管理的目标进行层层分解形成管理控制指标体系，以财务预算具体化来实施。企业的财务预算指标一般用来反映财务活动的预算，如销售预算、生产预算、期间费用预算、现金预算等。企业所经营的一切经济活动都是以预算指标为控制依据的，并在市场竞争快速发展中对企业有导向作用。

数字化时代，企业财务预算已经转型到全面预算管理模式，将会涉及企业业务流程、财务流程、管理流程的各类预算指标，各指标相互融合，构成企业预算指标体系，并以预算指标树的形式指导企业经营活动，图3.9是某企业的预算指标树。预算指标体系层层分解，明确流程节点的关键预算指标，并将预算指标与流程节点数据指标、数字技术融合在一起对企业进行管理控制，从而实现企业的价值创造。

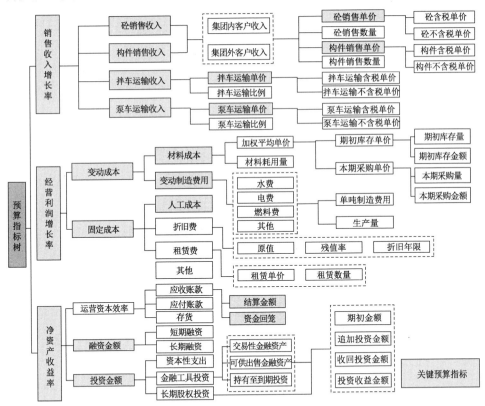

图 3.9　某企业的预算指标树

5. 数字化时代的组织级项目管理

组织级项目管理体系与项目级的管理不同，在组织级项目管理中，项目经营和价值管理是非常重要的内容。在数字化时代，企业通过引入多种管理会计的工具，划小核算单元，聚焦"项目"管理，建立"项目—产品—组织"多维运营管理体系，将管理价值链细分到各作业环节，完善基础的标准化作业定额，加强对各责任中心的多维分析及考核，提升内部管理效率，激发经营活力。

为将目标真正落实到各责任中心，在内部多维度核算方式上，以项目管理为核心，结合项目"三算"，按照"项目—产品—组织"三维管理逻辑，将项目维度的收入、成本及毛利等，按内部结算规则及业绩划分原则，分别对应到各产品线及各部门，如图 3.10 所示。

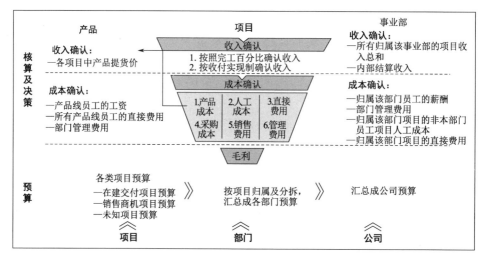

图 3.10 "项目—产品—组织"三维管理逻辑

在数字化时代，企业的组织级项目管理能够将管理精细到最小的运营单元，并对项目运营进行作业级切割，尽可能做到合理调配各个作业阶段的资源配置，落实各责任中心职责，并实现多维核算，能够从部门、产品、项目多个维度进行预算并出具损益表，精细化管理水平大幅提升。

6. 数字化时代的资源资产管理

资产作为企业的重要经济资源，在数字化时代被赋予了新的定义，以信息技术手段创造价值、使价值增值，资产管理信息化作用日趋明显。数字化时代的资源资产管理围绕资产全生命周期，覆盖资产的配置、使用、处置、评估和收益等管理环节，科学管理单位内部资产，有利于维护和保障资产的安全和完整。同时，全生命周期的管理方式，为企业制定发展战略规划、进行投资决策、优化资源配置、提高资产使用效率、减少资源浪费发挥积极的作用。

将资产资源一体化，实现资产全生命周期智能化管理，打造从立项、采购、仓储、安装、转资到审计的端到端体系建设。在立项环节，按照模块化进行立项及采购，实现物资和服务编码的标准化；在采购环节，通过订单贯穿全流程，实现资源的智能化；在安装调试环节，通过物资服务编码实现与资产目录和会计科目的映射，进而实现自动核算、自动装配、自动转资。通过将资产价值管理的重心前移到立项、设计、采购、建设等前端业务领域，从源头开始实现了资产价值管理业务化。通过资源资产可视化分析，充分发挥资源资产效能，降低运营成本，创造价值，如图 3.11 所示。

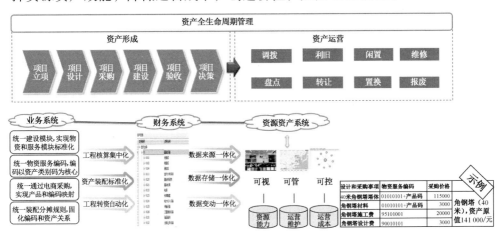

图 3.11　打通资产全流程管理逻辑

7. 数字化时代的成本协同管理

成本管理是企业内部控制各项工作中最为重要的一个环节，是企业评估可能获得利润的重要方法，与企业的资金流动、财务管理工作的效果密切相关。在实行成本管理的过程中，需要从产品的设计开发到销售的各个环节都进行严格科学的成本管理，根据制定的目标成本管理计划，对各个环节产生的费用都进行严格的核算、调控和监管，确保资金的高效率运行。

首先，建立标准化的成本核算流程和成本模型。例如，在传统制造业，首先，采用成本估算法对原材料采购的成本进行评估；其次，根据原材料、加工工艺、工序、特性建立成本模型，可合理分析计算产品成本，全面地反映产品制造中的全部成本要素，使得分析结果更为真实可靠，可清晰地了解生产要素变化带来的成本变化，如图 3.12 所示。

其次，综合采集管理费用、固定摊销、利润、包装运费等，建立成本数据中心，对全价值链成本数据及经营数据等进行集中管理，将业务数据进行收集、清洗、加工、提炼，形成有效数据信息传递至各业务单元及管理层，支持管理层决策和推动业务改善，最终提升全价值链成本精细化管理水平。

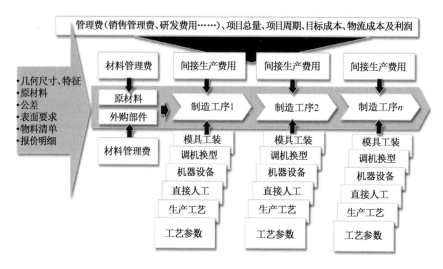

图 3.12　制造业成本全要素示例

3.5　财务数字化转型之"新生态"

数字技术的出现,加速商业资源的创新和平台经营的出现,各种商业资源充分共享,提升了我国经济运行的效率。随着数字经济理念的深入,传统行业都将与互联网技术进行深度融合,形成新的商业模式。

企业财务"新生态"发展需迎合数字经济的基本规律和发展趋势,主动适应其发展的客观规律和特点。同时,数字经济催生新经济、新模式、新平台、新技术,对财务"新生态"的目标、对象、方法、工具、技术等将产生深远影响。

3.5.1　财务的虚拟化、泛化

企业通过数字技术实现财务管理载体(组织、场所、人员等)的虚拟化,围绕业务场景提供泛在化的财务服务。

① 虚拟化:数字技术加速财务物理世界向数字孪生进化,企业通过搭建数字化财务云平台,实现财务服务场景由实体化向虚拟化演变;借助数字化统一管理平台,使物理资源实现数据化;采用物联网、数字孪生、互联网等数字技术,动态获取和监控全国的物理资源,实时获取物理资源的运营状态,并对各类数据集中管理,实现经营管理的数字化和智能化。

② 泛化:虚拟化的财务服务工具在企业得到更广泛、更即时的应用,财务能力真正成为各个业务岗位的泛化能力,使财务思维能够在业务活动、经营活动的各个领域发挥应用价值,实现人人懂经营、人人会决策的状态。在财务数字化转型过程中,财务泛化使企业未来人人都可以配备个人虚拟财务

助理，帮助管理人员和业务人员直接对业务数据进行价值分析，并做出合适的决策。但是，由于企业业务的复杂性及市场的不确定性，财务泛化不能完全辅助管理人员和业务人员做出财务决策，因此，在企业的经营管理过程中还需要财务人员借助数字化思维，为管理人员和业务人员提供财务角色的服务价值。

3.5.2　数字化员工与人机共生

"软件定义一切"正在成为现实，财务数字化转型使财务基础性交易工作更多以智能化形式进行，而财务人员的工作更多是从事后报告转型为事前预测和实时决策支持。

超级自动化将催生虚拟员工和基于人机协同的超级团队，传统的以人为中心的业务流程和工作方式将转变为以人+机器为中心，实现人机多重交互协同、共享员工、游戏式学习、社交化办公的新型工作方式，引发工作方式新革命。财务人员的角色将转变为价值经营模型的设计者、财务服务数字化平台的搭建者与维护者、数据价值的挖掘者，如图 3.13 所示。

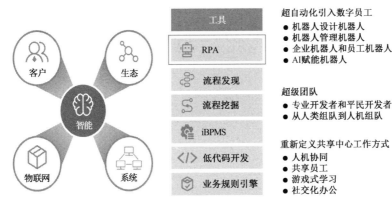

图 3.13　数字化时代的组织人员特征

在数字化时代，财务可以使用 RPA、流程发现、流程挖掘、iBPMS（智能业务流程管理）、低代码开发、业务规则引擎等工具。企业构建的超级自动化引入大量真正意义上的数字员工，让智能机器人来设计和管理各类机器人，从而形成企业机器人和员工机器人的财务团队服务。随着人工智能技术的不断发展，企业机器人将被赋予更多的人工智能技术，成为真正意义上的智能机器人。

企业成立超级团队，在基于对业务的理解上催生了专业开发者和平民开发者，使普通员工也可以设计和运行自己负责业务的自动化流程。因此，数字化时代的财务工作模式将向着人工协同的工作方式发展，会计核算、费用报销等财务共享中心的工作更多由财务机器人完成，而管理会计、财务管理、

47

业财融合等高附加值财务工作将更多地交由财务人员和财务机器人以协同的方式完成。

3.5.3　财务服务生态

随着组织、人员、流程、技术等各种管理要素数字化程度的极大提高，企业财务工作不再局限于物理上的办公场所或逻辑上的企业内部。企业除了需要财务服务内部组织外，还有各种财务服务生态的场景，如外部专业机构（如金融机构、工商、税务）、监管机构（如银保监会、财政部、地方财税）、服务机构（如大数据服务商、咨询服务机构、SaaS和云服务提供商）等，共同为企业业务提供财务管理的全过程响应。

数字化时代可以使企业建立一个无边界的共赢生态圈。对于企业而言，生态圈中的合作伙伴基于共存利益平等共存，并实现共创、共赢。从这个层面看，企业数字化转型为生态群价值奠定了基础，而生态圈价值则是在其基础上进一步实现各方的共创、共赢。

3.5.4　财务赋能生态共赢

生态财务是从"我赢"转向"共赢"。例如，不能像以前一样极限压低采购成本，极限延长付款周期，必须要从整个生态健康的角度设计财务政策和融资策略，形成"命运共同体"。财务人员不再只关注本企业内部，而是在生态圈内拉通价值链企业，跟踪和评估整个生态体系的财务健康状况和竞争力。财务将从价值网分析、生态圈资金流转与筹划、协作与外包财务管理、生态圈财务公共服务与赋能、生态风险、生态效能、税务筹划等方面承担更多的工作。

企业构建的数字化统一平台，利用丰富的资源优势，提供多种形式的开放共享平台，随着数字化转型及管理模式的良好运营，企业与合作伙伴建立各种生态链接，促进财务生态体系建设，提供财务思维的全生命周期服务。数字化时代，财务赋能生态共赢，企业不仅通过建立共赢生态体系解决棘手问题，还能推动自身发展成为具有核心竞争力的数字化转型企业。

大数据、人工智能等数字技术为企业生态圈价值的发展注入源源不断的生命力。当传统企业仍以优化财务职能为主要任务之时，基于数字化转型的企业对于生态圈的认知更加深刻，将财务职能演进为业务流程、财务流程、管理流程的内部融合和外部价值链融合，在共生、共赢之中持续实现企业的价值创造。

第4章 财务数字化转型的路径

4.1 财务数字化转型的方法

企业打造世界一流财务能力不是一朝一夕之事，需要系统化思考财务数字化转型的目标和架构，基于此，企业应遵循科学的财务数字化转型方法体系，统筹考虑财务数字化转型的关键管理要素，整体规划，有序推进，并在过程中及时评估调整，避免转型过程中的建设误区，真正切合实际地推动财务数字化转型工作。

4.1.1 财务数字化转型的架构

基于价值创造目标，企业推进财务数字化转型主要从财务流程、业务流程和管理流程入手，依托数字技术的支撑，在企业内部形成一个有效的闭环。其中，财务流程包括核算和监督，可以对外披露各种报告，以及为采购、物流、生产、销售等业务流程提供业绩评价、盈利分析、成本分析、绩效考核、差异分析、财务计划、现金流预测等职能；管理流程主要包括战略管理、管理决策、经营决策、对标管理等职能，指导企业的生产经营活动。

企业财务数字化转型的基础是财务流程，其工作内容来源于业务流程，反过来又能指导业务流程；财务流程为企业管理流程提供业务数据和财务数据，并为智能决策分析提供支撑；而企业管理流程又能为业务流程和财务流程提供经营决策和管理决策。基于此，企业财务数字化转型架构如图 4.1 所示。财务数字化转型架构主要包括业务流程、财务流程、管理流程，以及各类数字技术的支撑。

企业财务数字化转型架构的基础是财务流程，包括财务会计数字化和管理会计数字化。其中，财务会计数字化的主要职能是利用各种数字技术将企业基础交易业务处理实现自动化和智能化。例如，借助 OCR 技术（光学字符识别），将原始单据和发票上的信息通过数字技术进行识别；借助财务专家系统和规则引擎等数字技术，在业务发生的同时实现记账凭证编制自动化；借助移动互联和数字签名等数字技术，使业务人员在手机终端发起报销申请，业务领导和财务领导根据工作内容和工作权限在线进行移动审批。

管理会计数字化的主要职能是利用数字技术实现业务支持、提供各种分析结果和强化业务管控。例如，借助银企互联与 RPA（机器人流程自动化）

等数字技术，实现自动支付；基于物联网等数字技术的全资产过程，实现自动管控；借助大数据、自然语言处理、机器学习、知识图谱等数字技术，实现税务智能问答；借助人工智能和数据挖掘等数字技术，实现智能预测税利、重点费用等；借助数据挖掘、专家系统、物联网等数字技术，实现智能成本设计与预测；借助专家系统和管理驾驶舱等数字技术，实现投资数据智能化整合；借助 RPA、深度学习等数字技术，实现绩效管理的事前、事中控制，进行绩效自动分析及预警。

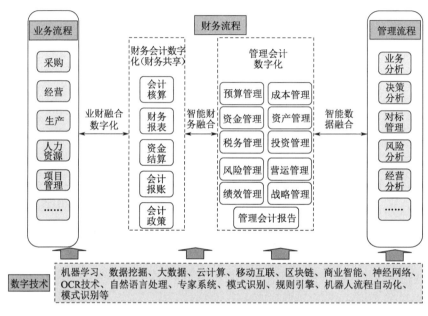

图 4.1　企业财务数字化转型的架构

　　企业财务数字化转型架构的业务流程主要包括支持企业日常采购、生产、经营、销售等活动。业务流程不仅需要将客户管理系统、制造执行系统、供应链管理系统、企业资源计划、产品生命周期管理、项目管理系统、原料采购系统、人力资源系统等信息系统融入数字技术，更需要实现业务流程、财务流程、管理流程一体化融合。一方面，业务流程可以自动化地接收财务会计和管理会计反馈的预算、计划等监管和业务支持的数据，指导业务流程的开展；另一方面，业务流程也会将各种基础交易活动的数据，经过数字技术的处理，作为财务会计数字化和管理会计数字化的数据输入，自动化和智能化地完成财务会计的核算和报告工作，也能为管理会计数字化的各种智能模型输入数据，通过模型结果输出指导和规范业务。

　　企业财务数字化转型架构的管理流程是基于人工智能、大数据、知识图谱等数字技术进行经营分析，其数据来源于业务信息系统、财务信息系统、第三方数据平台等。管理流程主要通过智能模型和创新算法，融入先进的数字技术，提供业务、财务、管理、税务、监管、风险等方面的数字化分析，发现业务场景、财务管理、生产经营等内在隐性信息，加速信息流的充分流动，通过商业智能等可视化技术，借助分类分析、聚类分析、关联分析、趋势分析等数据挖掘算法，以及深度神经网络等人工智能技术，实现管理流程数字化场景的可视化、及时化的展现，并将管理流程的决策分析结果反馈给业务部门和财务部门，实时、智能、准确、高效地指导企业的生产、经营和管理，从而体现财务数字化转型的价值创造。

4.1.2 财务数字化转型的方法体系及管理要素

1. 财务数字化转型的方法体系

数字化时代的财务转型完全不同于传统的财务信息化转型，从建设思路上就存在着较大的差异，我们首先识别清楚财务信息化转型与财务数字化转型的区别，如表 4.1 所示。

表 4.1　财务信息化转型与财务数字化转型的区别

	财务信息化转型	财务数字化转型
数据范围	物理世界的辅助工具，保留部门业务数据	物理世界的孪生镜像，保留全息数据
管理目标	信息系统管理的是企业内部流程与资源信息，目标是支持企业内部经营决策	全要素的数字化、系统是开放的，目标是连接、共享、创新，支持生态链的协同运作
核心管理要素	组织+流程+信息系统	场景+数据+算法算力
驱动力	流程驱动	数据驱动+流程驱动
组织模式	科层制	生态型
管理理念	以管控为导向	以业务赋能为导向
运营模式	金字塔模式	业财一体化的企业大脑+前中后台模式
系统建设思路	管理制度化、制度流程化、流程表单化、表单信息化	新一代数字平台

（1）数据范围

在财务信息化时代，财务部门的核心问题仍然是财务本身的工作，主要解决会计的账证表等数据，未能考虑更多的业务决策支持工作。财务数字化时代的转型目标是为企业创造价值，而会计核算、财务报表等财务基础性工作无法为业务和管理提供价值支撑。因此，财务需要包含财务数据在内的业务数据和管理数据，甚至企业外部数据，才能更好地服务企业价值创造。而企业在获取采购、生产、销售等数据时，需要使用物联网、数字孪生等数字技术，将物理世界孪生镜像的全息数据及时地传递和反馈到财务部门或财务人员，从而借助财务思维，更好地服务业务和管理，提升创造价值的能力。

（2）管理目标

在信息化时代，企业建立了各种业务信息系统、财务信息系统、管理信息系统，有效地帮助了相关部门处理采购、生产、管理、销售等工作，从而支持企业内部全流程的经营决策。企业财务数字化转型既要考虑相关信息系统的互通互联，又要具有能够支撑供应商、客户等生态链的数字协同运作能力。在这样一种开放的系统环境下，数据、人员、物资、资金等全要素都需要以数字化的思维相互融合地处理各类工作，以实现企业的管理目标。

（3）核心管理要素

在信息化时代，财务共享模式成为财务转型的首选，企业财务组织将基于战略财务、共享财务、业务财务进行建设，信息化时代的财务转型在组织创新的前提下，对财务流程进行梳理与再造，未能全面触及业务流程和管理流程。财务数字化时代在信息化时代的流程再造基础上，更多关注财务流程内外的数据要素价值，借助人工智能技术的算法能力和云计算技术强大的算力，以数字化思维服务于财务的各种场景，从而体现财务数字化转型的价值创造能力。

（4）驱动力

在信息化时代，财务工作以流程驱动为主要任务，对会计核算、财务报表、费用报销、资金结算等基础交易工作的流程进行优化。在数字化时代，财务数字化转型的驱动力已经从流程驱动转变为数据和流程双驱动的模式。基于企业业务流程、财务流程、管理流程梳理，对流程节点及其关键数据要素进行分析，智能化地获取管理决策、对标管理、经营分析等高附加值信息成为财务数字化转型的价值所在。

（5）组织模式

在信息化时代，财务组织模式更多的是以科层制的形式存在，但是因为信息传导链条长的特点也导致了包括信息失真、决策缓慢、压制创新等众多弊端。为了提升低附加值财务组织的工作能力，财务共享中心应运而生。在数字化时代，财务组织需要担任财务价值链中涉及财务思维的职能，逐步向生态型组织转型，快速响应外部市场需求，实现生态体系内资源要素灵活有效配置，推动精准决策和内外部创新。

（6）管理理念

加强管控始终是财务工作的首要任务。在信息化时代，财务组织借助信息系统进一步强化企业的财务管控能力，但未能提前察觉风险，做到事前管控和管控前移。数字化时代，财务管控不仅能以财务流程和内控规则为参照进行事前控制，还能借助数字技术，基于业务事项场景和智能管控模型，对风险进行事中管控，同时，借助数字技术和财务人员能力，进一步加强事后控制。

（7）运营模式

在财务信息化时代，金字塔式的运营模式将财务管理、人力资源管理、信息技术管理等运营模式按照职能进行了专业化的分工，但对于财务的分析、评价、决策、控制、预测等方面职能未能起到积极的作用，更无法为企业的价值创造提供服务。在数字化时代，企业应面向全价值链识别业务性质、强化财务职能、服务管理决策，财务运营模式将按照服务业务、财务、管理等价值维度，建立前中后台能力引擎，推动建立敏捷前台、精益中台和创新后台的新型财务运营模式。

（8）系统建设思路

在信息化时代，企业财务部门在建设会计核算系统、预算管理系统、财务报表系统等信息系统的过程中一般采用管理制度化、制度流程化、流程表单化、表单信息化的思路。在数字化时代，财务转型需要依靠平台化的思维帮助企业创造价值，以企业级 PaaS 平台为核心的数字平台成为企业的"新基建"，助力财务数字化转型为企业创造价值。

通过详细对比、分析财务信息化转型与财务数字化转型的差异，同时结合对财务数字化转型本质的理解，可以看出财务数字化转型是一项系统性工程，需要有完整的方法体系予以支撑，才能更好地为企业创造价值。基于此，财务数字化转型的方法体系如图 4.2 所示。

财务数字化转型方法体系作为一个有机的整体，其内部包含数字化思维、数字化场景、数字技术、数据、组织与人才、商业模式、运营模式、数字化生态和数字化工作方式九大管理要素，作为制定财务数字化转型方法论的基础。在财务数字化转型方法体系的管理要素中，数字化思维、数字化场景、数字技术、数据、组织与人才管理要素更多地体现企业内部的关键影响作用，商业模式、运营模式、数字化生态、数字化工作方式管理要素更多地体现经济社会中的关键影响作用，从而共同推进企业财务数字化转型的升级和应用。

2. 财务数字化转型需要经历的阶段

（1）财务数字化转型的准备阶段

① 思维导入。数字化转型对任何企业来说都是陌生的、复杂的、专业的，企业在开始进行财务数字化转型之前，从集团领导层到财务部门和业务部门的中层领导，再到广大基层财务人员和业务人员，需要从思想上认识到转型这一过程是艰难的，要进一步将数字化思维以及与企业业务特点之间的关系，通过培训、调研、参观等各种方式让企业全体员工感知到。

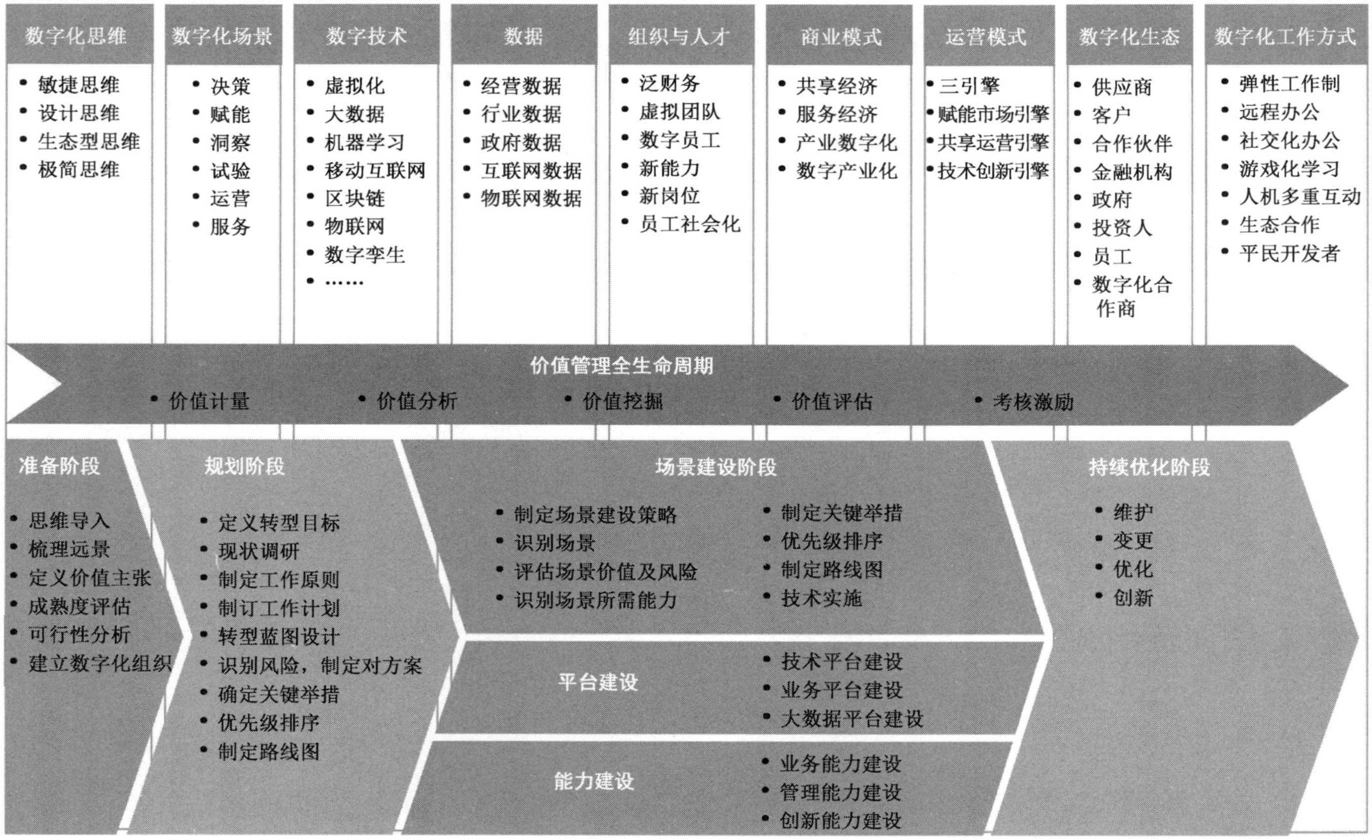

图 4.2 财务数字化转型的方法体系

数字化思维	数字化场景	数字技术	数据	组织与人才	商业模式	运营模式	数字化生态	数字化工作方式
• 敏捷思维 • 设计思维 • 生态型思维 • 极简思维	• 决策 • 赋能 • 洞察 • 试验 • 运营 • 服务	• 虚拟化 • 大数据 • 机器学习 • 移动互联网 • 区块链 • 物联网 • ……	• 经营数据 • 行业数据 • 政府数据 • 互联网数据 • 物联网数据	• 泛财务 • 虚拟团队 • 数字员工 • 新能力 • 新岗位 • 员工社会化	• 共享经济 • 服务经济 • 产业数字化 • 数字产业化	• 三引擎 • 赋能市场引擎 • 共享运营引擎 • 技术创新引擎	• 供应商 • 客户 • 合作伙伴 • 金融机构 • 政府 • 投资人 • 员工 • 数字合作商	• 弹性工作制 • 远程办公 • 社交化办公 • 游戏化学习 • 人机多重互动 • 生态合作 • 平民开发者

价值管理全生命周期
• 价值计量 • 价值分析 • 价值挖掘 • 价值评估 • 考核激励

准备阶段
• 思维导入
• 梳理远景
• 定义价值主张
• 成熟度评估
• 可行性分析
• 建立数字化组织

规划阶段
• 定义转型目标
• 现状调研
• 制定工作原则
• 制订工作计划
• 转型蓝图设计
• 识别风险，制定对策方案
• 确定关键举措
• 优先级排序
• 制定路线图

场景建设阶段
• 制定场景建设策略
• 识别场景
• 评估场景价值及所需能力
• 识别场景所需能力
• 制定关键举措
• 优先级排序
• 制定路线图
• 技术实施

平台建设
• 技术平台建设
• 业务平台建设
• 大数据平台建设

能力建设
• 业务能力建设
• 管理能力建设
• 创新能力建设

持续优化阶段
• 维护
• 变更
• 优化
• 创新

② 梳理远景和定义价值主张。企业应根据业务流程的特点，深度分析与财务数字化转型功能的吻合度，明确财务数字化转型的战略远景，使企业建设财务数字化转型的目标更加清晰。在此基础上，企业明确定义财务数字化转型给企业带来的价值，以价值创造为动机，更加深入和自信地开展财务数字化转型。

③ 成熟度评估和可行性分析。对大多数企业而言，财务数字化转型都是"摸着石头过河"，已成功转型并可借鉴经验的企业少之又少，如何界定财务数字化转型是否能成功在准备阶段显得尤为重要。财务数字化转型是一个持久的过程，业务场景从简单到复杂，财务应用从局部到广泛，持续优化、逐步成长。企业需采用成熟的评估方法，判断自身当前财务数字化转型程度及存在的不足，深入评估财务数字化转型在战略、组织、人员、资金、流程、系统等方面的可行性，保障企业财务数字化转型的成功开展。

④ 建立数字化组织。由于财务数字化转型的复杂性、长期性，仅仅依靠财务部门原有的组织架构和人员体系不能较好地建设财务数字化转型，因此，企业需要针对数字化本质、财务职能、业务场景等特征，建立适应本企业财务数字化转型的组织架构和人员体系，以更好地匹配财务数字化转型建设和落地。

（2）财务数字化转型的规划阶段

① 定义转型目标。由于企业所有制类型、行业类型、业务模式等具有一定的差异性，导致标准化的财务工作，在数字化转型过程中需要制定的工作原则和工作计划略有差异。企业只有制定严谨而统一的工作原则、详细而周密的工作计划，才能为财务数字化转型起到积极的指引作用。

② 现状调研。任何一次财务转型都需要对企业的组织、人员、资金、流程、系统等现状进行调研和评估，财务数字化转型也需要从多个角度对企业及财务现状进行合理评估。财务数字化转型将会牵涉企业整体层面的效益，在取得企业高层支持的前提下，由财务部门牵头，业务部门和信息部门配合，根据已有组织人员状况，组建财务数字化转型团队，明确成员分工。财务数字化转型不仅需要企业财务人员全程参与，更需要聘请财务数字化咨询团队和系统实施团队的参与，因此，需详尽列出各项目费用的支出，为财务数字化转型的顺利进行提供资金保障。财务数字化转型将牵涉企业的业务流程、财务流程、管理流程，需要全面梳理和评估每个流程的节点特点，寻求这些流程与财务数字化本质之间的适合度。财务数字化转型离不开信息系统的支持，企业需明确和评估财务数字化转型采用的系统方式，积极探索新一代数字化平台采用的可行性，并考虑财务数字化应用场景的广度和深度，从财务角度、业务角度、管理角度等多维度进行分析。

③ 转型蓝图设计及制定路线图。基于企业战略远景，考虑业务流程、财务流程、管理流程的工作事项及分析节点，通过数字化本质和财务职能，构建财务数字化转型蓝图设计，并制定财务数字化转型涉及业务流程、财务流程、管理流程的路线图，科学评估财务共享、管理会计、业财融合、业务支持、管理决策等数字化场景建设的优先级排序。

④ 识别风险，制定应对方案。财务数字化转型虽然能够给企业创造价值，但建设过程并非一帆风顺，必然存在和面临各种不同的风险。例如，流程梳理未能充分考虑业务事项及节点、数据治理未能融合业务数据和财务数据、财务人员未能真正理解财务数字化转型蓝图、领导层未能充分认识财务数字化转型的困难、企业未能全面地评估供应商的综合实力等。面对各种已知和未知风险，企业财务数字化转型团队应提前考虑风险存在的可能，提前制定各种风险的应对方案，也应考虑各种可能发生的未能提前预知的风险，提前制定各种策略。

（3）财务数字化转型的建设阶段

企业财务数字化转型经历时间最长、最重要的时期就是建设落地阶段，主要包括场景建设、平台建设、能力建设。

① 场景建设。在基于财务数字化转型蓝图设计和路线图规划前提下，财务会计数字化、管理会计数字化、业财融合数字化、经营决策数字化等场景建设成为详细建设的核心内容。鉴于企业所有制类型、业务范围等差异性，需要制定财务数字化场景建设策略，梳理不同业务场景实现数字化的路线图及其路径。企业根据业务特点、财务职能、管理需求，识别各种可以落地的财务数字化场景，并分析这些场景的可行性。与此同时，企业需进一步评估可能出现的风险，制定相关举措予以应对，并深入分析财务数字化场景给企业带来的可能价值，判断与财务数字化转型梳理的战略远景和目标是否一致。财务数字化转型场景建设及其落地，需要有数字技术的支撑，因此，在财务数字化建设过程中需要制定详细的数字技术实施方案，考虑并评估人工智能、大数据、知识图谱等数字技术与数字化场景的融合程度。

② 平台建设。财务数字化转型的蓝图设计和场景建设，离不开数字化平台建设的支撑。财务数字化转型需要建设新一代企业级 PaaS 平台，构建一套基于云原生、微服务架构的关键开发公共平台。这不仅打破了集团与企业、企业与企业、部门与部门、财务与业务、财务与管理之间的信息壁垒，支持和打通端到端的业务流程、财务流程、管理流程，建立了全集团相互沟通协作工作模式，还带动了业务的向外延伸和发展，从而推动了塑造世界一流财务体系的目标实现。企业推进并评估基于低代码的云原生技术架构在财务数字化转型中的应用，采用开源堆栈进行容器化，基于微服务架构提高灵活性、

自主可控、运维自动化与快速敏捷迭代，利用云平台设施实现弹性伸缩、动态调度、优化资源利用率。新一代数字化平台的基础设施主要满足财务数字化转型升级的存储能力、计算资源、网络带宽等服务；平台层主要解决开发、技术、应用部署等问题，涉及计算服务、操作系统、数据库、资源管理、中间件、套件、应用开发、应用建模、集成、社交、数据、人工智能等服务；应用服务层主要解决业务流程、财务流程、管理流程等运营管理服务。大数据、人工智能、移动互联网等数字技术在各行各业中得到广泛关注和应用，技术平台建设得到广泛普及，优化了数据资源的获取、加工方式，以及组织形式和人员的工作内容。基于建设新一代数字化平台契机，努力尝试新型IT架构、计算架构、低代码、容器等新技术赋能平台建设，企业积极推进人工智能、物联网、大数据等数字技术应用到业务平台建设中，基于数字化平台实现数据贯通、业务场景互联。

③ 能力建设。财务数字化转型除新一代数字化平台的硬实力支撑以外，还需要业务能力、管理能力、创新能力等软实力的建设。财务数字化能力建设除要求财务部门及财务人员全面掌握已有的财务知识以外，更需要深入了解企业本身的业务模式及业务类型，将财务能力融入业务全流程过程中。财务部门及财务人员在对业务熟知的基础上，进一步辅助企业的管理决策、经营分析，对企业的价值创造起到显著的推动作用。数字化转型的成功需要组织及个人拥有强大的创新能力，不断地推动企业财务数字化转型的能力升级。

（4）财务数字化转型的持续优化阶段

经过财务数字化相关系统平台的测试检验，财务数字化相关应用能够正式上线，一般会选择一些具有代表性的数字化场景进行试点上线，其主要目的是检验财务数字化的运行效果与预期的结果是否有差异，为财务数字化的全面上线提供基础。试点上线成功后，企业需要将规划设计阶段的业务流程、财务流程、管理流程全部运行上线，进行最后的检验。

财务数字化转型的实施从需求分析到上线运营，运维与优化是保障财务数字化转型持续高效运行的关键所在。

①维护管理。财务数字化系统平台及应用场景不间断的自动化、智能化工作，增加了软件运行带来的潜在风险。因此，需要定期对财务数字化相关系统软件进行日常维护，避免软件在运行过程中出现不必要的故障和问题。

② 变更管理。企业的业务流程、财务流程、管理流程不可能一成不变，根据财务数字化的运营模式，财务部门需制定变革管理和沟通计划，对业务流程、财务流程、管理流程和财务数字化转型之间的适用性进行重新评估。

③ 优化管理。财务数字化转型的实施和运行是一个长久过程，企业需要对业务流程、财务流程、管理流程和财务数字化系统软件进行持续优化，发

挥财务数字化转型的优势功能。

④ 创新管理。财务数字化转型在企业成功落地并持续应用过程中，需要企业相关组织和人员不断提升创新管理的能力，积极使用各种创新运营管理的工具、技术和方法，更好地为企业财务数字化转型提供创新能力支撑。

3. 财务数字化转型的管理要素

（1）数字化思维

根据数字化转型本质和财务价值链职能，财务数字化转型方法体系的制定需要企业具备敏捷思维、设计思维、生态型思维、极简思维等数字化思维。

敏捷思维要求财务部门和财务人员善于迅速发现和解决问题，在转型发生某种紧急或困难时，促使财务部门和财务人员积极思考，周密考虑，正确判断，迅速做出决定。设计思维需要企业团队具有整体规划、蓝图设计等能力，明确企业财务数字化转型方向。生态型思维需要关注企业组织、人员、流程等要素的影响作用，这些要素在财务数字化转型过程中作为一个整体的生态系统存在，相互影响、相互制约，促进财务数字化转型。极简思维是以目标为导向，通过对过程进行直接、有效的规划，从而达到实现既定目标的要求，并创造可复制、可持续的价值。

（2）数字化场景

财务数字化转型为企业创造价值的途径一般是通过数字化场景体现，既有财务会计、管理会计等基本的财务职能，又有财务共享、业财融合、内部控制等财务的拓展职能，更要包括业务支持、管理决策、经营分析等财务赋能企业价值创造的职能，如核算、报表、预算、税务、审计、决策、预测、评价、赋能、洞察、试验、运营、服务等。财务数字化转型在基于新一代数字化 PaaS 平台"底座"的基础上，以财务思维为核心，服务于业务流程、财务流程、管理流程的企业价值链，融入集团内企业与企业、财务部门与业务部门之间的相互沟通协作工作模式，还为企业带动了整个生态圈业务的向外延伸和发展。

（3）数字技术

大数据、云计算、深度学习、机器学习、虚拟化、移动互联网、区块链、物联网、数字孪生等数字技术不断更新迭代和应用落地，加速了在财务数字化转型中的使用，如 OCR、NLP 等感知智能技术在费用管理中的应用，机器学习、深度学习等认知智能技术在成本预测、收入预测等管理会计中的应用，云计算、大数据等数字技术在业务流程、管理流程等全环节的应用，以及数字化供应链、价值驱动制造服务、产品全周期数字主线、业务流程自动化、人工智能+数据边缘侧赋能、下一代工业物联网络融合等数字技术的应用已经全面开花。企业通过打造全渠道多触点的客户体验，加强与客户之间的连接和联动，是企业重塑竞争力的第一落脚点，而借助大数据等数字技术，将帮助企业打造个性化、精准化的产品和服务。数字技术对传统产业进行改造和提升，重塑组织和流程，提高效率、降低能耗、降本增效，催生新产业、新业态、新模式和新收入，助力财务数字化转型不断升级，为企业创造价值。

（4）数据

数据作为资产，随着全球积极培育数字经济新产业、新业态、新模式，数据资源的价值越来越受到全社会的重点关注。企业在获取内部的业务数据、财务数据、管理数据、经营数据的基础上，更要积极主动并合法地获取行业数据、政府数据、互联网数据、物联网数据等全域数据。基于数据+场景+算法算力的模式，可助力财务数字化转型为企业创造价值。

（5）组织与人才

财务数字化转型使财务组织范围的边界向纵横方向变革，财务人员的能力水平也从传统的核算、报表、费用报销等基础交易工作向管理会计、业财融合和业务流程、管理流程转变，使财务组织具备泛财务的特征。随着人工智能技术在财务数字化转型中的不断应用，人机协同工作模式和人机共生工作模式将在财务组织中成为常态。与此同时，随着企业对数据要素的重视程度越来越高，财务人员将会智能化的通过业务模型分析数据，在数字化转型背景下可能变成数字员工。财务基础交易工作逐步转交给财务机器人，财务人员需进一步提升业务能力、管理能力、经营能力等综合性的能力，为业务提供决策支持，为管理赋能。

（6）商业模式

财务数字化转型不仅受思维、技术、场景、组织、人员等企业本身要素的影响，也将受数字经济时代下各种商业模式的影响。共享经济最早由美国得克萨斯州立大学社会学教授马科斯·费尔逊和伊利诺伊大学社会学教授琼·斯潘思在1978年发表的论文（Community Structure and Collaborative Consumption: A Routine Activity Approach）中提出。其主要特点是包括一个由第三方创建的、以信息技术为基础的市场平台。这个第三方可以是商业机构、组织或者政府。个体借助这些平台，交换闲置物品，分享自己的知识、经验，或者给企业、某个创新项目等集资金。经济牵扯到三大主体，即商品或服务的需求方、供给方和共享经济平台。共享经济平台作为连接供需双方的纽带，通过移动互联应用、动态算法与定价、双方互评体系等一系列机制的建立，使得供给方与需求方通过共享经济平台进行交易。[1]共享经济模式为财务数字化转型提供了一定的积极作用，财务共享中心作为财务数字化转型的先行者，借

---

[1] 共享经济的解释来源于百度百科。

[2] 服务经济的解释来源于百度百科。

助共享经济的理念，为财务数字化转型的成功建设提供了基础保障。

服务经济是服务业产值在 GDP 中相对比重超过 60%的一种经济状态，又可以解释为服务经济中的就业人数在整个国民经济就业人数中的相对比重超过 60%的一种经济态势。伴随着数字经济和数字技术的飞速发展，基于数字化的服务经济也随之表现出新的发展趋势。①数字化转型加速财务职能由管理走向服务，如何更好地为业务部门、管理部门，甚至为客户、供应商提供优质的数字服务，成为财务部门创造价值的重要评价指标之一，因此，基于财务思维的数字服务能力将成为财务数字化转型中非常重要的内容。

数字经济从经济学概念来讲，是指人类通过大数据（数字化的知识与信息）的识别、选择、过滤、存储和使用，引导、实现资源的快速优化配置与再生，实现经济高质量发展的经济形态。①数字经济主要包括数字产业化和产业数字化两个方面的内容，其中产业数字化是数字经济的主引擎，其核心是传统产业的数字化转型。而在数字经济的产业数字化转型过程中，由于财务数字化转型的目标是为企业创造价值，因此，对于推动产业数字化转型的落地显得尤为重要。

（7）运营模式

财务数字化的成功转型除了取决于平台、技术、数据等影响因素，还取决于落地应用后运营模式的支撑。赋能市场引擎的运营模式使财务数字化转型具备基于财务思维为企业市场提供服务的能力；共享运营引擎的运营模式使财务数字化转型具备共享理念；技术创新引擎的运营模式使财务数字化转型具备创新引领作用，新技术仍然在不断地创新迭代，技术创新始终会在财务数字化转型中起到积极的引擎作用。

（8）数字化生态

在数字经济的发展浪潮中，企业生态圈的建设显得至关重要。财务数字化转型不仅要服务于财务职能，以及企业内部的业务流程和管理流程，也要重点关注和服务供应商、客户、合作伙伴、金融机构、政府部门、投资人等生态圈中合作伙伴的利益，借助数字化转型的契机，服务于采购、物流、生产、销售、售后、财务、投融资、监管等各个主体，在实现企业价值创造的同时，实现生态圈的共赢。

（9）数字化工作方式

数字化转型使财务的组织、人员、流程、职能等都发生了彻底的改变。财务数字化转型使财务人员的工作时间由传统的固定模式向弹性工作制转变，在完成规定的财务工作任务或固定的工作时间长度下，财务人员根据业

---

① 服务经济的解释来源于百度百科。

① 数字经济的解释来源于百度百科。

务需求可以灵活自主地选择工作的具体时间；数字经济使全球市场在空间上变得越来越狭小，借助移动互联等数字技术，财务人员可以随时随地地采用远程办公的形式为业务赋能；互联网和云计算时代的到来，打破企业间、部门间的信息壁垒，以多样化的形式开展生态合作，确保决策的实时、准确、可靠，并实现生态圈中合作伙伴的共赢；在数字化时代，财务工作方式更多的将以人机多重互动的方式进行，主要体现在人机协同共生的财务工作模式上。与此同时，财务人员可以以"平民开发者"的身份参与日常的财务工作，并为日常财务工作建立自动化系统，更好地实现数字化时代的创新工作方式。

4.2 财务数字化转型的步骤

财务数字化转型从价值支撑到战略引领，都需要以循序渐进的方式开展，考虑到不同企业财务数字化的成熟度和范畴边界不同，需结合企业的市场环境、业务特征、管理模式等实际情况，从顶层规划和设计不同的数字化转型路径。纵观大量企业财务数字化转型的通用做法，可以考虑将财务数字化转型的路径划分为以下三个阶段，如图 4.3 所示。

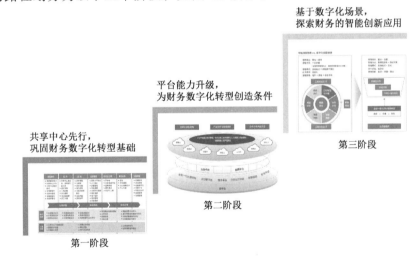

图 4.3 财务数字化转型的路径阶段

第一阶段，主要是夯实会计核算基础，强调计量的合规准确，以财务会计为基础，要求在满足企业会计准则的基础上优化会计科目，制定统一标准，同时关注组织架构和人员配置的优化。

第二阶段，主要是强化搭建平台能力，这一阶段是财务数字化场景施展的主舞台，强调数字化平台的能力建设和数据治理能力，侧重业务流程、财务流程、管理流程和信息系统的优化。

第三阶段，主要是价值创造，借助人工智能技术发掘数字化场景的潜在价值空间，创新数字化管理工具和方法，如基于大数据的业财动态多维分析、基于场景化财务预测的实时经营决策、内部市场化等，强调由传统的信息化管理手段向数字化技术和模式转型，实现业务流程、财务流程、管理流程一体化视角的实时化、智能化经营管理。

4.2.1 第一阶段：共享中心先行，巩固财务数字化转型基础

共享中心建设以数据标准化为基础，以拉通业财一体化为建设要求，以"运营中心+数据中心"为建设目标，是众多企业推进财务数字化转型的首选，从大量实践效果也可以看到，共享中心对推动企业整体数字化转型发挥了重要作用。

随着经济全球化和信息技术的迅猛发展，企业在财务管理体系方面面临着重大的挑战：一方面，在企业高速发展过程中，总部需要财务站在战略高度，重视企业竞争地位的提升，着眼于全局性、长期性、创造性的谋划，但是现阶段财务管理模式处于分散式管控阶段，仅停留在管控阶段，达不到战略财务的要求；另一方面，市场竞争异常激烈且变化迅速，为了在行业的搏杀中占据有利地位，企业需要强大的业务财务支持，即将经营信息汇总转化成财务信息，然后对财务信息进行相关的分析并指导制定策略，但是分散式财务组织严重制约了财务人员对一线经营单位的支持能力，也不利于财务协助制定和推进企业战略。企业分散式财务管理模式存在着财务组织设置不合理、财务人力资源效率低下、财务核算成本过高、无法有效支撑业务活动和推进战略财务等问题。基于此，企业开始大力推进财务转型和流程再造，财务共享中心作为一种新型财务管理模式便应运而生。

财务共享是将一部分现有的经营职能汇总到一个新的半自主业务单元，这个业务单元设有专门的管理机构，颠覆了传统的财务工作方式，对财务流程和处理效率进行了质的改变，使企业具有降低成本、提高服务质量与运营效率、加强风险管控、提高企业竞争力与支撑全球化战略实施等优势。因此，在财务数字化转型加速驱动的影响下，财务共享中心成为企业财务转型的先行选择。

1. 财务共享中心建设方法论

大型集团企业通过建立统一的财务共享中心，将企业分散在各个区域运营单元中易于标准化和规范化的财务业务进行流程再造与标准化，借助共享中心的数据及流程支撑，纵向上加强对下属运营单元的管控力度，横向上向业务进行延伸，实现财务业务一体化，全面支撑集团企业的管理决策，更好地为经营管理服务，如图 4.4 所示。

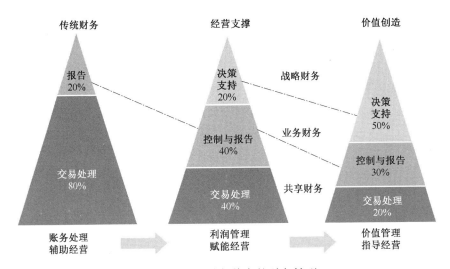

图 4.4　基于财务共享的财务转型

通过财务共享中心的建设，打造"柔性共享、精细管控、业财一体"的新模式，帮助集团企业实现共享中心与财务管控间的深度融合，进而实现从传统核算向价值创造型财务的转变，如图 4.5 所示。

图 4.5　传统核算向价值创造型财务的转变

财务共享中心通过统一标准、账务集中处理、资金支付全流程监控等，助力企业强化风险管控、统一信息平台，促进财务转型和降低财务运营成本。同时，企业以财务共享中心为依托，逐步形成大数据中心，建立辅助战略决策中心，拓展管理会计分析中心，实现跨越式转型的蓝图。

除此之外，财务共享中心有助于企业建立战略财务、业务财务与共享财务三位一体的财务转型体系，业务财务部门将发挥对账稽核与业务监控的双重功能，通过结算平台生成业务分析报表，对业务部门的经营活动进行监控和指导；财务部门对应财务职能中的控制层，深度参与价值链各个环节的工作，各个子经营体成为经营决策团队的重要成员，提供全价值链业务财务管理，将战略财务的政策意图落实到基层岗位，并将基层需求反馈至战略财务层，让企业财务管理层随时获取一线经营情况。财务共享中心的建设，促进财务实现与业务共同办公，能够及时、全面地了解财务数据背后的经营问题，并能够提出针对性的建议供业务单位参考。财务共享模式是一个持续优化的过程，包括业务流程、管理制度、信息系统及考核等的优化。基于此，财务共享中心建设方法论显得尤为重要，其关键因素如图4.6所示，主要包括管控模式、组织、流程、运营管理、系统及工具、基础设施、实施策略等。

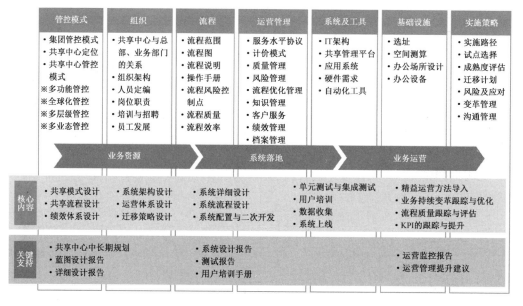

图 4.6　财务共享中心建设方法论

（1）管控模式

管控模式是企业对分/子公司基于集/分权程度不同而形成的管控策略，根据企业的战略定位、业务模式，企业可以选择投资管控、战略管控、运营管控、操作管控、财务管控等。

战略定位是对企业战略经营活动预期取得的主要成果的期望值。不同管控模式的企业建立财务共享中心有其各自侧重的战略定位，并且在财务共享中心建设的不同时期，定位也各有不同。企业建立财务共享中心的战略定位可以划分为以下三类：成本降低定位、风险可控定位和促进财务转型定位。在成本降低的战略定位下，财务共享中心通过整合资源，实现成本的降低和效率的提高，从而稳固、加强企业的财务职能；风险可控定位着重通过建立财务共享中心，加强内部控制和风险管理，从而实现对财务强有力的管控；促进财务转型，希望通过财务共享中心推动更广泛的变化，促进财务人员发展、财务流程改造和优化来提升财务部门的能力，为企业战略发展做出决策支持。

尽管财务共享中心的定位因企业不同的管控模式而不同，但一般主要包括会计核算、财务报表、费用报销、资金结算等基础交易职能，同时为企业提供数据标准、数据中心等数据基础；统一会计科目、统一财务制度、统一财务流程、统一财务管控等运营基础；建立交易核算团队、管理控制团队、决策支持团队等组织基础。

基于企业管控模式，财务共享中心也具有不同的管控模式，主要体现在多功能管控、全球化管控、多层级管控、多业态管控上。

① 多功能管控：财务共享中心具有核算、结算、报账、对账、审核、控制等多功能，基于此，财务共享中心需要对多功能进行管控分级，使价值最大化。

② 全球化管控：随着企业业务的全球化，财务部门更需要在不同国家准则、制度、法规等方面的影响下，通过财务共享中心提供全球化管控。

③ 多层级管控：企业规模不断扩大，分/子公司的数量及其组织也不断激增，企业财务管控的难度逐渐增大，管控要求越来越难以把握，因此，财务共享中心需要为全集团提供多层级管控。

④ 多业态管控：多业态企业对建立财务共享中心持有积极态度，财务管控因企业的不同业态，面临着不同的要求，在企业统一财务管控的要求下，财务共享中心将会为企业多业态提供精细化管控。

（2）组织

① 企业的财务组织。在财务共享服务模式下，企业财务组织可分为三个层级：企业总部财务、分/子公司财务及财务共享中心。财务组织形式的选择主要根据企业的具体情况，并可能随着财务共享中心的不同发展阶段，以及企业不同发展阶段的管理因素，而进行重新考量。

财务共享中心作为新成立的财务组织，在企业整体财务组织架构中所处的位置主要有两种：第一种是作为企业总部财务部的隶属部室，向财务部长汇报；第二种是作为平行于企业总部财务部的独立部门，直接向财务总监汇报。在这两种方式中，财务共享中心均承担会计核算、制作财务报表等职能，企业总部财务部和分/子公司财务部门承担预算、成本、资源配置、绩效考核等职能。核算、结算、报账等基础交易业务集中在财务共享中心处理，可以及时准确地提供多维度数据信息，有利于企业准确了解各分/子公司的财务状况、经营成果和现金流量。

企业整体财务组织架构在财务共享中心模式下以"战略财务、业务财务、共享财务"三位一体为主要建设目标，以财务部为核心力量开展具体工作，包括执行"战略财务"职能的财务管理部；执行"共享财务"职能的财务共享中心；执行"业务财务"职能的基层单位和分/子公司财务部。

财务共享中心的共享财务的职能主要包括会计核算、财务报表、费用报销等基础会计核算工作及资金结算业务等，并能根据企业要求，规范财务相关制度、会计核算科目和核算流程并持续优化，同时对会计报表统一规范，增加了合并报表的披露效率、财务管理分析数据的准确性和时效性。考虑财务共享中心的目标之一就是规范化、统一化、标准化，以及共享财务人员的可用性，一般企业建立的财务共享中心将集中办公。

企业在财务共享中心下成立集团财务管理部，承担战略财务的职能，具备财务总体规划风险管理规划、预算预测规划、成本管理规划、资产管理规划、决策财务规划和投融资规划等多项职能，为企业提供决策支持并指导会计核算与管理控制。

业务财务承担管理控制的职责，为企业分/子公司提供经营决策分析，负责财务计划、制度建设、经营活动分析、风险管理、预算管理、成本管理、税收管理、资产管理，以及各种盈利分析和财务分析等职能，在财务管理链条的前端为共享财务收集会计数据信息，给战略财务反馈决策指导的效果，做到实时调整、纠正，并为分/子公司经营活动提供财务控制和管理建议。

② 财务共享中心的组织架构。财务共享中心的内部组织架构一般有如下几种模式。

职能模式：按照不同岗位的具体工作职能进行划分。这种方式遵循了财务共享中心专业化原则，财务工作标准化程度高，有利于提高财务人员的工作效率，但容易使财务人员过度局限于自己所在的职能部门而忽视组织的整体目标，组织间协调比较困难，只有财务主管才能对最终成果负责。

区域模式：按照服务对象的业务区域进行划分。财务共享中心人员面对不同国家、不同地域的客户分别提供相应服务。此种方式适用于不同地域业务的特殊需求，便于财务共享中心的人员更好地针对服务对象的业务情况，满足特定客户的需求，增加客户的满意程度。不足之处在于对人员的要求比较高、流程标准化程度低，以及工作效率低。在区域模式中，有很多公司会将不同的分中心建立在靠近服务对象的地方，以获得语言优势。

混合模式：既考虑不同区域客户的业务特殊性，也考虑岗位职能的专业程度。这种方式既可以按区域划分组织，又可以在业务单元内部进行专业分工，提高了工作效率。

产品模式：按照企业的产品类型进行组织架构划分，有利于企业采用专门设备，充分发挥人员的技能和专业知识，也有利于产品和服务的改进和发展。

客户模式：财务共享中心将与某一特定客户相关的各种活动结合起来，并委派相应的管理者形成部门。目的是为了更好地满足特定客户群体的要求，有利于增加客户群体的满意程度。财务管理者必须熟悉特定客户的情况，否则在有些情况下很难对客户进行区分。

根据大部分企业财务管理的实际情况，以及财务共享中心的组织架构模式，企业财务共享中心内可以设置综合管理组，涵盖运营管理、信息化管理、档案管理和专家团队。财务共享中心模式下各类业务处理的分组可以依据实际纳入财务共享的核算业务类型，适当结合流程化、同质业务、高效协作、人均业务量均衡等原则，设置为费用报销组、应收应付组、资金管理组等（不同企业具有一定差异性），分别负责相关业务的核算和管理工作，每个组内设置不同的岗位，这些岗位是财务共享中心岗位职责和人员配置的前提条件。

③ 财务共享中心的人员定编及岗位职责。财务共享中心的人员编制测算方法可以按照各个岗位职责所需人员的数量进行分析。基于岗位业务性质的不同，测算方法主要有三种：业务分析法、数据测算法，以及对标评测法。

业务分析法：基于业务性质的特点，并结合现有管理人员及业务人员的经验，进行分析评估，最终确定人员编制数量。此方法适用于难以进行精确数据测算，且难以取得同口径对标数据的项目。

数据测算法：通过实测的方法确定一类标杆业务的处理时间，其他业务与标杆业务之间的关系通过多人评估并取平均值的方式进行确定。在业务量和工作效率确定的基础上，确定人员编制。此方法适用于能取得可靠业务量数据，并能够对单笔业务量所用时间进行测量的项目。

对标评测法：对于无法进行数据测算的业务，优先考虑选取相同或相近口径的其他单位的业务进行对标，并在此基础上进行估测。此方法与数据测算法相比虽不够精确，但仍具有较高的参考价值。

在对财务共享中心各业务单元进行人员配置时，需要充分考虑财务共享中心的岗位特性，有针对性地进行判断、分析、评估及配置，同时考虑组织岗位与财务技能、人员能力的匹配，采取财务共享中心多种人员编制方法分析和测算各个财务岗位所需要的人员数量，保证财务共享中心人员的合理配置。

（3）流程

根据财务标准化的业务范围，梳理财务共享中心的流程清单。当前大部分企业财务共享中心的流程范围包括费用报销流程、应付核算流程、应收核算流程、资金结算流程等，不同企业的财务共享中心的流程范围会略有不同，但由于财务共享中心主要承担核算、制作报表、结算等基础性财务工作，因此差异性不会太大。

流程图需要根据梳理的财务共享中心流程范围，以及企业对每个流程的定义及概述进行绘制。财务共享中心流程图绘制的依据如图 4.7 所示，企业发生各类业务，相关纸质单据通过影像系统扫描成影像电子单据，报账人、业务领导、财务人员等通过电子单据线上处理各种工作，从而生成凭证，并实现了电子会计档案管理。

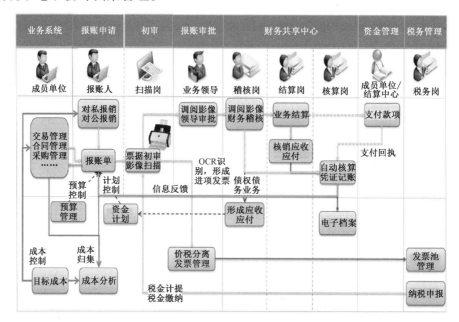

图4.7　财务共享中心流程图绘制的依据

　　财务共享中心根据每个财务业务流程图，描述流程节点的输入、输出、操作等事项，并根据企业管控要求，制定每个节点的稽核规则，同时编制流程手册和流程风险控制点。在财务共享中心运营过程中，流程管理是其中重要的管理创新，对现有财务流程进行梳理、完善、再造、优化、改进，提升流程效率和流程质量，从而保证财务共享中心的竞争优势。一般情况下，企业财务的流程管理更多的是针对财务共享中心内部流程，或者前延至企业内部各个业务部门业务发生的结束点。这样的方式往往使得企业内部不同职能部门之间存在着隔阂，尤其是业务部门与财务部门之间的各项工作不能融合，造成如业务流程不标准、稽核复杂、业财数据口径不一致等问题。随着财务数字化的加速，流程管理需要更加关注业务流程、财务流程、管理流程的融合，进一步提升财务为企业创造价值的基础。

　　（4）运营管理

　　财务共享中心需要有高效的运营管理才能为财务数字化转型提供强有力的支撑。不同企业的需求不同，通常来讲，财务共享中心的运营管理主要包括服务管理、培训管理、质量管理、标准化管理、组织绩效管理等。

　　服务管理：是对财务共享中心员工工作的服务效果、服务时效、服务态度等的管控与提升过程。不同企业对财务共享中心服务工作的评价频率和评价机制有不同的要求。财务共享中心的评价频率可分为年度评价和季度评价两种模式。财务共享中心的服务满意度评价可采用客户满意度调查及投诉分析等方法，对共享中心核算会计、归档员绩效与培训管理经理、财务信息系统经理等的服务水平进行评价。其中，满意度调查主要包括服务效果、服务时限、服务态度、沟通技巧和服务协作性五个方面。

培训管理：企业建立财务共享中心培训体系，拓展员工专业与非专业知识，提高员工综合素质。财务共享中心培训体系由集团级培训、部处级培训及财务共享中心内部培训三个层级组成。其中，集团级培训由人力资源部统筹管理，部处级培训由总部计划财务部统筹管理，财务共享中心内部培训由财务共享中心培训管理团队统筹管理。

质量管理：财务共享中心的质量管理是保证财务共享中心各职能岗位的相关工作达到会计业务处理准确的质量目标所采取的措施的总称。质量管理组织由一级质量管理员、中级质量管理员及高级质量管理员构成，它对业务处理全过程进行质量检测，包括账务处理、审批流及相关附件单据的真实性、准确性及完整性。财务共享中心的质量管理评价机制按照扫描、归档、审核、资金结算、制作报表等业务类型，分别设置质量目标、责任人及考核办法，并每月进行质量考核。

标准化管理：财务共享中心的标准化管理主要包括流程管理规范、作业管理规范及文档管理规范，其目标是对重复性高、可复制的工作统一标准，统一程序，持续提升财务共享中心的工作效率与服务水平。

组织绩效管理：财务共享中心的整体运营业绩和效率，主要体现在时效、工作量、业务处理质量和服务满意度四个方面，它是基于组织绩效评价机制展开的。即根据不同类型的工作或岗位设定财务共享中心组织绩效评价的指标类别，并细分为若干评价项目，规定具体的考核要求和评价方法，定期通过绩效报表进行统计、分析与考核。评价财务共享中心组织绩效的指标包括标准时效、标准工作量、业务质量、服务满意度。因为财务共享中心服务的客户、方式不同，因此组织绩效具体的评价指标可能会不同。同一个财务共享中心的不同阶段，具体的评价指标也可能需要调整。

（5）系统及工具

① 财务共享中心的技术架构。企业要保持领先，并不断地创造价值，设置具备高速、高适应性、持续部署和松散耦合特点的 IT 系统架构成为关键。因此，财务共享中心的技术平台应遵循技术先进、架构统一、自主可控、敏捷高效、能力开放、智能嵌入、体验重塑、安全保密的建设原则，总体采用开放技术标准和主流开源技术，统一基于云原生技术体系，采用"大平台、微应用"的组装应用模式构建，使其实现在云端构建、部署和托管灵活、可拓展的云原生应用程序。

财务共享中心的技术平台采用业界先进、开放、成熟、稳定、可持续发展的技术，提供集系统运行、集成、开发为一体的应用支撑服务。财务共享中心的技术平台总体技术架构分为客户层、服务层、数据层、物理层，如图4.8 所示。

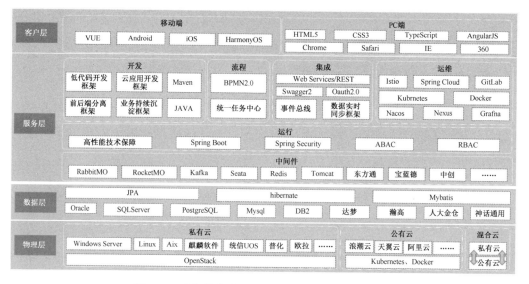

图 4.8　财务共享中心的技术平台总体技术架构

② 财务共享中心的应用架构设计。针对财务共享中心建设的具体需求，并充分考虑企业价值创造发展的需要，结合众多集团型企业成功进行共享中心信息化咨询及建设的历程，形成财务共享中心信息化建设的总体应用架构设计，如图 4.9 所示。

企业通过搭建财务共享平台、合同台账归集、税务管理、应收应付、资金管理、电子影像、电子档案、全面预算、经营分析、企业门户等模块，实现共享运营支撑、共享业务管理、共享数据分析和共享门户管理。同时与现有的业务系统集成，并将预算控制、资金计划控制、业务控制等内部控制机制嵌入业务流程中，实现端对端全流程的业财税一体化管理。

③ 财务共享中心的电子报账平台。财务共享中心电子报账平台服务企业全体员工，内置各类报销标准，方便员工报销，实现管理系统化。财务共享电子报账平台可以包括企业的全部报账业务类型：借还款、日常费用报销（差旅费、通信费、业务招待费、会议费、其他费用等）、合同款结算、应付业务报账、预付款、收款及应收业务报账、固定资产业务报账、薪酬福利业务报账、税务单据等。电子报账平台可以实现财务共享中心应用模式下的报账业务的全过程处理，

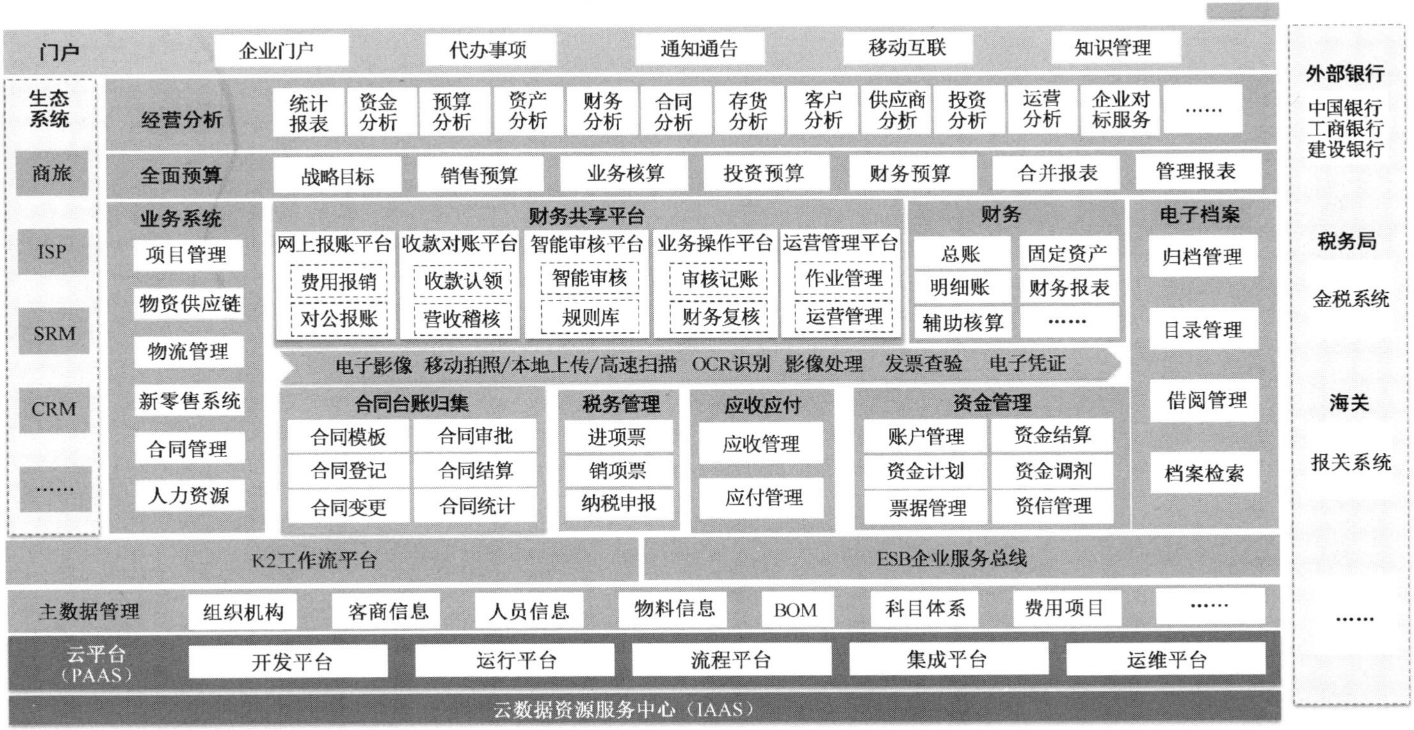

图 4.9 财务共享中心信息化建设的总体应用架构设计

外部银行：中国银行 工商银行 建设银行
税务局：金税系统
海关：报关系统
……

门户 | 企业门户 | 代办事项 | 通知通信 | 移动互联 | 知识管理

经营分析：统计报表 | 资金分析 | 资产分析 | 预算分析 | 财务分析 | 合同分析 | 客户分析 | 供应商分析 | 投资分析 | 运营分析 | 企业对标服务 | ……

全面预算：战略目标 | 销售预算 | 业务核算 | 投资预算 | 财务预算 | 合并报表 | 管理报表

业务系统：项目管理 | 物资供应链 | 物流管理 | 新零售系统 | 合同管理 | 人力资源

财务共享平台：
网上报账平台（费用报销、对公报账）
收款对账平台（收款认领、营收稽核）
智能审核平台（智能审核、规则库）
业务操作平台（审核记账、财务复核）
运营管理平台（作业管理、运营管理）

电子影像 / 移动拍照/本地上传/高速扫描 / OCR识别 影像处理 / 发票查验 电子凭证

合同台账归集：合同模板 | 合同审批 | 合同登记 | 合同结算 | 合同变更 | 合同统计

税务管理：进项票 | 销项票 | 纳税申报

应收应付：应收管理 | 应付管理

财务：总账 | 明细账 | 辅助核算 | 固定资产 | 财务报表 | ……

资金管理：账户管理 | 资金计划 | 票据管理 | 资金结算 | 资金调剂 | 资信管理

电子档案：归档管理 | 目录管理 | 借阅管理 | 档案检索
……

K2工作流平台

主数据管理：组织机构 | 客商信息 | 人员信息 | 物料信息 | BOM | 科目体系 | 费用项目 | ……

云平台（PAAS）：开发平台 | 运行平台 | 流程平台 | 集成平台 | 运维平台

ESB企业服务总线

云数据资源服务中心（IAAS）

生态系统 | 商旅 | ISP | SRM | CRM | ……

71

实现日常报账业务的标准化、电子化和自动化，实现所有报账业务自动进入任务池进行作业任务派单，并通过与电子影像的集成使用，实现报销业务流程的全电子化处理，与预算系统的集成使用，支持报账业务多个业务节点的预算实时控制，做到无预算不开支，无计划不支付。

财务共享中心电子报账平台支持集团运营模式下的多机构、多公司、多业务实体的复杂组织架构、多业务单元等多组织架构的需要，为集团提供全员、全业务报账的统一管理平台，如图 4.10 所示。

图 4.10　财务共享中心的电子报账平台

财务共享中心电子报账平台实现了整个企业报账的集中管理，支持集团及下属所有公司的全业务报账，可实现报账中预算的刚性、柔性控制，可实现合同管理及相关的收付款业务，如图 4.11 所示。

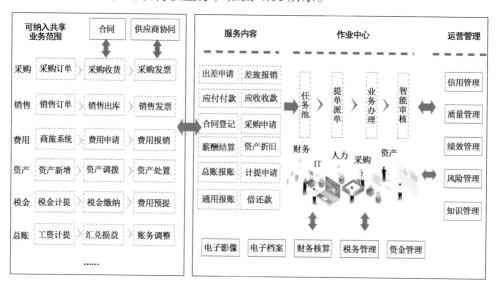

图 4.11　财务共享中心的报账集中管理

公司本部、子公司等不同组织，实现报账单据、报账制度、报账流程的统一，并允许下级单位在公司统一管理范围内实现细化和个性化设置，对于特殊项目支持个性化设置。

报账全过程管理，包括报账申请、业务领导审批、财务人员审核、复核、报账款支付、报账凭证入账及借还款业务申请，多维度实时统计查询等全流程管理，并在报账时可查询相关的报账管理制度，如差旅报销制度和报销标准等。

财务共享中心的电子报账平台支持移动端应用（包括 App、钉钉集成、微信集成、OA 集成），作为企业财务数据的采集入口，报账服务支持电子报账单多端接入，将企业的报账数据完全电子化，再现原始业务活动，为每笔支出建立单独的审计线索，如图 4.12 所示。

图 4.12　财务共享中心的电子报账平台移动端应用

财务共享中心的电子报账平台提供全面的 RPA 管理功能，对 RPA 的运行、监控、调度等进行管理。该平台支持对机器人使用的过程进行分角色管理，依据业务处理的重要性，为机器人各类业务处理等设置业务量阈值，在单据量突破阈值后，自动调度其他业务处理机器人临时转为处理重要业务，确保处理的时效性，有效应对流量波峰。该平台提供的 RPA 管理功能包含机器人定义、调度任务定义、任务调度中心、监控中心等功能，提供诸如运营监控、银行对账、收款付款、物资处理、智能稽核等业务处理。

④ 财务共享中心的运营管理平台。财务共享中心的运营管理包括任务管理、绩效管理、质量管理、信用管理、统计分析。通过该管理平台可以实现任务提取、单据审核、凭证制单、绩效考核、质量稽查、员工信用处理、数据分析等工作。

财务共享中心的运营管理平台可提供多种共享中心模式建设，服务对象、服务内容可灵活调整，支撑在管控主线不变的前提下，加强对各成员单位的财务管控力度，强化集团总部的管控要求，满足多共享中心建设和后续融合扩展需要，灵活应对集团相关的组织架构调整和业务调整，满足集团及下属各业务板块的财务共享运营管理需求，如图 4.13 和图 4.14 所示。

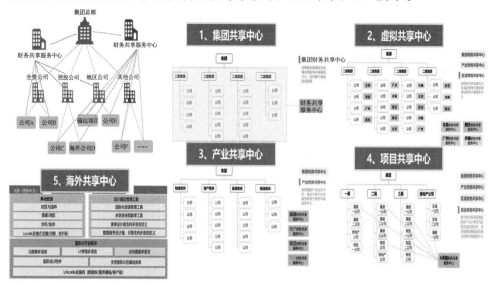

图 4.13　财务共享中心的运营管理平台上多种共享中心模式建设

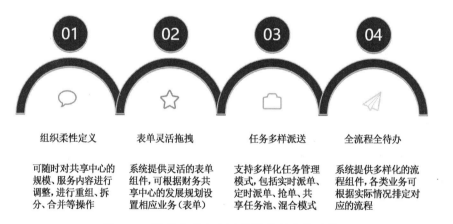

图 4.14　财务共享中心运营管理平台的功能

　　企业通过财务共享中心运营管理平台，提供任务驱动，发挥共享中心规模效应，提升工作效率，对共享中心接收的工作任务进行统一分配、统一调度，通过派工规则将进入财务共享中心的任务，分配到不同的作业岗位，并由作业人员进行处理，如图 4.15 所示。

　　财务共享中心运营管理平台提供丰富的共享运营分析（包括质量、绩效、各类统计分析等），提供可视化看板及相关的设计工具，通过财务共享运营平台完成每个人员的工作业绩统计，完成工作质量管理，包括对效率、态度、质量、违规等方面的统计和登记，从工作效率、工作态度、工作质量等方面对员工进行全面管理和考核，如图 4.16 所示。

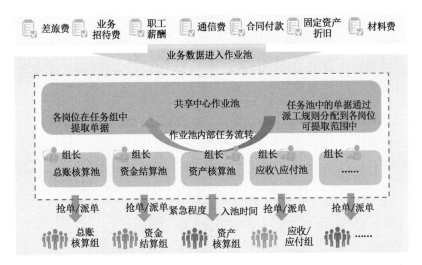

图 4.15　财务共享中心运营管理平台架构图

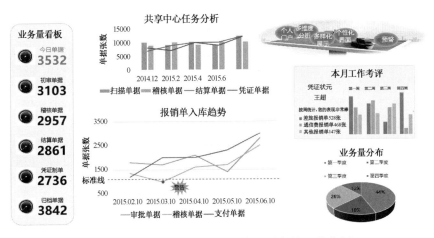

图 4.16　财务共享中心运营管理平台的运营分析

（6）基础设施

① 财务共享中心的选址策略。企业选择财务共享中心的地址受诸多因素的影响，如表 4.2 所示。选址策略既要考虑离总部距离、会计主体、现有财务资源等企业内部因素，又要考虑城市可持续竞争力、城市宜居性、交通便捷程度等城市环境因素，同时更要考虑未来的运营成本，如当地的人力薪酬成本、办公场所购买或租赁成本、人才补充能力等因素。

② 财务共享中心的空间测算模型。财务共享中心的空间应基于组织架构和人员体系提前进行测算，如表 4.3 所示。按照企业财务人员的工作形式，财务共享中心每人办公位占地一般约为 3 平方米。企业在计算财务共享中心办公面积时，为了营造轻松明亮的环境，需要考虑过道空白区域的面积，一

75

般建议企业的过道公摊面积率为 50%。财务共享中心作为人员众多的独立机构，需要考虑会议室、培训室、休息室、茶水间、卫生间等独立空间。财务共享中心的墙面上应设置中心建设历程、员工风采、员工微笑、服务之星等展示区域，增加员工集体荣誉感。

表 4.2　财务共享中心的选址因素

维度	指标	评分标准	数据来源
企业内部因素	1. 离总部距离	根据各候选城市至总部加权排序，依据排名进行评分	地理信息
	2. 会计主体	根据各候选城市所在省份的核算主体数量进行评分，150 个及以上得 5 分，126～149 个得 4 分，101～125 个得 3 分，76～100 个得 2 分，75 个以下得 1 分	企业内部资料
	3. 现有财务资源	根据各候选城市所在省份的会计人员数量进行评分，300 人及以上得 5 分，201～299 人得 4 分，151～200 人得 3 分，101～150 人得 2 分，100 人以下得 1 分	企业内部资料
运营成本	4. 人力薪酬成本	根据各候选城市月平均薪酬进行排序，薪酬最低得分最高	中国各城市薪酬排名
	5. 租赁成本	根据各候选城市日每平方米租金进行排序，租金最低得分最高	2021 中国办公楼市场白皮书
	6. 人才补充能力	根据各候选城市高校数量排名情况进行评分，1～10 名得 5 分，11～20 名得 4 分，21～30 名得 3 分，31～50 名得 2 分，51 名及以上得 1 分	中国城市高校数量排名
城市环境因素	7. 城市可持续竞争力	根据各候选城市竞争力排名进行评分，1～10 名得 5 分，11～20 名得 4 分，21～30 名得 3 分，31～50 名得 2 分，51 名及以上得 1 分	2020 中国城市竞争力第 18 次报告
	8. 城市宜居性	根据各候选城市宜居排名进行评分，1～10 名得 5 分，11～20 名得 4 分，21～30 名得 3 分，31～50 名得 2 分，51 名及以上得 1 分	2020 中国城市竞争力第 18 次报告
	9. 交通便捷程度	根据各候选城市交通便捷程度进行评分，同时具备枢纽机场、高铁站得 5 分，具备高铁且干线机场得 4 分，具备高铁且周边城市有机场得 3 分，具备高铁但本市或周边城市不具备机场得 2 分，不具备高铁站得 1 分	2020 中国民航机场排名，2021 年中国高铁运行站点图

表 4.3　财务共享中心的空间测算模型

试点期办公位面积计算	试点期人员需求/人	人均办公位面积/m²	过道公摊面积率/%	会议培训等额外需求/m²	试点期建议办公面积/m²
	x	3	50%	50	$3x+1.5x+50$
全业务期办公位面积计算	全业务期人员需求/人	人均办公位面积/m²	过道公摊面积率/%	会议培训等额外需求/m²	试点期建议办公面积/m²
	x	3	50%	100	$3x+1.5x+100$

③ 财务共享中心办公场所设计。根据财务共享中心人员办公位面积的计算，财务共享中心办公场所可根据不同企业的具体情况进行设计，设计示意图如图 4.17 所示。

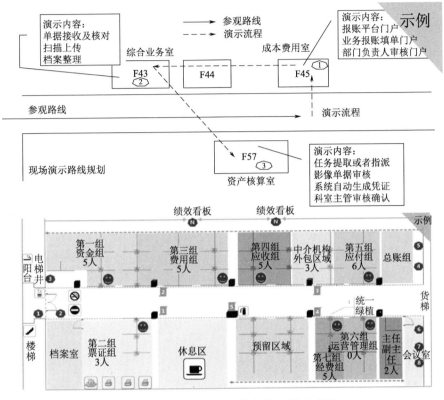

图 4.17　财务共享中心的办公场所示意图

④ 财务共享中心的办公设备。企业基于财务共享系统平台处理财务共享中心的各类工作，由于财务共享中心与以往的财务管理模式存在较大的差异性，因此，财务共享中心的办公设备将会依据共享服务的模式进行设置，主要包括电脑主机、双屏显示器、扫描枪、扫描仪等。财务共享中心的办公设备的详细情况如表 4.4 所示。

表 4.4　财务共享中心的办公设备清单

序号	名称	数量	备注
1	电脑主机	x 台	财务共享中心试点期人数每人 1 台，若管理人员使用笔记本电脑可以相应扣减
2	电脑显示器	$2x$ 台	双屏：试点期人数每人 2 台显示器，管理人员如果使用笔记本电脑可以相应扣减
3	扫码枪	x 台	试点期扫描点 $x \times 1$ 台
4	扫描仪	x 台	试点期扫描点 $x \times 1$ 台或使用手机
5	打印复印一体机	1 台	

（7）实施策略

① 财务共享中心建设的路线原则及步骤。企业按照财务共享中心上线推进策略，结合各业务单位的实际人员和业务情况，设计财务共享中心业务迁移方案。根据成熟的业务迁移路径分析与评估机制，企业分别从业务规范度、业务复杂度、信息化系统应用情况、现有业务单位财务人员业务迁移难度、管理层稳定性及支持力度六个维度，对各单位业务迁移路径进行设计。财务共享中心业务迁移实施的步骤如下：

◎ 制订整体计划：首先要制订业务迁移的计划，组建业务迁移的团队，然后确定相应的业务迁移管理机制，之后再确定业务迁移的方式、具体职责和业务迁移的工具。

◎ 试点单位业务迁移：启动业务迁移前要准备好地方、完善系统、确定人员、对业务进行初步分析。实施业务迁移时要进行针对标准流程方案的培训，确认差异解决方案，统计纳入共享范围的人员，整理相关文档。切换环节要进行切换检查，解决遗留的问题之后要进行人员的业务迁移、迁移总结和计划调整。业务迁移后主要解决过渡期间出现的问题。

◎ 制定业务迁移成熟度评估标准：企业高层管理者之间应在进行充分沟通和确认后制定业务迁移策略和计划。根据业务迁移成熟度实施业务迁移计划，结合业务迁移流程和业务迁移地点，安排模拟测试时间。提早识别核心员工并使之加入项目，按照业务迁移地点，考虑业务差异性，建立强大的知识转移团队；设计并实施有效的挽留人员政策和奖励措施，在过渡期之前和期间对员工进行有效的沟通辅导，根据员工特点进行重新分配，避免人才的流失；尽早确定办公地点以留出时间进行装修、测试和培训，做好新招员工的预算，为项目招揽人才。

② 财务共享中心的主要迁移任务。财务共享中心建设的关键工作包括组织人力、综合资源、标准规范、流程制度、信息系统、培训宣贯六个核心模块，依据财务共享中心六个核心模块的关键路径，跟踪每条路径的关键节点的执行效果与资源到位情况，确保关键节点执行到位，保障财务共享中心的顺利上线，如图 4.18 所示。

③ 财务共享中心的迁移方案。

根据企业的业务类型和组织范围，财务共享中心的迁移方案主要包括以下五种方式，如图 4.19 所示。

◎ ①→④：企业将试点模块的部分业务实施共享，再推广到企业全业务、全组织范围内共享；

◎ ②→④：企业将试点模块的全部业务实施共享，再推广到全组织范围内共享；

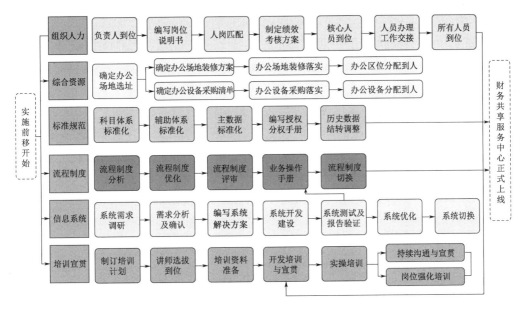

图 4.18　财务共享中心建设的核心模块

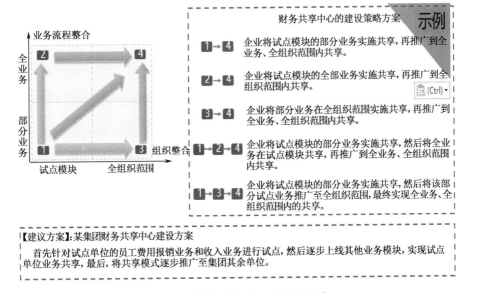

图 4.19　财务共享中心的迁移方案

◎ ③→④：企业将部分业务在全组织范围实施共享，再推广到企业全业务、全组织范围内共享；

◎ ①→②→④：企业将试点模块的部分业务实施共享，然后将全业务在试点模块共享，再推广到全业务、全组织范围内共享；

◎ ①→③→④：企业将试点模块的部分业务实施共享，然后将该部分试点业务推广至全组织范围内，最终实现全业务、全组织范围内共享。

案例企业如果选择①→②→④的财务共享中心迁移方案，那么案例企业财务共享中心具体迁移方案如图 4.20 所示。第一阶段，案例企业选择集团、股份公司部分单位、部分二级公司试点一期业务共享；第二阶段，案例企业在股份公司试点单位推广全业务共享，同时集团和股份公司财务共享范围其他单位费用报销共享上线；第三阶段，案例企业股份公司试点单位全业务共享；第四阶段，案例企业完成财务共享平台建设和集成工作。

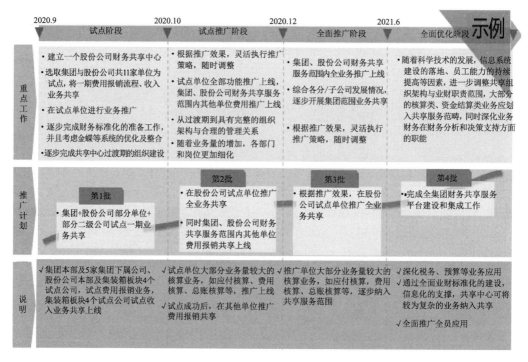

图 4.20　案例企业财务共享中心的迁移方案

④ 财务共享中心的风险矩阵管理模型。财务共享中心在建设和迁移过程中，企业将面临战略及规划、管控治理、组织与人员、流程与系统、监管与法规等风险。根据风险类型发生的可能性和影响程度，财务共享中心将不同的风险类型以风险矩阵的形式进行描述，从而方便企业对不同风险进行管理和提前采取相应的措施予以应对。财务共享中心的风险矩阵管理模型如图4.21 所示。

⑤ 财务共享中心的变革与沟通管理。财务共享中心从建设到运营，都将对组织和个人的变革态度产生一定的影响。因此，财务共享中心将会受集团领导的支持、清晰的授权体系、有效的沟通与宣传、业务与财务部门的配合、业务流程重组、人员变革、系统集成等多方面的影响。财务共享中心通过解

决和应对这些因素，帮助组织和人员游刃有余地推动财务共享中心的建设和运营。财务共享中心的变革与沟通管理如图 4.22 所示。

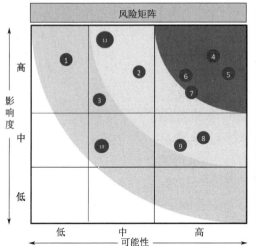

风险大类	序号	风险描述
战略及规划	1	变革目的不明确
	2	实施方案未能兼顾短期与长期可操作性
	3	新业务扩展性未考虑周全
管控治理	4	相关部门支持或引起广泛反对
	5	控股公司和合资公司等股东方挑战
	6	实施初期因各种问题导致的混乱与反对
组织与人员	7	财务人员迁移与变化
	8	财务人员未能充分理解财务转型理念
流程与系统	9	业务多样性和差异性
	10	信息化基础支撑不到位
监管与法规	11	上市公司监管与法规的限制

图 4.21　财务共享中心的风险矩阵管理模型

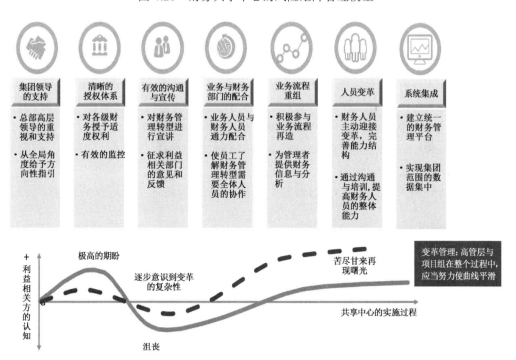

图 4.22　财务共享中心的变革与沟通管理

2. 财务共享中心的建设周期及建设内容

根据财务共享中心建设方法论所述，以及财务共享中心建设和运营的本质，财务共享中心的建设周期主要包括三个阶段：业务咨询期、系统落地期、业务运营期。

（1）业务咨询期

财务共享中心建设是一项系统性工程，尤其对大型企业来说，更是一项复杂性变革。因此，财务共享中心建设需要有严谨的业务咨询阶段，为企业财务共享中心的系统落地和业务运营提供智囊和思路。此阶段企业主要关心以下主题：

◎ 大型集团企业强调财务共享中心建设体系更为集中、平台更为先进、体验更为智能；

◎ 财务共享中心的职能设计要考虑向端到端全流程延展、向全领域覆盖，以进一步发挥财务共享中心支撑企业运营的作用；

◎ 财务共享中心需要与企业全要素管控相结合，并内化到具体的业务场景，发挥管控及赋能的作用；

◎ 数字技术的成熟应用和用户体验的需求催生智能化财务共享中心落地，甚至在模式上可以从物理集中到逻辑集中。

财务共享中心建设的业务咨询期的核心内容主要包括共享模式设计、共享流程设计、绩效体系设计、系统架构设计、运营体系设计、迁移策略设计、关键支持等。

① 共享模式设计。由于战略定位规划的差异，财务共享中心的模式设计也会略有不同。不同的模式设计会对财务共享中心的战略定位、业务复杂程度、管理复杂程度产生根本影响。财务共享中心的模式设计是建立共享中心的首要考虑因素。根据客户提供服务所涵盖的领域划分，财务共享中心主要包含三种模式设计，即全球中心、区域中心和专长中心。

全球中心是将企业全球范围内的某些业务集中到一个全球共享中心来处理，服务于全企业的各业务单位，通过业务流程重组和标准化，为企业提供低成本的增值服务。这种模式设计在实际操作中难度最大，一般企业很少采用这种模式设计，但随着全球化的进程，目前走出去的大型中国企业也在尝试这种模式设计。

区域中心是企业的一个或多个业务单元共同建立的财务共享中心，是基于业务交易的支持服务，是以企业整体成本降低为目标的组织形式。区域中心将企业的全球业务划分为数个大区，然后将某些业务集中到某个大区的财务共享中心处理，如欧洲、美洲、亚太地区财务共享中心等。

专长中心是针对各项适用于财务共享中心的业务在全球范围内建立相应

的共享中心，是基于价值、知识的支持服务，其重点在于消除重复劳动、提供专业服务，着重于核心业务的处理，如专门处理应收业务的全球共享中心，专门处理采购和应付账款业务的全球共享中心等。这种模式设计与前两种模式设计的不同点主要在于，前两种主要以地域划分为设计标准，而专长中心主要以单个或单类业务为设计标准。

除此之外，在国内财务共享中心的实际建设过程中，还出现了中国共享中心和国内地区性共享中心，以及项目共享中心等。

② 共享流程设计。流程设计是财务共享中心高效运作、创造价值的基础，在财务共享中心系统落地前，需要对企业财务流程进行系统性设计。企业需要不断地完善流程体系，将分散流程整合为集中流程，并基于流程建立系统之间的信息反馈制度，将相关信息系统建立对接关系，实现双向同步反馈，减少财务工作的工作量。财务共享中心在完善流程体系的基础上，不断加强流程标准化建设，强化企业财务管控。

③ 绩效体系设计。绩效体系设计是财务共享中心后续持续提升优质服务的保证。绩效体系设计既要促进员工工作积极性，又要保证业务处理的效率和效果。财务共享中心围绕业务处理效率、业务处理质量、业务处理状态等内容，形成对各个业务处理环节、各个凭证类型等多角度的效率分析和监督机制，综合考虑业务量、效率、服务质量等因素，进而实现精准绩效考核，用科学量化的业绩绩效说话，提升绩效考核的科学性和信息化水平。财务共享中心持续关注共享服务作业人员的工作效率，通过系统有效统计费用审核与报销、资金收支与核算、总账核算、账户开立变更、税务远程申报等各个职能岗位人员的工作量与差错率等作业指标，做好环节监控与目标分析，完善财务共享中心的绩效考评管理体系，有效保障共享中心的服务质量。

④ 系统架构设计。企业基于财务共享中心的系统架构设计，需要搭建包含业务操作平台和运营管理系统的财务共享运营管理平台，以及配套的电子影像系统、电子会计档案系统、银企直联系统、电子发票系统。在此基础上，财务共享中心系统也应该包括报账系统、会计核算系统、财务报表系统、资金管理系统、预算管理系统、税务管理系统等，后续再根据财务共享中心的运营情况，进一步优化各类业务系统。企业财务共享平台的系统架构主要涵盖作业中心、流程中心、稽核中心和个人工作台，同时提供财务共享的信用管理和绩效管理。财务共享运营平台需在电子影像系统的支持下工作，相关电子资料最终在电子会计档案系统中进行统一存储和管理。

企业财务共享中心的信息系统通过与企业内部客户管理系统、制造执行系统、供应链管理系统、企业资源计划、产品生命周期管理系统、资产管理系统、项目管理系统等内部系统的衔接实现业财融合。与此同时，企业内部的财务系统和业务系统通过与银行、商旅、税务等系统的衔接实现与外部系统的集成，通过与财务系统、业务系统的衔接实现企业的财务管理职能，为财务数字化转型平台提供基础。

⑤ 运营体系设计。财务共享中心的运营体系设计是针对共享中心在企业的应用进行设计的，具体包括目标管理、绩效管理、知识管理、质量管理等模块。其中，目标管理包括工作效率、运营成本、信息质量、客户满意度等；绩效管理涉及财务共享中心的整体绩效和个人绩效；知识管理主要包括数字化的学习机制和知识平台的建设；质量管理遵循计划、执行、检查和处理的PDCA循环。财务共享中心建立运营管理体系，能够使管理手段实现多元化，使得财务共享中心的管理更加有序、规范。

⑥ 迁移策略设计。财务共享中心的成功运营离不开业务规范、核心系统上线、现有业务职能等迁移策略设计。财务共享中心需在完善系统、确定人员、业务分析的前提下，确认迁移方案，统计纳入共享范围的人员，整理相关迁移文档，从而进行人员迁移、数据迁移，以及迁移总结和计划调整。

⑦ 关键支持。财务共享中心建设的业务咨询期为企业提供共享中心中长期规划、蓝图设计报告、详细设计报告等关键支持，为财务共享中心的系统落地和业务运营提供规划指引。

（2）系统落地期

财务共享中心建设的系统落地期是一个长期的过程，对财务共享中心的运营效率及财务人员使用满意程度至关重要。此阶段企业主要关心以下主题：

◎ 支撑财务共享中心的数字化平台，应具备强大的业务中台和数据中台，实现业财一体化，并依托业务交易产生海量实时数据支撑决策；

◎ 财务共享中心要考虑充分公有云与私有云、智能化等技术场景化应用，提高财务共享中心的应用体验，如图4.23所示。企业项目管理、合同管理、供应链管理、资产管理、人力资源管理等业务系统与共享报账、资金管理、影像系统、电子档案、财务核算、税务管理、预算管理等财务系统，通过财务云进行融合，实现差旅云、云票夹、税管云等的云上协同。

财务共享中心建设的系统落地期的核心内容主要包括系统详细设计、系统流程设计、系统配置与测试、系统用户培训、系统上线等。

① 系统详细设计。财务共享中心的系统详细设计解决业务系统和财务核算的一体化问题，如采购与应付核算、销售与应收核算、库存管理与存货核算、资产管理与固定资产核算、费用报销与费用核算等，为企业财务共享中心提供良好的基础。另外，财务共享中心的系统详细设计需要重点处理报表管理、资金管理、预算管理、财务分析等系统的融合。企业已有业务系统和财务系统更需要与财务共享平台的影像管理、共享作业管理、共享运营管理、

作业流程管理、发票管理等系统进行系统详细设计。

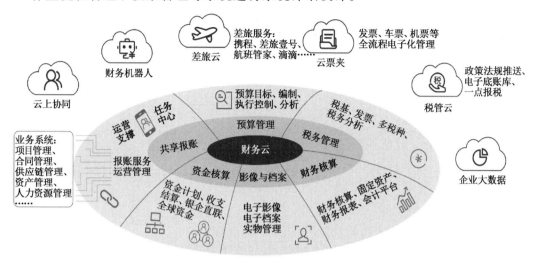

图 4.23　基于财务共享中心的财务云建设

　　② 系统流程设计。财务共享中心梳理的流程清单中，在每个流程通过流程图详细描述每个节点，以及该节点的输入、输出和稽核规则。而财务共享中心的整个流程设计的落地也需要通过信息系统来实现，以保证流程的每个节点可以标准化地在财务共享中心信息系统中正常流转。

　　③ 系统配置与测试。任何一个系统的落地应用都需要配置与测试，财务共享中心的系统也不例外。通过对财务共享中心系统软硬件环境进行调整，深入了解不同软硬件环境对系统应用性能的影响，从而调整财务共享中心系统的资源配置。财务共享中心的系统配置与测试作用于系统落地应用的各个阶段，其管理对象主要包括测试方案、测试计划、测试工具、测试版本、测试环境及测试结果等。

　　④ 系统用户培训。财务共享中心需要进行专业知识培训、岗位技能培训、业务制度培训、管理制度培训、通用技能培训、职业素质培训、系统操作培训等。财务共享中心采用内训与外训相结合、专业与非专业知识相结合的方式，通过建立知识库、打造人才池等手段，全面提升财务共享中心内部员工的业务技能。财务共享中心通过编写操作手册、现场面授、网络课件培训等方式向业务单位提供财务共享系统操作、内控管理、业务流程、注意事项等业务培训，保障财务共享中心可持续发展。

　　⑤ 系统上线。财务共享中心完成详细的系统设计、系统配置与测试等环节后，整个系统开始上线运营。财务共享中心系统上线运营初期，企业一般先选取部分主要业务项目或分/子公司进行试点，以确保系统运行初期的效率，保障业务顺利开展。同时，对财务共享中心初期发现的系统问题进行持

续优化，提高业务处理时效。随着财务共享中心纳入的业务范围不断扩大，系统功能、系统性能需不断地完善和优化，以满足更多业务的系统运行要求。财务共享中心系统运营稳定后，根据企业战略目标和规划，通过内置管控体系、流程体系等管控职能与手段，为企业战略决策提供必要的支持和优质服务，实现企业价值最大化。

（3）业务运营期

财务共享中心系统落地后，保证共享中心的高效率运营成为企业长期面对的一项任务，此阶段企业主要关心以下主题：

◎ 财务共享中心运营效率的持续提升，应继续强化业财技一体化；

◎ 财务共享中心在数字化转型过程中产生新的价值创造，从而可以考虑以一线业务结果为导向进行运营优化；

◎ 大型财务共享中心加速向GBS（全球共享中心）模式演化，并且拓展社会化共享、独立运营、对外服务，更加要求财务共享中心具备生态化平台和场景化解决方案。

财务共享中心建设的业务运营期的核心内容主要包括精益运营方法导入、业务持续变革跟踪与优化、流程质量跟踪与评估等。

① 精益运营方法导入。精益运营是企业管理层为实现经营目标而开展的长期运营变革，通过对组织和员工的能力、制度和流程的持续优化实现业绩提升。财务共享中心在持续运营过程中，使人、财、物等一切资源的成本最小化，从而精益化地管理财务共享中心的运营。精益运营工具让财务共享中心得到资产配置和资源优化，从而创造价值。

② 业务持续变革跟踪与优化。财务共享中心的业务流程持续优化是变革的主要内容，并且流程也是在不断优化的，完整的流程框架清单能够为企业的流程梳理和优化工作提供便利。与此同时，财务共享中心业务持续向智能化、数字化方向变革，进一步为企业价值创造提供支持。

③ 流程质量跟踪与评估。财务共享中心的高效率运营需要高质量的流程梳理与优化，财务部门要识别每个流程节点中的质量风险，并根据不同的质量风险设置不同的质量控制方法。财务共享中心采取抽检复核方式保障业务质量，采用人工智能等数字技术实现主动风险预警并推动业务端改善，通过标准化和自动化实现财务核算质量提升。同时，财务共享中心通过信息化平台的升级和流程的调整进一步提升流程质量。

（4）财务共享中心的数字化转型

财务数字化转型主要是利用新一代数字化平台和数字技术，通过连接、协同、融通、平台等理念，获取企业内外部的数据，借助数据治理理念和数据仓库技术，采用数据采集、数据加工、数据分析等工具，挖掘数据价值，基于 BI 等技术实现数据可视化，对企业经营管理进行分析和预测，形成企业经营全景图，为企业提供及时、高效、精细的决策分析支持，从而推动财务数字化转型。在数字化转型过程中，财务共享中心逐步向企业的大数据中心变革，助推财务数字化转型。

4.2.2 第二阶段：推动数字化平台能力升级，为财务数字化转型创造条件

在财务数字化转型进入深化创新发展阶段，无论是对核算、管理会计、业财融合还是对生态圈能力的深入，都遇到了受企业整体数字化平台能力和数据治理能力制约的问题。因此，数字化平台建设应进一步加速，才能为财务全面数字化转型创造条件。在这一背景下，我们可以看到，越来越多的大型企业通过建平台，在加速企业内部业财一体化的同时，深化管理与流程变革，支持生态扩展。对于中小微企业，则必须上云上平台，通过上云，实现与客户、上下游企业、金融、税务等产业链的广泛连接，同时融入生态圈，借助平台能力，实现数字化转型升级。

1. 数字化平台能力

随着新一代信息技术的创新迭代，传统的 IT 基础设施将面临快速和全面的升级换代。在数字经济时代，新商业模式加速企业组织和流程的变革，管理和业务相互促进，融合的创新速度在加快，导致软件架构需要以更加灵活的方式适应市场环境激烈的变化。在这种背景下，数字化平台成为企业的"新基建"，而数字化平台的能力也得到了企业的广泛关注和认可，因此，企业应从全方位体验能力、集约共享能力、数智驱动能力、开放融合能力四个方面考虑企业数字化能力的全面提升。

（1）全方位体验能力

① 全新客户体验，推动业务模式转型升级：以客户为中心，协调整合各种客户的接触点和接触渠道，无缝隙地为客户传递目标信息，实现良性互动。

② 重塑员工体验，激发组织潜力：以"取悦员工"为目标进行员工服务转型，提高员工满意度、敬业度。

③ 重塑生态体验，围绕链主企业发挥供应链协同效应：基于公有云搭建公共服务平台，打破行业边界，提供同网、同价、同质的采购云服务。

④ 改善物联体验，加速制造模式演进：智造云融合物联网、区块链、5G、数字孪生等技术，为企业提供实时的物联体验。

（2）集约共享能力

① 端到端全业务共享化运营，驱动管控创新：建立共享标准业务组件，

如共享基础技术、全球业务事项中心、业务流程平台、共享服务平台和共享运营平台等。

② 各业务领域的共享化建设，提升效率与管控能力：实现企业财务、IT、采购、招投标、法律等各业务领域的共享化建设，通过共享平台建设，提升各业务领域的工作效率，加强管控能力，为端到端企业全业务级共享化运营提供基础。

③ 从物理集中向数字孪生的云共享进化：通过云共享平台实现线上业务全过程，纸质业务单据零接触，线上过程零见面。

（3）数智驱动能力

① 数据＋场景＋人工智能增强企业数智驱动力：通过模型与算法的结合，实现实时洞察、科学预测、理性分析、精准决策。

② 数据智能提升业务随需应变力：建立智能预测模型，协同其他系统和组织调整相应作业和应急计划，达到智能、敏捷、高效、实时的数字化作业场景，并且通过预测结果调整运营策略和经营方案，逐步达到随需应变、智能决策的生态运营环境。

③ 基于数据驱动的流程智能成就卓越运营：在业务流程处理过程中，以大量的数据及最佳实践为基础，给予决策辅助，实现理性决策、实时洞察和科学预测。

（4）开放融合能力

① 集成与被集成，既有数据资产再利用：利用集成开放平台，利用身份、流程、数据、微服务、容器等新一代技术，实现数据层、服务层和应用层的集成，达到既有数据资产的再利用。

② 开放云应用市场，全面提升敏捷响应：利用封装和沉淀的可以开箱即用的行业应用、业务模型、分析模型等，为客户交付和伙伴提供全方位的快速、敏捷服务。

③ 数据资源开放服务：面向生态圈提供合规的大数据创新应用，从提供数据到数据服务再到数据应用，基于数字化平台打造一站式数据服务。

2. 数字化平台建设

从数字化时代财务人员角色的定义上，我们看到财务人员将更多地充当"赋能＋创新者"的角色，而业务流程、财务流程和管理流程一体化的深入将成为财务人员发挥该职能的基础，这将大大依赖于整个企业数字化转型的进程，而企业数字化平台的建设也成为财务数字化转型的重要组成部分，财务数字化转型的深入推进，更加关注新一代数字化平台的建设。

（1）云 ERP，承载新一代数字化平台

企业传统信息化建设中存在的信息孤岛现象，使企业内部业务与财务割裂，外部与客户割裂，或者仅仅通过集成接口解决流程衔接的问题，都很难适应企业数字化转型进程加速的要求，尤其无法满足企业对敏捷性和自适应性能力的要求。所以，为解决业务流程、财务流程、管理流程一体化的技术、系统等根源性问题，企业都在呼唤新一代数字化平台，而全新的云 ERP 正是数字化平台的最佳载体。

与传统 ERP 相比，新一代云 ERP 是利用云计算、大数据、人工智能、物联网等数字技术研发的新一代企业数字化平台，是面向企业数字化转型的，它能在产业层面实现协同，由数据驱动，利用中台重构业务逻辑；在提供标准化能力的同时，能够支撑企业基于标准化能力去构建新的应用，并且在技术、应用、场景方面可进化和可迭代。基于此，新一代云 ERP 具备新技术、新能力、新生态的特征。

◎ 新技术：基于云原生、容器化、分布式、微服务架构，具备敏捷业务响应和高配置中台能力，满足企业双模 IT 的适配要求。

◎ 新能力：不仅能对内支持企业的卓越运营，还能对外支持产业协同，面向企业的新业态、新模式，提供平台化运营能力。

◎ 新生态：通过开放和开源，构建企业服务市场，与生态伙伴开发融合创新应用，联合打造产业链级的数字化转型。

新一代云 ERP 是企业数字化转型的核心运营系统，基于微服务、DevOps（开发运维一体化）、容器化等云原生技术研发，支持私有云、公有云、混合云部署，全面适配国内外各类软硬件环境，提供完整国际化组件和全新用户体验。新一代云 ERP 还具备敏捷业务响应和高配置中台能力，能支撑企业持续规模化创新和商业模式变革。新一代云 ERP 不是传统意义的 ERP，而是一个内外连接、有互动、自动化的云社区。

（2）新一代数字化平台，企业数字化转型的"新基建"

新一代云 ERP 作为数字化平台的载体，秉承体验、共享、智能、开放的核心理念，提供端到端全流程的云服务。通过云、边、端多网融合，实现人、机器与业务网络实时互联协同，实时整合云计算、边缘计算、智能设备端的企业组织数据、互联网数据、物联网数据，利用海量数据重塑业务模式，优化制造流程和资源配置，为客户提供更多价值，全面推动企业数字化转型与智能化发展。企业数字化转型的新一代数字化平台建设如图 4.24 所示。

新一代数字化平台在云原生平台的基础上，搭建企业级 PaaS 平台，内含业务中台、数据中台及智能中台，为大型集团企业提供主干统一、末端灵活的数字化平台，满足多业态、多组织、多层级的集团管控需求。聚焦企业关键业务场景，数字营销、电子采购、供应链，内聚外联，构建企业生态协同体系；财务共享、人力共享、采购共享，司库与资金、管控与服务并重，打造数字化时代集团管控新模式；管理会计、全面预算、绩效管理助力企业精细化管理；资产管理、智能制造，采用云+边+端技术，物联感知，提供数字化制造服务；数据中台，全面整合企业数据资源，挖掘数据规律，揭示数据含义，依托 AI 技术，构建企业大脑，提供智能服务。

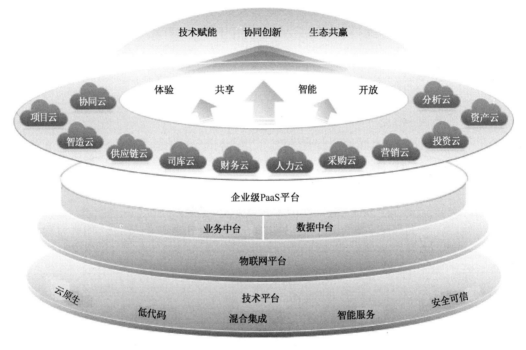

图 4.24　企业数字化转型的新一代数字化平台建设

企业级 PaaS 平台基于云原生、微服务架构搭建，融合大数据、物联网、人工智能、事件网络框架、RPA 等新技术，为企业提供开发、部署、运行、运维全方位的柔性可装配的能力和融合 IT、OT 全场景实时智能的超级自动化能力；云原生平台助力企业打造弹性、敏捷的基础设施；低代码平台、数据中台、物联网平台三大平台对沉淀的各类企业级服务装配编排，构建企业数字化核心能力；能力开放中心提供统一的身份鉴权、流控、协议转换与 API 编排能力；前端框架与设计体系打造用户极致体验。企业级 PaaS 平台作为企业数字化转型的能力底座，支撑企业技术、业务、数据与商业的创新融合，全面支撑敏捷应变、实时智能的智慧企业建设。企业级 PaaS 平台的整体架构如图 4.25 所示。

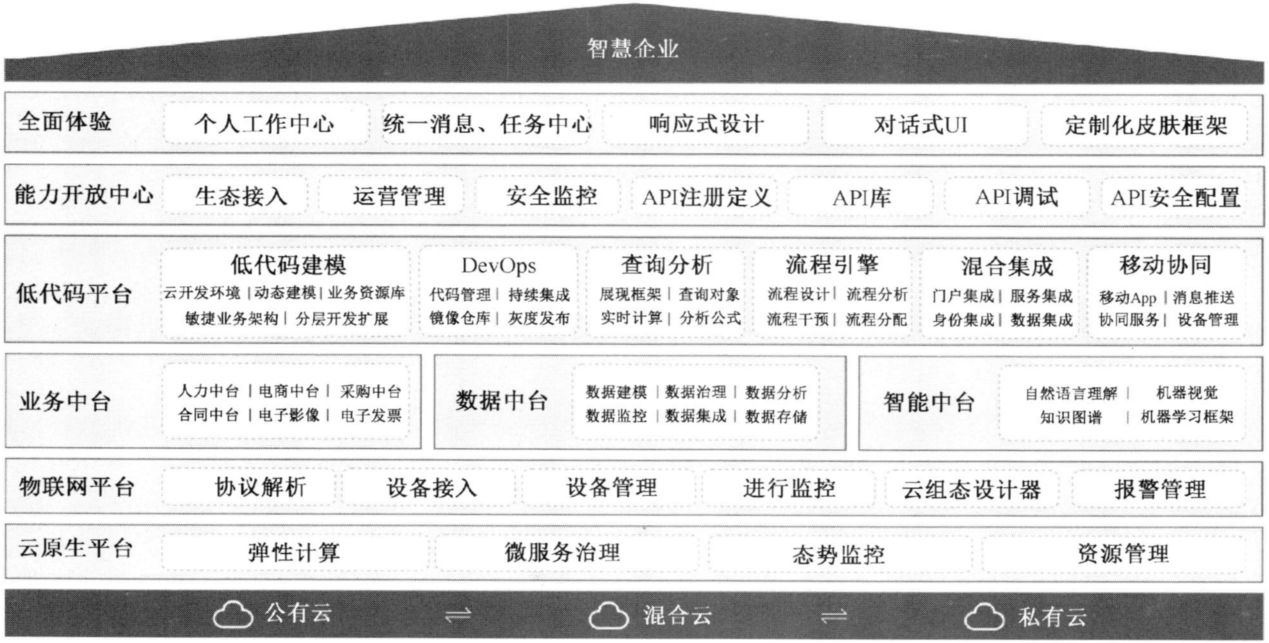

智慧企业
全面体验
个人工作中心
统一消息、任务中心
响应式设计
对话式UI
定制化皮肤框架
能力开放中心
生态接入
运营管理
安全监控
API注册定义
API库
API调试
API安全配置
低代码平台
低代码建模
云开发环境 | 动态建模 | 业务资源库
敏捷业务架构 | 分层开发扩展
DevOps
代码管理 | 持续集成
镜像仓库 | 灰度发布
查询分析
展现框架 | 查询对象
实时计算 | 分析公式
流程引擎
流程设计 | 流程分析
流程干预 | 流程分配
混合集成
门户集成 | 服务集成
身份集成 | 数据集成
移动协同
移动App | 消息推送
协同服务 | 设备管理
业务中台
人力中台 | 电商中台 | 采购中台
合同中台 | 电子影像 | 电子发票
数据中台
数据建模 | 数据治理 | 数据分析
数据监控 | 数据集成 | 数据存储
智能中台
自然语言理解 | 机器视觉
知识图谱 | 机器学习框架
物联网平台
协议解析
设备接入
设备管理
进行监控
云组态设计器
报警管理
云原生平台
弹性计算
微服务治理
态势监控
资源管理
公有云
混合云
私有云

图 4.25　企业级 PaaS 平台的整体架构

4.2.3　第三阶段：基于数字化场景，探索财务的智能创新应用

　　财务数字化转型在企业进入纵深发展阶段，将会围绕以人工智能为核心的大数据深化应用，强调大数据基础之上的智能决策、智能预测、智能风控、智能分析、智能运营等价值创造能力，强调"企业大脑"与"人类大脑"协同，使用人机协同共生模式，企业将更多地结合不同的业务模式及特点，更多地以点带面选择合适的业务场景，以"技术+管理+生态"的融合创新思路，探索财务数字化转型更多可能的创新应用。

　　财务数字化转型涉及的数字技术在业务、财务、管理等全领域有着丰富的场景展现，虽然有些场景已经在企业中广泛使用，但仍然有很多的探索空间。

1. 基于数字化场景，企业内部财务智能创新应用

　　深入认识机器学习、深度学习与认知服务等人工智能技术，强化数据分析的核心能力，一方面需要夯实数据治理能力，确保基础数据的标准化和有效性；另一方面更加强调以机器学习、深度学习、知识图谱、数据挖掘、商业智能等数字技术为核心的数据预测，以财务数字化转型为契机，构建大数据+多态建模+智能算法的数字化创新应用模式，实现面向特定业务流程、财务流程、管理流程等场景下的收入、成本、资金、风险、预算、运营、税收、对标等的预测、分析、决策的数字化价值，下面就其中几项举例说明。

　　① 数据治理：借助计算机视觉、自然语言理解等感知智能技术，以及知识图谱、数据孪生、物联网等数字技术有效地采集数据、加工数据、传递数据，借助数据治理等工具和方法，打造及时、准确的业务数据供应链，保证业务与财务之间的一体化，实现无缝集成、数据共享、有效协同。

　　② 智能运营：利用人工智能技术，主动自下而上地挖掘企业运营的智能应用场景，通过数据的直接提取、图像采集、自然语义识别等技术实现人机协同的智能运营。

　　③ 销售预测：企业在从销售到收款的流程中，借助大数据技术分析客户画像、付款行为，评估客户信用等级，洞察客户信用风险、预测信用额度并结合销售预测模型与风险评估模型帮助企业实现精准营销，甚至产生创新性商业模式。

　　④ 全面预算：企业在预算编制、预算执行、预算分析、预算控制等全面预算管理中，借助规则引擎、人工智能等数字技术，基于企业全流程数据驱动，建立业财融合的自动化预算体系。

　　⑤ 资金管理：企业在资金计划、资金预测、账户管理、资金管控、投融资管理等资金管理中，以计划为中心，以账户为龙头，借助数据挖掘、深度

学习、商业智能等数字技术，实现资金提前计划决策、现金流预测、投融资预测规划等智能资金应用，并可视化地实现企业全景资金管控体系。

⑥ 资产管理：企业在资产的采购、计划、立项、建设、维修等全生命周期管理中，借助物联网、数字孪生、感知智能等数字技术，使资产资源实现数据化、信息化，实现实物资产的数字化管理，动态监控企业所有的资产资源，通过物联网设备将资产的运营状态进行数字化，对设备运行数据、维护数据、客户服务数据等统一采集和集中管理，发现故障主动报警、主动派单、自动归集成本，实现资产管理全生命周期的数字化和智能化。

⑦ 成本管理：企业在成本核算、成本分析、成本决策和成本控制等成本管理中，在柔性制造、计算机集成、数字化工厂、智能制造的基础上，借助物联网、大数据、数字孪生、人工智能、RPA等技术，实现成本自动计算、成本智能分析、成本智能风控、成本智能预测等成本管理数字化，形成在智能制造环境下的成本管理智能创新应用。

⑧ 风险管理：企业在风险识别、风险评估、风险预警、风险应对等风险管理中，建立基于财务视角的源头控制、智能识别的智能风险管理体系，借助深度学习、过程挖掘、可视化和自然语言处理等技术，基于企业事前的风险清单和风险预警指标体系，通过智能分析发现异常问题，并通过企业内外环境对预警进行数字化风险管理。

⑨ 决策支持：数字化时代，财务决策支持越来越快，企业运营将由事后的分析向基于分析的事前预测转变，其核心是以数据+智能模式实现预测式运营和智能决策。企业借助大数据、人工智能、数据挖掘、可视化等数字技术，将企业获取的各种内外部数据，通过数字化场景模型，实现基于大数据驱动的实时决策支持体系。

2. 基于数字化场景，企业生态圈财务智能创新应用

云计算、互联网等数字技术的出现，使全球企业的业务模式、管理模式、经济模式等发生了明显变化。与此同时，云原生、云应用、微服务等新一代技术架构也在各行各业显露出积极的作用，并且可以满足财务对企业内外业务弹性拓展与计算的要求，适应财务"新生态"的拓展。

① 财务云：基于云架构的财务云平台可以快速、简便地将各类财务数据和服务从云端提供给使用者，实现与客户、供应商的广泛连接，将企业流程由内部延伸到整个产业链，实现整个产业链的协同和价值最大化，从而构建商业新生态。在互联网时代，财务云为企业打造价值创造能力，为企业的财务共享、全面预算、税务管理、资金管理、电子影像、电子档案等实现转型升级。随着企业财务从传统的财务核算向价值创造、精细化、

高效多能的专业化分工转型，多级管控与多元化产业运营的企业，迫切需要构建一个以财务为核心、支持多级管控的一体化财务云，结合互联网、大数据、移动应用等创新技术，进一步细化管理颗粒度，推动企业内外互联互通，消除信息孤岛，更好地实现企业资源有效配置；通过有效整合、分析海量数据进行事前预测，规避经营风险，为管理者提供决策支持，将企业管理创新落到实处。

② 面向工业互联网的财务赋能：作为新一代数字化云平台的核心内容，工业互联网是支撑企业数字化转型和合作伙伴赋能的重要工具。通过行业纵深和领域横向推广，工业互联网平台及工业软件的广泛落地，中国工业企业加速转型升级。企业通过新一代 PaaS 平台，赋能基础计算能力，推动企业实现微服务化、开源化、社区化，并积极向合作伙伴开放共享，共同提供覆盖 IaaS+PaaS+SaaS 领域的整体云解决方案。基于工业互联网和云解决方案，以基础设施为底座的财务生态赋能，面向全要素、全产业链、全价值链的全面连接，基于数据挖掘和人工智能，向链上企业提供财务服务及运营支撑。

4.3 财务数字化转型的保障

财务数字化转型是一项系统工程，需要企业多方力量的持续投入，并且财务数字化转型的成熟度及落地应用的效果，将在很大程度上影响企业整体数字化转型的节奏与进度，因此，企业需要从思维、能力、技术、领导层、顶层规划等多层面采取积极措施，确保顺利推进财务数字化转型。

4.3.1 建立数字化思维

财务人员要与企业同频，树立具有全局性的数字化思维。财务人员需要在财务会计、管理会计、业财融合等本职工作中运用创新思维，站在企业管理和业务的视角，在业务、财务、技术（业财技）融合的思路上，以比较完善和全面的思维来考虑业务流程、财务流程、管理流程，以及企业生态圈连接融合的相关问题。财务组织与企业组织、财务人员与业务人员、企业与合作伙伴同频共振，站在战略、全局、系统的高度，基于组织人员、数字技术、系统平台等管理要素，推动财务数字化转型。

4.3.2　优化能力结构

财务人员要加强学习，全面优化能力结构。财务数字化转型需要富有专业能力和综合素养的财务人员支撑，基础性、规则化、标准化的财务工作将逐步被专家系统、OCR（光学字符识别）、机器学习等技术替代，因此，从事基础性工作的财务人员需要有危机感和紧迫感。对于高附加值的财务工作，财务人员将借助深度学习、知识图谱等数字技术，构建智能财务模型，通过自身的财务知识分析智能模型提供的数据，从而为企业提供决策支持。在数字化时代，财务人员能力的建设可以一方面向财务专业领域深化，如在筹划、预测、分析、评价等方面补充能力；另一方面贴近业务场景，补充业务能力，业务即财务，在市场预测、成本优化、风险管控、方案模拟等方面发挥价值。与此同时，将财务思维上升到管理高度，在经营缝隙、管理决策等方面起到价值创造的作用。

4.3.3　持续技术融合

企业要持续补齐业财技断点，与财务数字化转型协同推进。企业在开展财务数字化转型过程中，需要站在全局视角，不能局限于财务本身的技术能力，要对企业的业务特征和管理模式等进行深入了解。与此同时，财务人员更需要对大数据、人工智能、云计算、移动互联、知识图谱等数字技术有一定的认识，并能将数字技术应用于财务会计、管理会计等财务工作中。基于财务本身知识、业务特征、管理模式、数字技术等，财务人员要能对业财融合现状、技术能力水平、业务市场变革状况等给出合理评估，并针对性地将数字技术能力与财务数字化转型路径协同开展。在财务数字化转型过程中，财务、业务、管理、技术等要素要相互促进，财务数字化转型才能快速见到效果，才能为企业创造价值提供基础。

4.3.4　"一把手"通力推进

企业要建立内外部生态圈，统筹推进财务数字化转型。财务部门牵头的财务数字化转型工作，涉及业、财、技的融合，更会牵涉业务流程、财务流程、管理流程的企业全价值链，甚至客户、供应商等合作伙伴的生态圈。因此，财务数字化转型非常需要企业高层，尤其是一把手的全力支持，并且获得来自业务部门及数字技术部门的通力合作，以更好地融合业务流程、财务流程、管理流程。同时，财务数字化转型要积极引入外部生态合作，借助管理咨询团队、软件服务商等外部智囊，从整体设计、蓝图规划、赶超对标、详细设计、实施落地、配套支撑到创新优化，企业领导层不仅需要具备大局理念，也需要具备评估和整合战略合作能力的生态伙伴提供强有力的支持，才能更好地促进财务数字化转型。

4.3.5 顶层规划引领

企业要做好顶层规划，以战略视角稳步推进数字化转型。鉴于财务数字化转型的复杂性、系统性，顶层设计对数字化转型显得至关重要。首先，将财务数字化转型作为企业数字化转型的重要内容，以企业数字化转型为战略指引，将财务数字化转型作为战略中的重要内容，纳入企业战略高度，充分肯定在财务数字化转型工作上的投入；其次，财务数字化转型要从顶层规划入手，以整体蓝图设计为指引，基于业务流程、财务流程、管理流程，结合企业的成熟度进行评估，制定切实可行的数字化转型推进路径；再次，财务数字化转型在顶层设计基础上，采用小步快走的策略，选择适合的业务场景加强投入，可以让财务共享、管理会计、业财融合等场景先进入数字化；最后，对财务数字化转型的长期性、复杂性，需要做好长效建设的准备，对每个阶段性成果进行效益评估，考量数字化场景的可行性，并适时进行优化及修正，以保障财务数字化转型的整体进程，确保全局利益最大化。

第二部分

财务数字化转型的实践

第5章 中交集团：基于财务云的业财协同，支持建设全球一流"智慧运营"体系

5.1 中交集团简介

中国交通建设集团有限公司（简称"中交集团"）是大型的港口设计建设公司、公路与桥梁设计建设公司、疏浚公司、集装箱起重机制造公司、海上石油钻井平台设计公司。中交集团也是大型的国际工程承包公司、大型的高速公路投资商。截至目前，中交集团拥有35家全资子公司、13家控股公司、20余家参股公司、2家上市公司。2021年，中交集团居《财富》世界500强企业第61位，在国务院国资委经营业绩考核中获得"16连A"的好成绩。

随着中国经济发展进入新时代，中交集团提出"五商中交"战略，逐步推动管理创新，全面提升发展能级，打造高质量发展的动力引擎。从近几年的财务数据看，中交集团的经营效率有待进一步提升，中交集团存在资产周转率和应收账款周转率下降、两金占比较高、偿债压力较大、存贷双高等问题。同时，中交集团的盈利能力仍有提升空间，尤其是近年来营业成本率显著上升，管理费用率相对较高。基于此，中交集团开始尝试基于财务云的财务数字化转型之路。

5.2 中交集团基于财务云的业财协同建设项目概况

5.2.1 建设思路

在"十四五"期间，中交集团按照"123456"的发展路径，加快建设具有全球竞争力的科技型、管理型、质量型世界一流企业。其中：

"1"是加强党的领导和党的建设；

"2"是突出"两大两优"，即大交通、大城市，优先海外、优先江河湖海；

"3"是聚焦"三重"，即聚焦重点项目、重要区域、重大市场；

"4"是围绕"四做"，做强投资、做大工程、做实资产、做优资本；

"5"是推动"五商"落地，即工程承包商筑牢底板、投资运营商培育长板、城市发展商补齐短板、装备制造商跃上跳板、生态治理商建成样板；

"6"是加快"六化"建设，即要用国际化的水平、市场化的机制、专业化的精神、区域化的布局、标准化的管理、信息化的提升来实现战略目标。

基于财务云的业财协同建设是集团"十四五"数字化转型的重点任务，是建设全球一流"智慧运营"体系的头号工程。中交集团要"乘历史大势而上，走人间正道致远"。当前，产业数字化、数字产业化是世界发展不可逆转的"大势"和"正道"，中交集团牢记初心使命、坚定理想信念，以数字化转型为新契机、新起点，通过本次专项行动，即财务云业财协同平台的建立，加快推进数字化转型，全方位推进战略升维、管理变革、流程再造和发展升级，全力建设具有全球竞争力的"科技型、管理型、质量型"世界一流企业，为实现高质量"两保一争"做出更大的贡献。

因此，中交集团基于财务云的业财协同建设项目将着力提升财务管理的"五大核心能力"。

1. 集团"穿透"能力

财务云业财协同平台通过统筹建设，建立统一标准，实现财务全流程的一体化管理；通过集中部署，实施统一运营，实现各级财务数据的集中管理。

2. 战略支撑能力

财务云业财协同平台使用数据挖掘、商业智能等数字技术实现全级次各类报表的一键出表，为管理决策提供更及时更灵活的数据支持；使用人工智能等数字技术强化现金流分析预测、资金头寸管理功能，优化两金偏高和"存贷双高"的管理现状；强化税收优化和税务筹划等功能，推动财务管理向价值创造的转型升级。

3. 业财协同能力

财务云业财协同的报账平台深入业务前端，实现成本结算、收入计量、薪酬结算等多类经济事项的自动录入；财务云业财协同的财务标准化方案，综合考虑与业务端成本分解、费用类型、分包商等管理口径的业财映射关系；在财务数字化转型过程中，统一主数据的管理规范和管理平台，打通业务数据和财务数据的集成壁垒。

4. 全球管控能力

财务云业财协同能加强对海外财务管理全流程的支撑能力，充分考虑海外业务的复杂度和对多币种多语言的特殊需求；通过财务云业财协同搭建全球化的资金和税务管理平台，为海外运营的精细化管理、风险监管和资源统筹调配提供平台支撑。

5. 智能运营能力

财务云业财协同平台应用感知智能、认知智能等人工智能技术，实现原始凭证的报账单信息自动识别和录入；应用 RPA 技术，实现网银账户的自动支付、账户自动对账；利用 OCR、NLP 自然语言处理、知识图谱、机器学习等数字技术实现报账自动化、凭证自动化、报表自动化等，大幅度减轻财务人员工作量。

5.2.2 建设目标

1. 总体目标

中交集团基于财务云的业财协同建设项目的总体目标可以总结为："一个管理体系，三大建设目标，五大核心能力"。

① "一个管理体系"：依托财务云业财协同的国有资本运营平台，支撑中交集团建设"世界一流"财务管理体系。

② "三大建设目标"：财务云业财协同助力中交集团实现标准化大集中、业财融合和统一上云三大具体建设目标。

③ "五大核心能力"：财务云业财协同促进中交集团提升集团"穿透"管理能力、战略支撑能力、智能运营能力、业财协同能力和全球管控能力五大集团管控能力。

2. 具体目标

中交集团为落实"世界一流"的财务管理体系，实现财务管理的标准化、信息化、数字化、智能化和精细化，为业务支持和管理决策提供支撑，推动财务管理由事务型向价值创造型的转型升级，中交集团基于财务云的业财协同建设项目需实现以下六个具体目标。

① "一键出表"：梳理各类对外披露报表、内部分析报表、管理报表的业务逻辑和操作流程，实现各类报表的一键出具。

② "两化融合"：实现标准化和信息化的有机融合，以信息化建设为手段，充分结合标准化规范，落实中交集团各项业务管控目标。

③ "管理提升"：打造建筑企业精细化财务管理体系，实现财务管理由事务型向价值创造型的转型，支撑中交集团战略目标的实现。

④ "业财一体化"：以财务为出发点，将经济活动事项的管控节点前延至业务端，并推动业财流程和业财数据的共享与共融，实现业务和财务的深度融合。

⑤ "数字化转型"：以财务及相关业务的标准化数据为基础，有规范地进行智能化信息采集、信息挖掘、信息共享体系建设，将数据整合成资源，实现财务与业务"数据穿透""数据互联"的数字化转型目标。

⑥ "支持管理决策"：确保财务管理全面实现流程化、信息化、智能化和数字化，为经营管理决策提供及时、准确、全面、智能的数据支撑。

5.2.3 建设历程

为保证在一定的时间内完成中交集团全级次境内外所有单位的上线运营工作，承建单位结合中交集团的特点，在建设财务云业财协同平台时，按照"补短板、强优势、先国内、再海外"的原则制定了三年实施规划，即"一年试点，一年推广，一年优化"，该建设历程如图 5.1 所示。

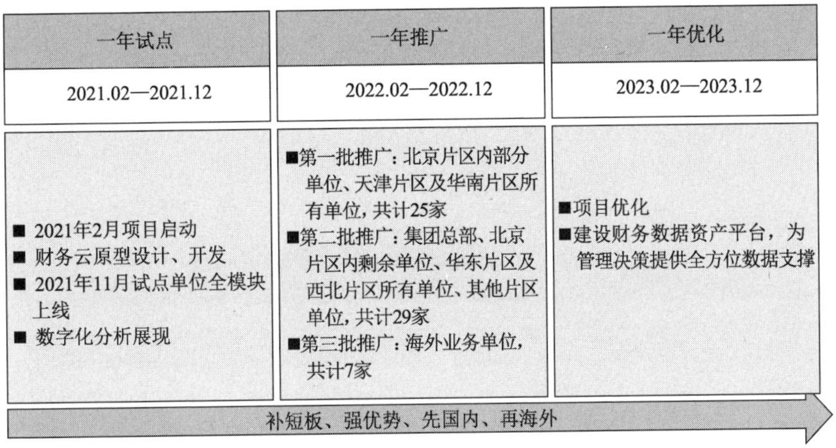

一年试点	一年推广	一年优化
2021.02—2021.12	2022.02—2022.12	2023.02—2023.12
■ 2021年2月项目启动 ■ 财务云原型设计、开发 ■ 2021年11月试点单位全模块上线 ■ 数字化分析展现	■ 第一批推广：北京片区内部分单位、天津片区及华南片区所有单位，共计25家 ■ 第二批推广：集团总部、北京片区内剩余单位、华东片区及西北片区所有单位、其他片区单位，共计29家 ■ 第三批推广：海外业务单位，共计7家	■ 项目优化 ■ 建设财务数据资产平台，为管理决策提供全方位数据支撑

补短板、强优势、先国内、再海外

图 5.1　中交集团基于财务云的业财协同项目建设历程

① 一年试点：2021 年 2 月，中交集团基于财务云的业财协同项目启动，承建单位完成原型设计、开发，并于 11 月份实现了试点单位全模块上线，从而构建了国内一朵云、一本账，财务数字化转型成果初步展现；2021 年 11 月 1 日，中交集团在武汉召开了首批试点单位上线启动会，财务云业财协同项目由"建设期"正式进入了"试点期"。

② 一年推广：2022 年，基于财务云的业财协同项目在试点验证的基础上，分三个批次推广，推广单位全模块上线，实现了国内一个大体系、一个资金池，业财融合快速推进，持续深化业财数据分析展现模型。

③ 一年优化：2023 年，基于财务云的业财协同项目进入优化阶段，建设财务数据资产平台，为管理决策提供全方位数据支撑，更好地支撑中交集团建设"世界一流"财务管理体系。

5.3　中交集团基于财务云的业财协同项目建设方案

5.3.1　财务云业财协同平台的蓝图设计

中交集团围绕财务云建设，提出以建设"世界一流"财务管理体系为核心目标。财务云业财协同平台的蓝图设计如图 5.2 所示。财务云业财协同平台的数据治理以中交集团统一主数据的管理规范和管理平台为基础，业财协同以合规、标准、穿透、融合的方式和合同管理系统、供应链与分包系统、项目管理系统相互协同。基于先进的云原生、微服务等技术，打造全球"一个体系、一朵云、一个资金池、一张表、一本账"的"5 个 1"管理体系，实现基于财务云的业务单据、司库管理、税务管理、预算管理、财务核算、报表管理六大应用的建设，并全面打通业财壁垒，打造业财协同应用体系。中交集团王彤宙董事长强调："财务云业财协同项目不是简单的实现财务上云，而是要基于适应性的组织变革、数据治理体系和流程变革，夯实流程、标准、制度三大基础，围绕财务核心，推动财务和项目管理、供应链与分包、合同管理的协同，实现流程优化和数据治理相融合，打造全球一体化的'智慧运营'体系。"

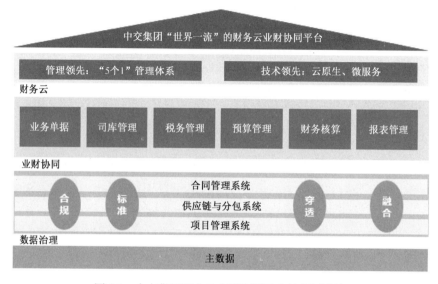

图 5.2 中交集团财务云业财协同平台的蓝图设计

5.3.2 财务云业财协同平台的架构设计

1. 财务云业财协同平台的系统架构

中交集团财务云业财协同平台在统一标准的财务管理体系指导下，基于中交集团统一主数据系统，搭建财务中台、财务后台和赋能平台，并充分融合业务前台，为各级领导层提供定制化的决策支持，如图 5.3 所示。

中交集团财务云业财协同平台基于中交集团主数据，建设统一的核算体系、报账体系、报表体系、流程体系、制度规范，推动财务标准体系的建设，使财务后台、财务中台和赋能平台得以更好地服务业务前台。财务核算、报表管理等低附加值财务工作将交由财务后台，并借助人工智能、知识图谱等数字技术，实现更加高效、智能化的处理；财务中台将利用财务云实现业务单据的统一处理，同时完成预算管理、司库管理、税务管理等面向集团的统一财务管理工作；赋能平台将更加体现智能化和数字化的思维，完成中交集团资金监控、风险分析、税务分析、绩效分析、盈利分析等基于财务思维的智能分析。

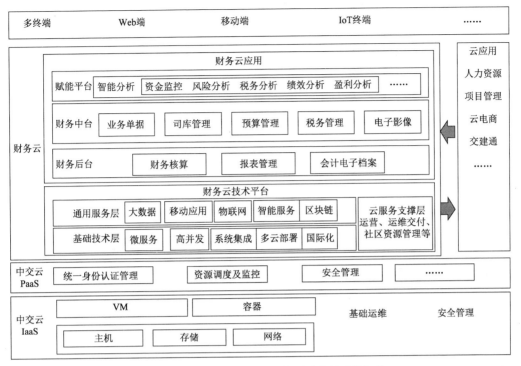

图 5.3 中交集团财务云业财协同平台的系统架构

（1）财务标准体系

中交集团统一的核算体系、报账体系、报表系统、流程体系和制度规范，在集团标准化方案基础上，允许下级单位在集团统一管控的前提下具有个性化设计的空间。

（2）财务中台

财务中台主要包括业务单据、司库管理、预算管理、税务管理、电子影像，利用人工智能等数字技术在业务源头采集数据，落实财务管控需求，使财务业务工作协同。其中：

① 业务单据涵盖业务报账、费用报销、业务核算、往来对账、财务稽核、预算控制、任务管理、审批流程；

② 司库管理涵盖现金管理、银行账户、资金结算、资金计划、融资管理、票据管理、资金分析、风险预警；

③ 预算管理涵盖预算编制、预算执行、预算控制、预算分析、预算变更；

④ 税务管理涵盖发票管理、税务筹划、纳税申报、税务分析；

⑤ 电子影像涵盖影像扫描、影像上传、影像查看。

（3）财务后台

财务后台主要包括财务核算、报表管理和会计电子档案，通过高度规范化、复杂化、智能化的核算准则和全级次核算数据的批量自动化处理，满足财务中台到财务后台的数据自动化流转。其中：

① 财务核算涵盖总账管理、往来管理、期末结转、核算组织、债权管理、债务管理、固定资产、成本管理；

② 报表管理涵盖决算报表、管理报表、监管报表、对账平台、合并抵销、报表指标；

③ 会计电子档案实现档案信息的采集、存储、管理、借阅等功能，能够实现根据业务单据、电子影像等系统数据自动生成会计电子档案，支持国家认可的多种存储文件格式，支持全文检索。

（4）赋能平台

赋能平台不仅能提供多主题、多维度、多级次的智能分析，包括资金监控、风险分析、税务分析等，还能进行预警和预测等。

2. 财务云业财协同平台的技术架构

中交集团财务云业财协同平台基于 IaaS 基础设施服务，采用容器技术、服务编排等构建弹性计算平台，采用云原生、微服务等领先技术构建新一代技术架构，采用开源开放的方式支持多环境和多应用，具有强大的智能服务和数据服务功能。中交集团财务云业财协同平台的技术架构主要体现在以下几个方面。

① 云原生微服务架构：充分利用云计算、大数据、人工智能等先进数字技术，采用微服务架构，基于容器技术构建云原生微服务架构，支持资源弹性伸缩，支持多云部署。

② 低代码平台：基于最新的 H5 技术和 B/S 结构搭建，支持多种业务形态的业务应用，提供可视化快速开发工具、动态扩展自定义工具和开发运维一体化（DevOps）支撑。

③ 开源开放：基于开放的技术标准，支持开源、信创等软硬件环境，支持多终端应用，提供门户及身份、业务流程、业务服务、业务数据等各个层面的集成。

④ 智能：技术架构内置人工智能服务，包括 RPA、OCR、NLP、智能分析与决策预测。

⑤ 安全：技术架构符合等保三级及国家相关部门安全技术要求。

3. 财务云业财协同平台的集成架构

中交集团财务云业财协同平台利用标准接口、凭证接口、支付接口等，将集团统建系统、二级单位自建系统与外部的银行系统、金税系统、监管系统等进行集成，通过统一的集成架构、集成标准、集成平台，借助各种集成工具，实现中交集团财务云业财协同平台的集成，如图 5.4 所示，具体主要体现在以下几个方面。

① 统一的集成架构：集成与被集成，既有数据资产再利用。

② 统一的集成标准：财务云业财协同平台制定统一的集成标准，并基于集成标准通过统一的集成平台进行系统集成。其中的标准包括财务数据标准、API 接

口标准、主数据标准和技术标准。

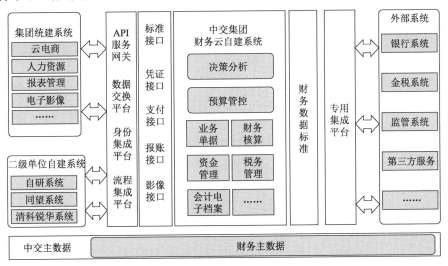

图 5.4　中交集团财务云业财协同平台的集成架构

③ 开放的集成平台：财务云业财协同平台通过开放的集成平台保障集成的效率、数据唯一、集成监控和业务追溯。

④ 丰富的集成工具：财务云业财协同平台提供全面的集成工具，包括 API 服务网关、数据交换平台、身份集成平台、流程集成平台，帮助企业快速实现跨系统集成。

4. 财务云业财协同平台的部署架构

中交集团财务云业财协同平台在部署集团统一数据库集群的基础上，部署微服务集群对接各类 Web 服务器，通过各类终端访问财务云业财协同平台，主要体现在以下几个方面。

① 系统部署架构：财务云业财协同平台支持大并发、大数据的分布式部署架构。

② 分层部署：财务云业财协同平台采用三层部署架构，即 Web 应用层、微服务层和数据库层。

③ 统一接入门户：用户通过手机、PC 接入统一的地址（门户）访问财务云业财协同平台。

④ Web 服务器集群：Web 层采用服务器集群部署，各服务器部署内容一致，支持 CDN 加速，运维便捷，扩展灵活。

⑤ 微服务服务器集群：微服务层采用服务器集群部署，支持按微服务分开部署，支持弹性扩容，各微服务可以独立更新而不影响其他微服务。

⑥ 数据库集群：数据库层采用主从结构部署，以保障性能、存储要求。海外数据可单独部署，以保障安全。财务云业财协同平台的微服务层根据数据路由访问相应的数据库。

5. 财务云业财协同平台的安全架构

中交集团财务云业财协同平台在安全架构设计上，既需要依靠领先的技术架构，又需要考虑国家相关安全管理制度，主要体现在公安部等保（信息安全等级保护）、代码安全、安全审计等方面。

① 公安部等保三级、分保机密级安全：中交集团财务云业财协同平台遵循安全三级管理要求，提供七重安全保障，提供角色分配、账号授权、操作日志、数据存储加密、ssl 和 https 协议的安全传输机制、二次验证、用户黑白名单等安全能力，满足登录安全认证、功能授权、组织授权、数据授权和应用安全管理要求。

② 代码安全：中交集团财务云业财协同平台源代码已经过众多客户的漏洞扫描，公有云 SaaS 环境经过多轮渗透测试，私有化部署环境通过众多客户的渗透测试，系统兼容目前的主流防病毒软件和工具。

③ 安全审计：中交集团财务云业财协同平台的监控功能具备对用户活动历史的查询能力，对日志和审计记录不提供修改、删除操作功能，保证日志记录不被非法删除、修改或覆盖，确保出现问题可审计和可追溯。

5.3.3 财务云业财协同平台的组织设计

基于财务云业财协同平台的建设，中交集团建设全球区域共享中心支撑适应性组织变革。如图 5.5 所示，中交集团以中交全球云平台为支撑，建设全球多区域财务共享中心，通过系统平台建设支撑不同区域的组织架构设计。与此同时，中交集团将已经建设成熟的全球 40 多个财务共享中心整合为不同的区域共享中心，进一步让组织设计带动系统平台为集团创造价值。

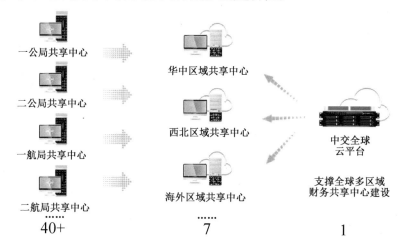

图 5.5　中交集团财务云业财协同平台的组织架构设计

中交集团财务云以数字化转型促进管理创新与变革，加快适应性组织建设，打造跨法人财务共享中心，把合同的合规性管理、财务的标准化核算和资金的结算整合起来，管理财务中台，融通业务前台，从而打通管理壁垒，推动中交集团规范经营、阳光管理。中交集团已经建设的 40 多套系统平台支撑 40 多个共享服务中心，通过财务云及适应性财务共享组织建设，已经整合成为 1 个中交全球云平台，以支撑全球 7 大区域共享中心，实现从本单位"小共享"逐步过渡到区域跨法人"大共享"。

5.3.4 财务云业财协同平台的流程设计

中交集团财务云业财协同平台采用端到端、全流程、数字化设计思想，以财务主数据为基础，依托集团主数据为标准体系，以集团业务前台的业务流程为起点，将各类业务事项和经济数据融入数字化的业务流程；财务中台可以提供各种财务管理能力，包含数据采集、业务管控（含预算、资金、税务、合同等管控维度）、业财协同等功能，在此基础上梳理财务流程，并与业务流程进行数字化融合；财务后台可以实现财务核算标准化、自动化，为各类用户提供定制化的报表数据及管理决策信息，并为中交集团业务流程、财务流程、管理流程的深入融合提供各类标准，同时通过智能分析为各类业务发展提供数据支撑，实现财务赋能。中交集团财务云业财协同平台的流程设计如图 5.6 所示，其主要特点如下。

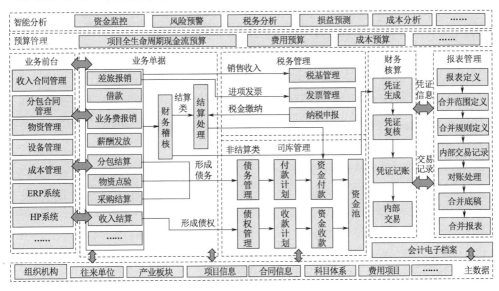

图 5.6　中交集团财务云业财协同平台的流程设计

（1）以财务主数据为基础

中交集团通过主数据系统实现财务标准化管理，为财务云业财协同平台提供财务主数据申请、审批、建立及下发等功能。

（2）端到端流程打通

财务云业财协同平台通过端到端的业务流程梳理，将流程管控标准通过业务单据与审批流程固化。通过智能化的业务源头采集数据，完成业财数据共享，实现业务处理的线上自动流转和工作协同。

（3）管控前移

① 以项目管理为主体。项目是生产经营的业务单元，中交集团以项目为管控对象，以人工智能技术进行项目现金流预测，确保项目盈利。

② 以合同管理为主线。合同是商务履约的重要法律依据，中交集团以合同中的履约条款作为债权形成、债务形成、资金收付计划编制、付款申请执行等一系列项目现金流入流出活动的控制标准之一，依据合同来控制风险。

③ 以成本管理为核心。中交集团依据全要素、全过程的项目成本预算进行量价双控及成本分析，识别主要盈亏点。

④ 以现金流管理为手段。通过资金支付落实业务管控，确保无预算不合同、无合同不结算、无结算不支付、无计划不支付等管理措施落地。

（4）核算自动化

财务云业财协同平台通过固化业务逻辑和财务规则引擎，由财务机器人自动生成财务凭证，实现财务核算自动化。

（5）智能分析

充分挖掘财务云业财协同平台积累的业财数据资源，采用人工智能等数字技术开展多主题、多维度、多级次的智能数据分析。

5.3.5 财务云业财协同平台的国际化设计

中交集团正在努力打造具有全球竞争力的科技型、管理型、质量型的世界一流企业，财务云业财协同平台的建设也必然面临着国际化方面的设计问题，主要体现在以下几个方面。

1. 多语言、多币种、多时区

① 目前中交集团海外项目遍布 150 多个国家和地区，有大量属地外籍员工，为满足中交集团国际化应用的要求，财务云业财协同平台从技术层面需要解决多语言、多币种、多时区的问题。

② 多语言：中交集团海外项目涉及的国家多，语种不统一，为满足海外项目管理的需要，财务云业财协同平台建设将支持中英文并满足不同语种的扩展，如西班牙语、拉丁语等，从而满足中交集团海外业务的不断扩展。

③ 多币种：中交集团的海外分支机构和项目部需要按照所在地币种作为记账本位币进行会计核算，财务云业财协同平台支持多记账本位币核算、多币种资金结算等，从而降低政策风险和汇率风险。

④ 多时区：中交集团的部分项目存在跨时区的特点，财务云业财协同平台应能够确保系统内业务时间与系统时间的对应和统一。

2. 支持离线应用

目前中交集团部分项目位于网络条件较差的国家或地区，存在日常业务环节处于无网络的情况，这就要求财务云业财协同平台能够支持离线应用，满足无网络环境下的日常财务核算工作，并能够支持离线数据按时回传，保障集团总部数据的完整性。

3. 支持低带宽环境下应用

中交集团部分项目位于网络条件相对较差的地区，日常的网络带宽较低，传统的应用方式会造成业务不顺畅、员工体验差等问题，财务云业财协同平台在设计时充分考虑低带宽情况下的应用，通过当前先进的数字技术，保障员工在低带宽状态下能够进行较顺畅的业务处理，并支持低带宽下数据的回传。

4. 多会计准则

由于各个国家在财务制度、会计准则等方面存在差异，海外业务需要同时满足中国会计准则和业务所在地会计准则的要求。财务云业财协同平台需要支持国内国外多会计准则的账务处理，按照中国大陆（中交集团总部）的会计制度和项目所在国的会计制度分别进行会计核算，对每一会计事项由财务云业财协同平台生成两个会计凭证，分别进入不同的系统及账套，依据两个账套核算产生的两个核算结果，分别报送当地政府和中国政府。

5. 满足海外涉税业务的合规性

不同国家或地区有不同的税务要求与政策，为保障海外属地税务的合规性，并能够满足中交集团对海外涉税信息的统一管理，财务云业财协同平台支持根据不同国家或地区设定不同的税务缴纳策略。

6. 全球资金池

中交集团依托财务云业财协同平台支持中交集团对全球账户信息的监控，实现境外资金的归集、结算等业务处理，支持海外银企直联接口，打造全球统一的资金池。

5.4 中交集团财务云业财协同平台的关键应用场景

5.4.1 推动数据治理，加强数据标准化、集约化

中交集团现行财务数据标准缺乏有效管控，各三级单位的业务数据标准不统一；海外项目数据未纳入，数据不完整；业财融合参差不齐，数据质量不高；合并抵销周期长，数据实时性不够；数据独立，数据价值难以实现。

针对目前状况，中交集团搭建了数据平台，如图 5.7 所示，编制并发布中交集团数据治理规划，发布了"人员""机构""合同""项目""物资设备""通用基础""往来单位""金融机构"等八类主数据标准。

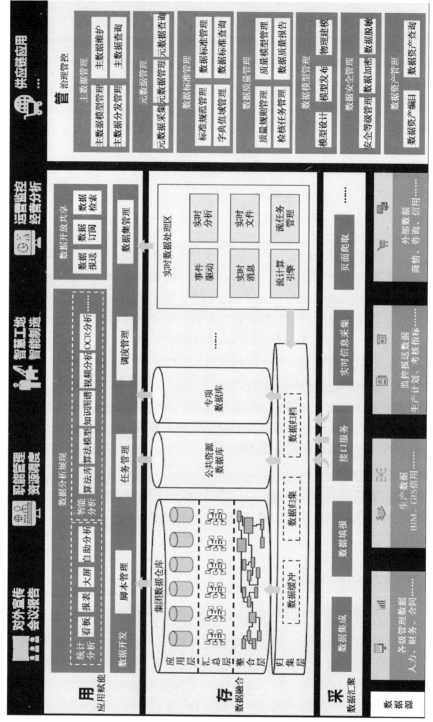

图 5.7 中交集团数据平台

在主数据系统基础上建设数据一体化管理平台，实现数据采—存—管—用全周期管理。在数据治理时兼顾个性化，针对财务系统源生数据和业务系统源生数据采取不同的数据治理方案。例如，会计科目属于财务系统源生数据，直接在财务云系统产生，推送到主数据平台；物资设备属于业务系统源生数据，由业务系统采集，到主数据平台赋码再分发。中交集团已组织完成近20万项"人员"、25万项"机构"、15万项"金融机构"、47万项"往来单位"、156万项"物资设备"数据的清洗、入库、赋码、分发等工作。通过搭建数据平台，实现核心基础数据标准化，推动数据集约化管理，为业财数据贯通奠定了基础。

5.4.2 打通业财通道，实现深度业财融合

通过与前端业务的对接集成，将中交集团日常业务处理中的各类合同结算、物资出入库、设备租赁、生产制造、房地产投资等业务数据自动传递至财务云业财协同平台，并按照中交集团统一数据管理平台的数据标准，建立业财一体化管理模式，实现数据融合；围绕合同管理的主线，以合同总额、结算条件、付款进度等为抓手，强化对业主计量、分包结算、物资采购等项目经济线的管控，打通与中交集团流程、数据、系统的壁垒，消除信息孤岛，实现对各类合同结算、物资采购、设备租赁等业务与财务流程的融合，推动业财深度融合。

下面以中交二航局的业财融合为例进行说明。在业财数据融合方面，中交二航局借助主数据管理平台，梳理数据之间的引用关系，在做业务数据清洗前先进行基础数据的清洗，配合中交集团完成八大主数据标准的编制；结合中交集团下发的科目体系，完善中交二航局科目体系，统一规划、统一标准，确保数据"完整、有效"，满足数据标准要求，实现数据融会贯通。通过主数据的建设可以实现各业务场景下的主数据标准化统一，为业财融合建设打下基础，并为实现全面数据分析奠定基础。

在业财流程融合方面，中交二航局以业财协同、强化管控进行流程设计。针对公司两级总部、局直属单位、海外项目、项目部，共梳理了386个业财流程，取消了业务、财务重复的流程，既保障了质量，又保证了效率。将业务端设计为原始信息的输入端。例如，与项目相关的经济活动首先通过项目管理系统，在项目管理系统中完成承包合同结算后传递到财务云平台的报账系统，形成应收单，应收单处理完成后进入会计平台自动生成财务凭证，并完成后续的账务处理。通过这种端到端的业务流程融合，确保企业经营风险和财务风险安全可控。

中交二航局的深度业财融合，不仅能实现从业务填单至生成凭证的全流程，还能反向从财务报表逐级联查至业务单据，实现根据科目余额表数据追溯至科目三栏账、追溯至凭证直至业务单据，实现层层穿透、问题溯源。

5.4.3 建立资金管理模式，增强集团资金管控力度

中交集团下属单位层级多、管理多样化、业务复杂，为此中交集团搭建了四级资金管控体系以满足各级结算中心的资金需求，如图 5.8 所示。

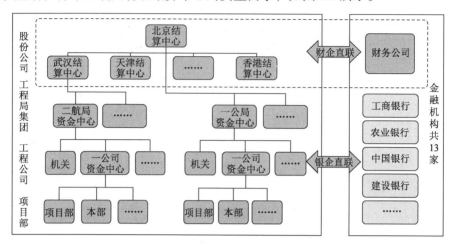

图 5.8　中交集团四级资金管控体系

中交集团资金管控模式为财务公司代管股份公司的结算中心，通过财企直联，将股份公司本部（股份公司）、局级单位（工程局集团）、所属下级单位（工程公司及其下级单位项目部）的资金进行统一管控。该管控体系主要有以下几个特点：

① 结算中心主要负责结算业务、归集下拨业务、融资业务；

② 每级结算中心设置归集划拨策略，并据此逐级进行归集下拨；

③ 结算中心每笔交易自动进行账务核算；

④ 满足各级结算中心的资金需求，如资金内部调剂等；

⑤ 全集团业务流程标准化、固化，降低资金管控风险。

5.4.4 搭建预算闭环管理体系，加强事中管控

中交集团搭建完整的成本预算闭环管理体系，项目成本预算涵盖项目预算编制、过程预算控制、过程预算归集及成本预算分析等几大步骤，基于财务云业财协同平台实现从预算编制到预算分析的全周期管理。中交集团项目成本预算闭环管理体系如图 5.9 所示，通过投标预算、标后预算、施工预算等项目成本预算，在整个项目建设过程中，借助财务云业财协同平台的业务单据、合同管理、费用管理等模块，以及规则引擎、人工智能等数字技术，对项目成本进行控制。财务云业财协同平台的业财数据融合功能可以自动化地完成项目成本核算，并实现成本数据的智能分析。具体特点如下。

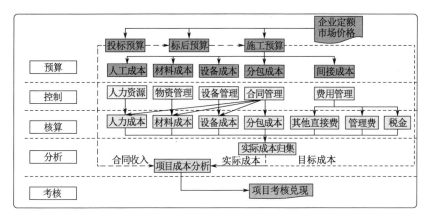

图 5.9　中交集团项目成本预算闭环管理体系

①　与业务紧密结合的预算模型和预算体系：中交集团的预算编制是按照预算模型和既定的预算目标进行资源配置的。在构建预算模型时，将集团的目标与业务要素、财务要素紧密结合，设计基于企业目标为因变量，业务驱动因素、财务驱动因素为自变量的业财融合预算模型。

预算的编制采用自上而下和自下而上相结合的方式进行，先自上而下设定预算目标，再自下而上围绕预算目标完成所需资源进行预算编制。预算报表的设计不仅体现项目的业务逻辑要求，且通俗易懂，便于业务人员的填报、汇总。中交集团的预算报表采用"主报表+个性化"的模式，其中主报表满足项目管理的通用预算需求，对于特殊项目的预算报表，可以根据特定项目进行个性化设计，并与主报表形成钩稽关系。

②　支持战略目标的制定和分解：中交集团搭建的预算管控系统支持集团公司制定的战略目标，并将战略目标按预算责任主体进行分解（按固定比率或固定额度均可）。中交集团可以根据发展规划的需要，制定三年、五年等不同期间的战略目标，然后根据业务规模、业务特征等实际情况把战略目标分解成各二、三级单位的经营指标，再进一步分解成项目指标，从而帮助中交集团将战略贯彻到预算管理，加强战略的落地执行能力，为风险控制提供信息化和数字化工具。

③　落实"横向到边、纵向到底"的全面预算管理责任体系：依托全面预算管理系统项目的建设，支撑中交集团"横向到边、纵向到底"的全面预算管理责任体系全面落实。

◎　横向到边：预算管理责任体系覆盖中交集团经营管理的全部业务部门，贯通企业业务管理线条，实现业财协同，加强过程管控。

◎　纵向到底：预算管理责任体系实现多层级管理，贯穿中交集团局、分/子公司、项目部，管理层级延伸至业务最小管理单元，每个层级职责划分清晰、相互协同。

④ 搭建自动化预算平台：中交集团通过预算管控平台的搭建，从预算目标下达直到下级预算填报、预算数据上报和批复、数据多版本管理、预算调整、执行监控和预算多维分析等过程的设计和规划，实现对项目预算的全面管控。将项目管理与预算管理进行集成，一方面为项目支出提供更多审核依据；另一方面将预算控制点前置，在报销人填制报销单时进行，实现预算控制前移，杜绝了预算事后控制的不合理现象。

⑤ 实现全方位预算编制管控：中交集团预算编制的范围由经营预算、生产预算、成本预算、费用预算等组成，具体情况如表 5.1 所示。

表 5.1　预算编制管控表

专项预算	管理内容
经营预算	新签合同额、利润率、与新签合同额相关的投标保函等预算
生产预算	产值进度计划、计量结算及收款、材料需求及配置、设备需求及配置、分包需求、人员需求等预算
成本预算	材料成本、设备成本、分包成本、人工成本、其他成本等预算
费用预算	管理费用、间接费用、销售费用、税费等预算
薪酬预算	人员配置、薪酬及社保福利等预算
研发预算	科技研发项目、管理创新项目、信息化项目研发费用等预算
信息化费用预算	与信息化支出相关的预算
安全生产费预算	安全生产经费的计量、计提、支出、结余等预算
资本性支出预算	股权投资、金融资产投资、项目投资、特色地产投资、基建投资、固定资产投资、其他投资等预算
资金预算	收款预算、付款预算、投资预算、融资预算、现金流预算等

⑥ 预算闭环管理：中交集团搭建的预算管控系统是包括从战略目标下达、预算编制、预算上报、预算汇总、预算下达、预算调整、预算监控预警到预算分析考核的完整的闭环管理系统，帮助集团公司建立起完整的一体化管控流程。预算闭环管理体系的主要业务环节包括预算编制上报、审批、汇总、运营监控、审批、预算执行与预警、预算分析、预算调整、预算考核等多方面的管理活动。

5.4.5　建立一个发票池，实现发票全过程管理

中交集团通过打造全集团统一的发票池，面向各单位提供税务全生命周期管理。进项发票支持多环节采集获取、认证，极大降低进项票的认证抵扣风险；对销项发票，支持空白发票的全过程管理，同时打通业务系统与后端的税控系统，使发票开具来源可追溯，将业务数据自动推送形成开票申请，经审核后完成税控发票开具，降低开具发票的风险。通过电子签名设备，实现纸质发票流转过程跟踪控制，提高发票管理效率。同时支持电子发票全过程管理，收票后可借助智能稽核机制规避报销风险，并实现电子发票便捷开具，帮助企业提高税务管理的

效率。中交集团基于统一发票池的发票全过程管理如图 5.10 所示。

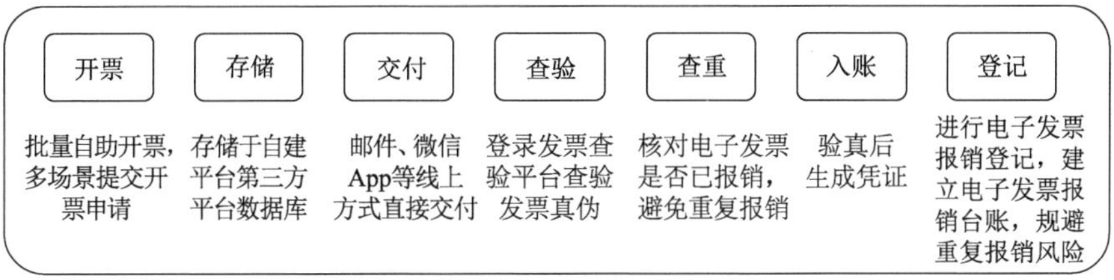

开票	存储	交付	查验	查重	入账	登记
批量自助开票，多场景提交开票申请	存储于自建平台第三方平台数据库	邮件、微信App等线上方式直接交付	登录发票查验平台查验发票真伪	核对电子发票是否已报销，避免重复报销	验真后生成凭证	进行电子发票报销登记，建立电子发票报销台账，规避重复报销风险

图 5.10　中交集团基于统一发票池的发票全过程管理

基于统一发票池，中交集团在业务前端借助 OCR 智能识别、文本智能解析、财务机器人等数字技术，并对接税务局系统平台，实现发票查验、发票校验、发票认证、三单匹配等智能化发票场景。对于进项发票管理，中交集团将税务风险控制点前移，通过规则引擎、人工智能等数字技术对发票进行智能风险预警，对接税务局并实现一键认证抵扣，提升发票认证效率和核算效率；针对销项发票，中交集团建立税务规则引擎，进行智能审核，并自动化地对发票进行拆分。中交集团借助基于统一发票池的发票全过程管理，可以自动化、智能化地进行各类发票操作，减少发票处理的工作时间，提高工作效率。

5.4.6　优化核算体系，实现全集团"一本账"管理

中交集团的项目部分布在全球各地，在传统核算模式下，一个项目部建立一个套账，数据存放在各项目部，上级单位通过该账套生成的报表了解各项目部的经营情况。多账套的核算模式存在标准无法统一、信息无法共享、信息反馈缓慢、信息孤岛现象、数据管理困难、系统投资较大、对标管理难以统一等问题。

为了解决这些问题对集团财务管理高质量发展的影响，中交集团建设财务云业财协同平台，将各项目部数据按照组织层级关系存放在一个数据库中，基于统一的标准、流程、规范和制度，从而形成全球"一本账"。"一本账"的业财核算管理体系可以满足不同会计制度与证券监管制度条件下的业务信息处理需要，并已经成功在中交集团国外项目部应用。中交集团"一本账"实现了由传统的各个会计主体多个账套到"一本账"管理的重大转变，不但能够实时准确地满足公司内多会计主体的核算需求，而且实现了整个集团数据的整合和管理的集中。

5.4.7　建设全方位、全层级的多维分析体系，防范集团风险

党的十九届四中全会提出，健全劳动、资本、土地、知识、技术、管理、数据等生产要素由市场评价贡献、按贡献决定报酬的机制。数据作为一种新型生产要素写入文件中，与土地、劳动力、资本、技术等传统要素并列为要素之一。中交集团在财务云业财协同平台建设过程中，以大数据应用规划及体系为核心内容，

通过对组织运行、经济业务活动中大量数据的集中反映和系统分析，形成面向全集团的全方位、全层级、多维度的智能分析模型，打造可穿透、可联查、多角度、全方位的分析体系，实现数据有效利用，加快数据价值转换，辅助提高决策质量，助力中交集团"数字中交"的建设进程。

中交集团基于统一主数据的管理平台借助物联网、数据孪生等数字技术采集和获取集团公司内外部的大量数据，创建财务、人力资源、运营、采购等数据集，打通业务数据、财务数据、管理数据的集成壁垒。中交集团基于构建的大数据平台，借助商业智能、零代码可视化工具、软件类可视化工具、专业定制类可视化工具，将集团公司统一标准的数据进行可视化和实时化展示，并通过构建各类看板进行数据分析，如决策指挥看板、对外展示看板、预警监控看板、挂图作战看板、生产调度看板等。

与此同时，财务云业财协同平台还可以借助人工智能等数字技术对大量数据进行智能预测、分析，为经营管理决策提供及时、准确、全面、智能的数据支撑。

5.5 中交集团财务云业财协同平台的建设成效

5.5.1 全面梳理集团大数据，奠定业财协同"底座"能力

数据资产及要素是信息化、数字化的底座，中交集团围绕数据基础建设，以数据治理为抓手，利用各种数字技术，全面梳理全集团内外部所处理的各类业务数据、交易数据、财务数据，发布了"人员""机构""合同""项目""物资设备""通用基础""往来单位""金融机构"八大类主数据标准，清洗并梳理完成近20万项"人员"、25万项"机构"、15万项"金融机构"、47万项"往来单位"、156万项"物资设备"的历史数据，确保了数据标准的落地执行，帮助企业实现了数字化转型，进一步夯实了中交集团基于数字技术强化管理穿透与提质增效的"底座"能力，为集团升级运营管理体系、实现业财协同奠定了坚实的数据基础和管理基础。

5.5.2 以业财协同为抓手，加速全球一体化"智慧运营"体系建设

中交集团借助物联网、数据孪生等数字技术从业务源头自动采集数据，优化核心业务流程，并进一步融合财务流程，以数据驱动促进合同、供应链、分包等业务协同，在业财协同过程中落实风险管控。

中交集团定位财务云业财协同是集团"十四五"数字化转型的重点任务，是建设全球一流"智慧运营"体系的头号工程。围绕以财务云为基础的业财系统，中交集团提出信息化和数字化是标准化的有力支撑和更高形态，全层级推行标准化离不开信息化、数字化手段，要强化信息化和数字化的支撑，统筹推进财务云

业财一体化建设的全面应用。财务云业财协同平台以业务系统的项目管理为抓手，将合同管理、销售收入、项目结算、成本控制等业务系统功能与税务管理、财务共享、司库管理等财务系统进行数字化融合，为中交集团全球一体化"智慧运营"建设提供支撑。具体建设思路如图5.11所示。

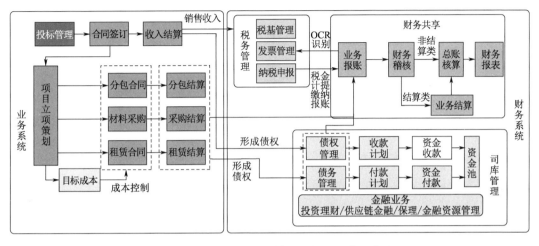

图 5.11　中交集团全球一体化"智慧运营"建设

中交集团通过财务云业财协同平台的建设，实现了业财深度集成与集中，总计梳理业财流程113个、业财融合点117个，并打造业财过程的风险管控体系，建立合同合规检查项46项、财务风险管控点110项。中交集团通过财务云业财协同平台建设确保管理信息横向贯通、上下穿透，实现财务与经营生产的深度协同，形成从发展战略到具体举措、从经营计划到绩效考核的管控闭环，促进中交集团全业务管理提质增效，实现全集团的管理数字化变革。

5.5.3　搭建全流程、全层级、多级联动的全球司库管理

围绕中交集团司库管理的核心需求，财务云业财协同平台的司库建设服务中交集团从全球资金基本管理职能向司库管理职能转变，并将覆盖中交集团全层级、全流程及境内外范围，强化现金流预测及头寸平衡管理、投融资统筹管理、资金多维度分析及资金风险管理，全方位辅助决策，最终打造中交集团全球大司库。

中交集团基于财务云业财协同平台建设的全球司库管理可以实现一个资金池，并智能化融合营运资金池、投资池、融资池等相关资金的流入和流出，实时监测合规性风险、流动性风险、收支风险、债务风险、汇率风险等资金风险控制事项，实现资金可视化展示。

通过司库的建立，加强了账户管理，建立账户全级次全生命周期管理和全流程线上管理。中交集团已上线单位账户数超两万，账户实现银企直联覆盖，与13家银行建立通道，实现账户全面监管和穿透联查，不允许非直联付款手工制证，

有效管控开户行及离线账户的风险。

通过司库的建立，加强了资金预算约束管理，按照"量入为出、以收定支"的原则，参照前端业务编制资金计划，进行集团资金预算安排，严控预算外项目支出,维护资金链安全和资金整体平衡。中交集团资金预算约束管理展示如图 5.12所示。

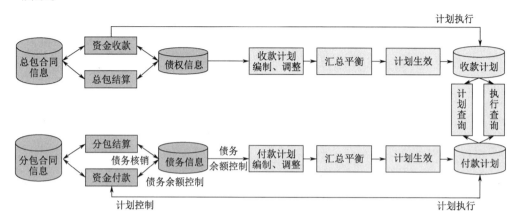

图 5.12　中交集团资金预算约束管理展示

通过司库的建立，加强了资金结算规范管理，严格并持续强化全业务流程管控，落实"无预算不合同，无合同不结算，无结算不计划，无计划不支付"等各流程节点管控落地,防范资金结算风险。中交集团资金结算规范管理展示如图 5.13所示。

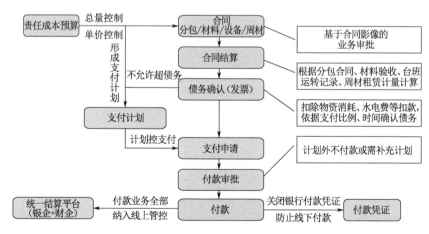

图 5.13　中交集团资金结算规范管理展示

司库的建立，加强了票据的高效使用，实现了票据全生命周期线上管理。电票直联，覆盖工行、招行、农行、广发、汉口等银行，与现汇统一流程、统一管控，降低风险。中交集团票据高效使用管理展示如图 5.14 所示。

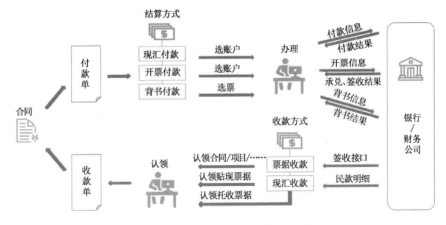

图 5.14　中交集团票据管理展示

通过司库的建立，加强"应收账款"清收管理，项目、合同、往来单位等信息全集团统一，将债权债务形成与核销进行全过程管理，并通过收款认领平台实现应收账款的自动核销，进而加快资金回笼，减少营运环节的资金占用成本。中交集团应收账款清收管理展示如图 5.15 所示。

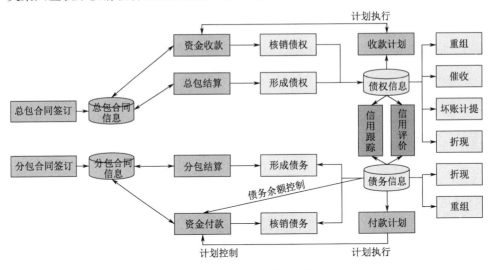

图 5.15　中交集团应收账款清收管理展示

通过司库的建立，加强境外企业资金管理。中交集团已在全球 150 多个国家和地区开展实质业务，在 103 个国家和地区设立了 193 个驻外机构，通过境外司库的建立，统筹境外资金，加强境外资金管控。中交集团境外企业资金管理展示如图 5.16 所示。

通过司库的建立，加强供应链金融服务管理，打造以融促产、产融联动的供应链金融体系。支持供应商 1 至 36 个月的融资需求，放款效率最高可达 T+0。截至 2020 年 9 月份，试点单位成功吸引供应商千余家，供应链金融规模突破 50 亿元。供应链金融对于打造"共享、共担，合作共赢"的战略生态链、实现供应链端融合共生发展、增强企业核心竞争力、促进企业持续健康发展意义重大。中交集团供应链金融服务管理展示如图 5.17 所示。

图 5.16　中交集团境外企业资金管理展示

图 5.17　中交集团供应链金融服务管理展示

5.5.4　多云架构全球部署，保障全球业务有序运行

中交集团财务云业财协同平台基于云原生、微服务等先进技术架构进行大集中、多云部署，具有支持多租户、国际化等特性。中交集团的业务系统部署在北京云中心、厦门云中心、香港云中心，实现了大数据量、大并发、高可用特性，面向全球几十万员工提供稳定运行能力，真正实现了多云架构、全球部署。中交集团全球部署的多云架构体系如图 5.18 所示。

基于云原生、微服务架构实现的中交集团大集中私有云部署和多云部署，支撑中交集团几十万人、每年 1200 万笔单据的全流程处理，保障财务云业财协同平台在大数据量和高并发下的稳定运行，保障中交集团在 103 个国家和地区，193 个驻外机构的财务云业财协同平台的稳定运行，从而强力支撑中交集团建设全球一流"智慧运营"体系。

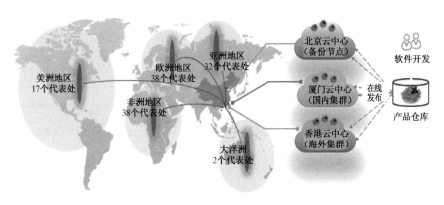

图 5.18　中交集团全球部署的多云架构体系

5.6　总结

习近平总书记明确指出，加快数字中国建设，就是要适应我国发展新的历史方位，全面贯彻新发展理念，以信息化培育新动能，用新动能推动新发展，以新发展创造新辉煌。在中央全面深化改革委员会第二十四次会议上，习近平总书记进一步提出，国有企业要积极采用信息化、智能化方式，推进管理体系和管理能力现代化。

中央企业肩负着"六个力量"的重大使命，必须在发展数字经济、推进数字化转型中加强使命担当、率先垂范。建设建筑行业首个"业财资税融"一体化云平台的财务云业财协同项目是中交集团以数字化促进管理变革的重要抓手，是公司推动"123456"战略发展思路、深化优化"五商"战略、突出"三个核心"的支撑。基于财务云的业财协同项目是以数字化促进管理变革，也是利用互联网新技术新应用对管理方式进行全面变革，统筹推进"一云、一网、三中心、三体系"的建设，打造全球一体化智慧运营体系，持续提高全要素生产率，夯实信息化支撑，增强高质量发展新动能。

在未来中长期内，中交集团将坚决贯彻落实国家重大战略部署，通过新一代信息技术与公司运营管理、产业创新紧密融合的发展模式，充分发挥数据作为生产要素的关键作用，打造下一代交通基建产品并提供优质服务，构建数字化产业链，推进集团内外数字生态融合发展。通过产业数字化和数字产业化驱动集团高质量发展，形成"创新、协调、绿色、开放、共享"的内外融合的数字生态体系，实现"数字中交"发展愿景。

第 6 章　中国移动：数智化资金管理新体系，助力中国移动应对海量业务管理难题

当前，以数字化、网络化、智能化为特征的新一轮科技革命和产业变革深入推进，数字经济成为引领增长的重要引擎。以 5G 为代表的新一代信息技术加速融入经济社会民生，不断催生新业态、新模式、新产品，孕育巨大蓝海。预计到 2025 年，中国数字经济占 GDP 比重将从 2020 年的 38.6% 提升到超过 50%，信息服务业收入将从 2020 年的 10.8 万亿元增长到超过 20 万亿元。中国移动通信集团有限公司（简称"中国移动"）作为我国通信行业领头羊，面对广阔的发展机遇，将按照创世界一流"力量大厦"发展战略，以"推进数智化转型、实现高质量发展"为主线，在助力经济社会数智化转型中着力打造自身发展的"第二曲线"，为广大股东、客户持续创造更大价值。在这一推进进程中，资金管理的数智化转型作为中国移动数智化转型的核心内容，将通过对所拥有和控制的内外部金融资源的高效配置，有效支撑中国移动财务管理"三型一化"（"战略型、融合型、集约型、数智化"）升级和中国移动"十四五"战略落地。

6.1　中国移动简介

中国移动是按照国家电信体制改革的总体部署，于 2000 年组建成立的中央企业，主要经营移动语音、数据、宽带、IP 电话和多媒体业务，是中国内地最大的通信服务供货商，一直在我国移动通信事业发展中发挥主力军作用，也是全球网络规模最大、客户数量最多，盈利能力、品牌价值和市值居前列的世界级电信运营商。

中国移动注册资本 3000 亿元，资产规模近 1.7 万亿元，员工总数近 50 万人，客户总数达到 9.46 亿户，年营业收入近万亿元，连续多年利润破千亿元。

6.2 数智化司库管理平台建设概况

6.2.1 建设思路

5G 时代，万物互通互联，为了更好落实中国移动战略要求，中国移动对外积极与产业链各方合作，对内也在强化"互联"能力，提高信息共享水平，进一步整合集团内部能力和资源。数智化司库管理平台作为中国移动财务信息化集中建设的核心系统之一，承载着艰巨的使命。其建设旨在支持共享财务工作深化，满足业务财务服务需要，落实战略财务要求，推进资金集中管控，提高资金运作效率，落实资金风险监控的要求，提升资金价值创造能力。

中国移动从 2016 年启动"纵向透明、横向贯通、业财融合、风险可控"的集中化大 ERP 体系建设，司库管理平台作为大 ERP 体系的核心组成部分，目前已经完成了全部省公司及主要专业公司的实施落地。

随着 2022 年 1 月份国务院国有资产监督管理委员会（简称"国资委"）对于中央企业司库管理体系建设要求的正式印发，中国移动全面对标国资委要求及世界一流企业优秀实践，在承接前期丰硕建设成果基础上，深度融合智能化新兴技术，持续探索世界一流司库体系构建。

6.2.2 建设路径

中国移动作为率先在国内推进 ERP 系统的企业之一，自 2000 年开始启动核心 ERP 系统建设，于 2005 年完成省级单位的实施，并以此为基础进行不断优化和扩展，于 2009 年构建了省级单位的业财融合 ERP 体系。

随着集团公司的快速发展，中国移动原资金系统部署模式存在集团公司资金业务管控力度弱、获取整体资金信息困难、资金管理决策缺乏支持基础、资金管理信息孤岛等问题，制约了集团整体资金管理水平的持续提升。

要解决此类问题，中国移动要建设统一的数智化、集中化司库管理平台，实现"资金管理集中化、资金流程标准化、资金安全可靠化"。

司库管理平台作为大 ERP 体系的核心组成部分，自 2017 年项目启动，首要建设重点在于解决资金日常基础安全风险及营收资金安全管理问题、现金流稳定但资金筹划力度不足的问题、资金管理日益集中但资金效益无法达到最大化的问题，以及系统分散建设缺乏统一管控支撑等长期困扰企业资金管理的问题，以推进资金集中管控，提高资金运作效率，落实资金风险监控要求，提升资金自我增值能力。

随着近几年中国移动业务持续发展、管理能力不断提升、信息技术更新迭代，司库管理平台通过多期建设，坚持从实际应用场景出发，不断攻坚克难。就中国移动的资金管理而言，集团公司统筹管理，各省公司、专业公司、直管公司贯彻执行，前期分省建设了独立的资金管理系统，形成了集团公司、（省、市、县）分公司的两级资金系统部署模式。近些年，随着集团财务共享体系的有序重构，目前在资金管理数智化方面已经完成了集团大统一的司库管理平台集中化部署，并积极拥抱融合智能化技术，为中国移动资金管理体系的转型升级提供支撑。

6.2.3 建设逻辑架构

为解决在资金管理方面存在的突出问题，中国移动以集中化 ERP 为契机，统筹资金管理项目多期建设，搭建新资金管理体系，即以"安全、集中、效益、协同"为原则，以"加强资金统筹管理、提升价值创造能力"为目标，围绕资金"收、支、存、投、融"全过程，依托完善的资金制度体系、集中化司库管理平台，加强资金集中管理和资金集中运作，实现了投融资权限的高度集中、资金归集的高度集中、资金支付的高度集中和资金存放的高度集中。在中国移动整体资金资源高度集中的基础上，通过专业化的运营主体，开展了资金资源的集中运作，包括统筹资金集中运作、股权投资集中运作及产业链金融协同。截至目前，中国移动已全面构建了"安全、集中、效益、协同"的新资金管理体系。该体系示意图如图 6.1 所示。

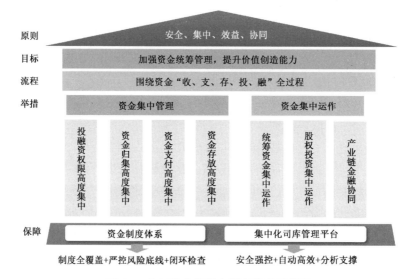

图 6.1　中国移动新资金管理体系示意图

6.2.4 解决方案

在中国移动领导的大力支持和各省公司的积极配合下，承建单位从项目初期的需求收集、方案可行性研究，到资金需求的落地，各阶段仔细梳理、认真分析，并结合"资金收取、资金使用、资金存放"三个重要环节，依托"制度引导、系统提效、指标监控、效果考核"四个抓手，携手中国移动统一搭建了覆盖全集团的高度集中的司库管理平台，保障资金管理和运作的安全高效，提升数字化分析决策和价值管理能力。这套系统承载了中国移动资金全业务的标准化、规范化、数字化的管理流程，嵌入了自动化的业务处理机制，支持动态反应，揭示资金关键环节的风险事项。

自2017年项目启动至今，中国移动集中化司库管理平台成功支撑构建了价值导向型的"新资金管理体系"，并形成了如图6.2所示的"6个1"的建设成果，即由"1套授权管理体系、1套流程规范体系、1套安全防护体系、1套对外支付体系、1套资金增值体系、1套资金监控体系"组成的有机完整结构，有效赋能中国移动的资金管理，助力集团高质量发展。

图6.2 中国移动数智化司库管理平台建设成果示意图

6.2.5 组织架构

随着中国移动的业务发展和管理变革，为确保数智化司库管理平台的建设与落地能够按计划、可推行、高质量地进行，系统组织机构按决策机构与执行机构组建。决策机构由中国移动IT管理委员会直接领导，集团公司总经理负责，集团各部门总经理及下属各单位经理参与，其职责是明确建设方向、决策重大问题、鼓舞各方士气。执行机构按照纵向三层、横向两层的原则组建，其中中央组层面，财务总经理任组长，相关业务部门副总经理任副组长，资深业务专家、信息化专家、厂商负责人及资深专家任组员，负责日常问题决策，其下设具体执行项目组。各单位比照集团组织架构及资源构成，成立本单位决策机构与执行机构。矩阵式的组织架构，在确保日常工作协同开展的同时，对所有问题都有对应的决策机制与决策人。

同时，为了保障项目资源，公司内部抽调经验丰富的业务专家、信息化专家专职参与项目推进。除此之外，在流程梳理、方案研讨等关键节点，邀请全集团的其他资深人员参与研讨和评审。通过合同约定、日常考核等手段，汇聚各厂商资深人员，全程参与系统建设与推广。

6.2.6 业务流程

为保障数智化司库管理平台建设的高质量，在业务流程层面，按照"顶层设计、流程梳理、方案设计、系统开发、实施落地"的顺序推进，确保按照正确的方法做正确的事。在顶层设计阶段，从集团中短期战略方向、全业务流程贯通、全过程规则控制等方面入手，明确司库系统需要支撑的业务目标、业务边界与系统定位；在流程梳理阶段，通过完成近 80 万字的最佳实践总结，为系统集中提供了具体标杆；在方案设计阶段，经过多轮研讨，在解决流程梳理成果系统落地的同时，进一步细化了管控规则与要求；在系统开发阶段，按照敏捷开发模式，通过不断迭代，渐次完善系统功能，满足实施阶段的差异化需求；在实施落地阶段，在强调统一方案的同时，不排斥经过规范流程决策的差异需求，将重点放在配套改造、数据清理、用户培训等影响质量的重点工作上。

6.2.7 系统平台

坚持资金"安全、收益、预算、协同"的核心理念，建设一个全流程司库管理平台。系统搭建了涵盖账户管理、交易管理、资金调拨管理、票据管理、内控管理等资金业务的 26 大功能模块、310 项业务功能，全面实现了中国移动资金业务数字化管理的全覆盖。同时，基于业财资税档一体化流程设计思路及应用考虑，对内贯通了 19 大业务系统，包括合同管理、报账系统、ERP 系统、人力资源等，对外贯通了 22 家合作银行，实现了中国移动全面细致的资金安全防控、高效的资金业务生产、创新的资金效益提升及专业的决策分析支持。

中国移动数智化司库管理平台由司库管理平台和内部联通、外部联通三部分组成，如图 6.3 所示。

1. 司库管理平台

司库管理平台具体可分为以下四个层次：

（1）基础支持层

该层主要为权限管理、用户管理、工作流平台、监控与运维平台等系统基础功能管理部分，主要面向系统管理人员提供司库管理平台的管理与维护手段。

（2）基础生产层

该层主要包括账户管理、交易管理、资金调拨管理、票据管理、资金预测管理、资金计划管理、货币资金管理等业务处理功能，列示部分关键应用如下：

① 账户管理功能：实现对全集团各级单位的账户进行分层次的结构化管理，包括合作银行管理、银行账户管理、互联网账户管理等。

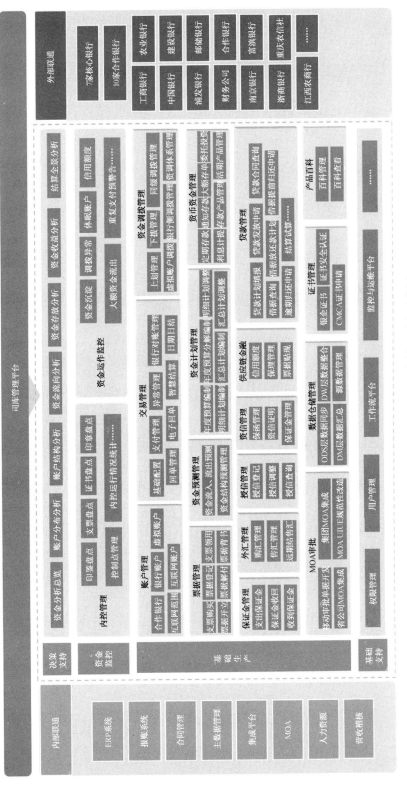

图 6.3 中国移动数智化司库管理平台示意图

② 资金调拨管理功能：实现了所有银行账户之间的上划、下拨、同级调拨管理，通过在系统中建立账户之间的上下级关系，以及明确的上划、下拨、调拨策略，实现系统全自动化的划拨管理。

③ 交易管理功能：通过系统自动化的方式实现资金支付交易管理，通过银企支付策略配置、供应商黑白名单管理、账户支付额度控制、与电子影像系统对接、工资线上代发等方式，提高支付效率和准确率，保障资金安全；针对支付失败、银行退票等异常交易，提供专门的管理界面进行异常单据的处理、跟踪及统计；针对无法自动匹配的银行回单，通过银行回单分发功能将回单推送至前端业务系统触发报账流程。司库管理平台通过银企直联接口实时获取银行交易信息，实现与 ERP 系统的付款信息按要求自动对账，及时生成银行余额调节表。司库管理平台的自动对账率达 95% 以上。

④ 票据管理功能：司库管理平台将应收票据、应付票据及支票的购买、入库、领用、报废、统计等全生命周期管理纳入司库管理平台进行全程跟踪和监控，通过系统对票据进行流程化管理，方便灵活地查询及查看完整的票据状态情况，同时通过银企直联接口实现了电子票据业务的线上办理。

⑤ 预留印鉴管理：实现对财务专用章、法人章、授权人名章和出纳章的线上管理，实现银行预留印鉴经授权人独立保管，确保预留印鉴的使用合法合规，降低印鉴管理混乱造成的资金风险。

⑥ 货币资金管理功能：提供存款产品管理和委托投资管理两个功能，将所有定期、大额、通知存款、委托投资等业务进行申请、办理、到期支取或转存管理，同时通过掌握各级单位全量资金市场化利率的准确信息，配合资金头寸数据信息，就能实现资金收益最优化选择。

⑦ 资金计划管理功能：通过对现金流量的事前计划、事中控制、事后分析监督，实现对全公司资金流量流向的按计划管理和及时、全面地掌握和控制。

（3）资金监控层

该层主要包括资金运作监控、营运资金监控、内控执行监控等功能，监控集团内所有的资金运作是否合法、合规，针对资金管理方面可能存在的问题通过司库管理平台进行及时预警、提醒处理。

（4）决策支撑层

司库管理平台聚焦于资金数据的专业化分析报表体系建设，辅以大数据动态可视化图表，在海量数据中准确、完整、及时地通过系统提炼出有效信息，为领导决策提供数据支撑。

2. 内部联通

在中国移动内部，数智化司库管理平台与 ERP 系统、报账系统、合同管理、主数据管理、MOA 企业办公自动化、人力资源、营收稽核等内部系统实现对接与联通，共享数据，打破信息孤岛，打造企业内部财务信息化生态圈。

3. 外部联通

对于中国移动外部，司库管理平台与财务公司和工、农、中、建等国有银行以及浦发、光大、招商、民生、兴业等商业银行实现直联，信息互联互通、提高支付效率，极大地促进了中国移动外部信息化生态圈的成功建设，助力企业持续发展。

6.2.8　运营管理

为快速响应管理要求，提升用户使用体验，加快问题处理速度，推动集中化的司库管理平台从"能用"向"好用、智能"演进，司库管理平台在各单位实施落地的同时，中国移动即同步开展"三级使用，两级支撑，三线服务"的运营服务体系建设。集团、省公司、地市公司、各专业公司的用户，均可通过统一的热线电话、工单平台、在线服务、智能机器人等工具发起服务请求，中央运营支撑组作为服务接口，统一受理，将问题、BUG 等共计 9 大类服务，按照不同的归属，分拣到对应的处理负责人。一级中央运营支撑组主要由信息技术中心、业务部门、合作伙伴组成，以充分发挥各方能力优势；二级支撑组以各单位的信息化业务部门和本地合作伙伴为主，负责处理涉及本地系统的服务需求。

运营服务体系自 2018 年运行以来，不断优化流程，完善考核机制，强化支撑工具，有效支撑了全集团近 3 万用户的服务需求。截至 2022 年 1 月底，司库管理平台完成了超万亿的资金归拢，完成了近万亿的资金支付，完成了 22 家银行的统一对接，同步超 2000 万笔银企交易处理。当前，运营服务体系正在逐步向"集中、标准、高效、集约"方向发展。

6.3　数智化资金管理的关键应用场景

6.3.1　全面防范资金风险

基于中国移动资金管理业务的重要性和特殊性考量，司库管理平台重点在系统环境安全、应用环境安全、业务应用安全等方面多措并举，确保资金安全零风险。

在系统环境安全及应用环境安全方面，从物理安全层面、网络层面、主机层面、应用层面、终端层面、数据层面等进行安全防御，利用智能化技术为集团公司的司库管理平台构建全面有效的安全防护体系。中国移动的司库管理平台采用"自主设计+第三方开发"相结合的模式，平台的全部系统功能都已经实现自主可控。在软件安全层面，通过嵌入互斥职责配置、系统强制执行定期更换密码、定期检查系统日志等手段进行安全保障；在支付安全方面，引入 CMCA（即移动CA）进行安全认证，并在移动端资金支付审批中采用自主研发的 SIM 盾技术，深度结合多种安全认证技术确保终端支付安全。

在业务应用安全方面，通过 IT 手段固化内控风险点，全面覆盖司库管理平台全业务流程，建立顶层监控体系，共计梳理近 200 项风险关注项，形成了"事前预警、事中控制、事后分析"的风险管理长效机制，实现业务应用环节零风险。其中，在事前风险防范环节，通过司库管理平台将资金内控管理要求固化至系统功能关联逻辑检查，以刚性控制、弹窗预警等方式落地；在事中风险控制环节，通过梳理资金业务审批流程，将资金业务审核、审批流程在司库管理平台中实现工作流固化落地风险管理；对于事后风险追溯环节，对于资金内控要求的定期盘点检查，均需在系统线上实现规范化管理，对于风险项内容的查询分析，支持层层追溯分析，配合采取响应管理手段，有效保障了资金管理业务全链条的应用安全。

6.3.2　全面支撑高效结算

司库管理平台在建设过程中锻造出"集约、标准、高效、智能"的银企结算平台，在贯彻执行集团资金结算管理制度的同时，有力支持各单位的银企结算、账务核算和电子归档全流程处理。目前，司库管理平台已实现业财一体化流程的全数字化管理，即用户通过前端业务系统发起申请，经由司库管理平台完成资金对外支付，并推送至 ERP 进行财务核算处理。中国移动数智化资金管理业财资协同关系如图 6.4 所示。

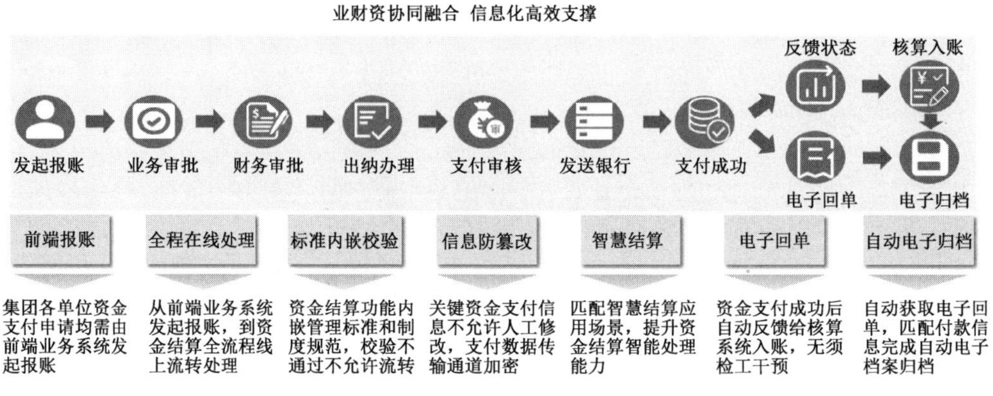

图 6.4　中国移动数智化资金管理业财资协同关系示意图

司库管理平台与合同、报账、核算等核心系统已实现充分的互联互通，业务流程规划统筹考虑，确保业务流、资金流和信息流"三流合一"。目前，集中化的司库管理平台中已连接 22 家中外合作银行，银企直联覆盖率 99%以上，年处理千万级数量的资金支付业务，在线资金结算规模万亿元以上，银行自动对账率 99%以上，在保持系统持续安全稳定运行 3 年以上的同时，极大地提升了中国移动资金管理业务的整体运行效率。

6.3.3 逐步探索智能化应用

基于大数据、人工智能等相关技术，司库管理平台相继推出了"智慧结算""智能对账""支付中台"等数智化典型应用。

司库管理平台智慧结算功能，支持通过系统自动化校验、自动化提交处理代替人工操作。智慧结算功能的上线，实现了24小时全时段自动支付，大幅提升了员工报销回款的时效性，充分体现了财务对基层工作的服务支撑，极大提升了资金支付运转效率和出纳人员的生产力。目前，智慧结算已在广东等试点单位成功应用，覆盖差旅报销、会议费等几十项业务的资金结算智能化处理。中国移动集团数智化资金管理智慧结算应用场景如图6.5所示。

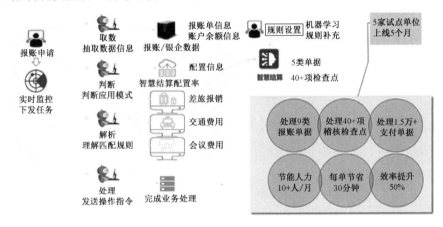

图 6.5　中国移动数智化资金管理智慧结算应用场景示意图

在深度业财一体、对结算高效管理的基础上，中国移动的司库管理平台提供智能银企对账功能，实现了全量对账业务的自动化处理，最大限度地规避人为干预。其中，银行流水由银行系统传送、账务数据由 ERP 系统传送，对账数据无法人工修改；系统自动编制银行余额调节表，自动对账率达99%以上；对于外部来款或托收付款，系统自动分发回单至报账系统，并建立银行回单与核算的对应关系，实现自动对账，回单自动分发率超90%。

司库管理平台的支付中台，实现了集团统一支付或统结业务结算文件的自动获取、自动校验、防重检查、加密控制、安全支付，大大提高了支付效率和自动化水平，随着支付业务系统化、自动化的进一步提升，支付结算的准确性和安全性也得到了更为有效的保障。

除上述概要部分的智能化应用场景外，中国移动资金管理在智能化实践领域前进的步伐从未停止，未来仍将持续探索，充分发挥"数智"赋能管理作用。

6.3.4 深度挖掘资金数据价值

司库管理平台立足于资金数据的专业化分析报表体系，整合本系统汇聚的财务数据及外围系业务数据，辅以大数据动态可视化图表，通过资金总览、结算全景、统计报表、联查报表等多种展现方式，提供灵活的多维度查询和报表分析展示功能，搭建了服务于公司各级单位管理层的全时态精准决策支持体系，为集团资金管理提供了动态、可视、可溯的管理窗口，支撑集团智慧财务建设和整体数智化转型升级。

司库管理平台通过数据仓库建设了包含 3 层数据模型、12 类资金业务、155项 ETL 作业任务的"资金大数据"，并在此基础上构建起涵盖 8 大业务主题、170余项关键指标的可视化资金分析平台——资金视窗，并已于 2021 年取得相关软件著作权。通过资金视窗，用户不仅可以便捷地获取银行账户、资金头寸等基础信息，还能够直观地统计货币资金构成、货币资金分布、资金收益对比、银行对账完成情况、资金结算全景等管控指标，协助用户精准管理资金业务。资金视窗功能使得中国移动资金管理分析能力由以往按月提升到近乎实时的效率，每年可因此节约人力 154 人/月，全面提升了资金管理效能。

6.4 数智化资金管理建设的成效及启示

中国移动始终贯彻落实国资委关于资金集中管理的部署和要求，充分认清资金管理对落实公司创世界一流"力量大厦"的战略意义，结合中国移动资金管理的特点和未来发展需要，围绕资金"收、支、存、投、融"全过程，依托健全的资金制度管理体系、集中化的司库管理平台工具支撑，实现了资金集中强化管理和资金集中专业运作，成功构建了中国移动"安全、集中、效益、协同"的新资金管理体系。

6.4.1 中国移动数智化资金管理建设的应用成效

"安全、集中、效益、协同"的新资金管理体系是中国移动历经不同发展阶段持续演变形成的，始终以支撑主业发展壮大、促进资产保值增值为根本目的，是公司抵御各种风险、提升财务效益价值、实施转型升级的重要保障。

1. 强化资金集中管理，提升风险管控能力

围绕资金"收、支、存、投、融"全过程的数字化集中管理，有效提升了中国移动整体资金的风险管控能力。通过司库管理平台与营收稽核系统的贯通，规范了营收资金归集管理、营收资金一点归集，强化了集中稽核，减少了在途资金的风险和资金沉淀。通过资金支付的省级集中、统一资金支付通道、精简县市公司账户，有效防范了末梢资金支付风险。基于司库管理平台与合作银行业务开展的动态数据支持，更加科学地推进了合作银行的名单化与分级化管理，建立、优化了资金存放与银行贡献的匹配模型，真正有效防范了资金存放风险及廉洁风险，提高了资金存放的综合效益。通过投融资权限高度集权式管理，有效防范了高风险业务领域风险。通过将关键资金业务全量纳入集团统一司库管理平台进行固化控制，最大化消除了高风险舞弊因素，保障了资金管理的安全、高效。

2. 发挥资金价值创造作用，助力公司高质量发展

在安全第一的原则下，充分发挥资金规模优势，持续提升财务价值创造力，让资金效益逐步成为公司新的利润增长点，助力公司高质量发展。中国移动以资金计划为资金资源统筹管理抓手，在确保公司正常运营用款需求得到满足的前提下，强化资金资源的统筹管理，依托财务公司专业平台优势，严格按照国资委要求，优选标准化金融产品，以严控投资风险为基础，在合规范围内研究拓展投资品类，实现国有资产保值增值。

3. 为央企资金管理提供有益借鉴和良好示范

经过 20 年的发展，中国移动已成为全球网络规模最大、客户最多、盈利能力和品牌价值领先、市值排名前列的电信运营企业，在保持雄厚的资金储备的同时，需牢牢守住无重大风险的底线，追求资金运作的最佳效益。中国移动新资金管理体系的构建思路、实践经验等，为公司的可持续健康发展提供了重要保障，也为中央企业及通信运营商防范资金风险、推进管理高效、提升资金效益提供了有益借鉴和良好示范。

6.4.2 中国移动数智化资金管理建设的启示

中国移动以集中化 ERP 建设为契机，打造了一套安全、规范、集中、智能的司库管理平台，回顾系统规划、设计、建设、推广及运营的整个过程，主要有以下三点启示。

1. 深入践行和发挥数智化对公司运营发展的引擎作用

中国移动资金管理的数智化建设实践，充分说明了数智化是大型中央企业管理集中化、业务标准化、风险可控化的抓手。数智化作为中国移动数字化转型的引擎，为公司生产运营、内部管理、企业发展注智赋能，助力中国移动打造数字化智慧运营体系。

2. 严格落实信息安全与信息化建设三同步要求，打造多位一体的安全防控体系

中国移动在司库管理平台建设过程中始终落实信息安全三同步要求，同步规划、同步建设、同步运行，而且结合资金管理这一企业运营中最敏感的领域，强

化信息安全，打造多位一体的安全防控体系。信息安全的责任意识、同步要求、保障体系必须贯穿信息化建设和运营的整个过程。

3. 依托企业资源优势打造自有产品，逐步提升企业自主可控能力

中国移动在司库管理平台中采用了自有 CA 产品及 SIM 盾技术，严守资金支付安全防线。这是中国移动在自主产品研发、应用上的大胆尝试。中国移动通过 IT 集中化，打造自有数智化产品和信息化能力，为其自主可控发展进行了积极的探索和实践。

6.4.3 中国移动资金管理建设的未来展望

1. 以资金统筹管理带动提升整体资金收益

持续强化资金资源集中管理，在业务需求得以满足的前提下，依托金融主体优势加大专业化资金运作力度，扩大运作规模，优化运作结构，以资金集中优势带动资金收益提升。

2. 以自身资本优势为基础优化集团资本结构

持续强化资金资源集中管理，在此基础上，基于中国移动多年积累及持续向好的资本优势，探索利用数智化手段深化资本市场运作，围绕"选、投、管、退"循环，有序扩充资本储备和扩展融资平台，持续丰富资本转化工具箱，多维优选投资产品，动态管控资本运作全程，持续提升资本市场合规管理水平，维护公司在资本市场的形象。

3. 把握数智化转型契机，打造智慧资金管理体系

通过前瞻规划、主动对标世界一流，探索中国移动智慧资金管理的前进路径，创新智能技术及模型算法在资金管理专业领域的融合创新应用及实现，挖潜数据价值，注"智"赋能。

4. 持续强化资金风险防控，护航高质量发展

在全球资金风险管理方面，紧密关注政策导向，探索搭建境外资金监控平台，实现境外账户及交易监控实时全覆盖。与此同时，重点关注和探索汇兑损失规避措施，运用数智化手段和金融衍生工具有效防范汇率风险。在资金风险管理体系逐步架构方面，持续创新数智化风险管控手段，探索建立数智化、可量化的全量风险指标动态监测体系，实现资金管理风险的动态揭示、提前预判，持续强化资金风险防控能力，护航集团持续高质量发展。

第 7 章　中国铁塔：打造"价值+数字"驱动型管理会计体系，夯实财务数字化转型基础

7.1　中国铁塔简介

7.1.1　中国铁塔的发展历程

中国铁塔股份有限公司（简称"中国铁塔"）是一家国有大型通信基础设施服务企业，担负着深化资源共享、服务"网络强国"和"数字中国"等国家战略、助力信息通信业高质量发展的使命与责任。中国铁塔的主要业务是为电信企业提供通信铁塔等基站配套设施和高铁、地铁公网覆盖，以及大型室内分布系统的建设、维护和运营服务。中国铁塔成立以来因势而变，经历了"三步走""一体两翼"和"三定位"的战略演进，始终以价值创造为核心，不断丰富"两型企业"战略目标内涵，如图 7.1 所示。

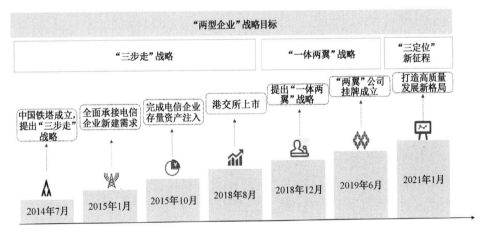

图 7.1　中国铁塔的战略回顾

1. 成立初期的"三步走"战略

中国铁塔成立后，为实现快速发展，明确了"快速形成新建能力、完成存量铁塔资产注入、择机上市并实现混合所有制"的"三步走"发展战略。从 2015 年

1月起，中国铁塔全面承接三家电信企业新建移动通信基础设施的任务。2015年10月底，完成了三家电信企业140万存量铁塔的收购注入，总交易对价达2035亿元。2018年8月，中国铁塔成功在香港主板上市，融资503亿元，获得国际资本市场的充分认可。在此期间，中国铁塔累计投资1600多亿元，完成铁塔基站220多万个；承建室分总覆盖面积超14亿平方米；覆盖高铁总里程超17 600公里、地铁总里程超2800公里。新建铁塔共享率从14%提升到75%，相当于少建铁塔68.7万座。"三部走"战略完成后，中国铁塔实现了4G建设大提速，筑牢了"网络强国""宽带中国"的基石，为数字经济、新兴产业的发展提供了强有力的基础支撑。

2. 全面运营时期的"一体两翼"战略

以上市为标志，中国铁塔从初创探索阶段迈入了全面运营、转型发展的新阶段。在此阶段，中国铁塔提出了"一体两翼"战略，以面向行业内的塔类与室分业务为"一体"，以基于站址资源的社会化共享业务与面向社会的专业化备电保障服务为"两翼"，培育多点支撑的业务增长格局，持续提升公司的发展能力和价值创造能力，将公司打造成为国际同行中最具潜力的成长型与价值创造型"两型企业"。2019年，铁塔能源和铁塔智联技术两个专业化子公司挂牌成立，让两翼业务更专业，让共享发挥更大价值。

3."十四五"时期的"三定位"新征程

在"十四五"开局之际，中国铁塔提出坚持以高质量发展为主题，以改革创新为根本动力，以深化转型与市场化变革为抓手，实施一体两翼战略，做大共享协同文章，全力转方式、提质量、增效益、强管理、防风险，推动公司在建设成长型和价值创造型"两型企业"的道路上行稳致远，把中国铁塔建设成为世界一流的通信基础设施综合服务商、具有核心竞争力的信息应用服务商和新能源应用服务商，为推动我国信息通信业高质量发展、做大做强数字经济、赋能经济社会数字化转型贡献更大力量。

7.1.2 中国铁塔的运营特点

中国铁塔专业建设和运营通信铁塔，依托所有权、使用权分离和共享商务模式的构建，运营商得以更低成本部署通信网络，中国铁塔获得部分共享收益，实现了"共赢"。中国铁塔具有以下四个显著运营特点。

1. 是股东也是客户

三大电信运营商共同出资设立中国铁塔，并把140万座铁塔资产注入或出售给中国铁塔，形成中国铁塔的存量铁塔资产，同时中国铁塔也承接运营商新建铁塔的建设需求；中国铁塔依托存量铁塔和新建铁塔向三大电信运营商提供通信基站及相关服务。中国铁塔在承担自身价值创造的同时，还承担着为电信企业降本增效的任务，从而形成一种特有的运营机制，"低成本、高效率、优服务"客观上成为中国铁塔生存和发展的必然选择。

2. 商务模式重在共享

中国铁塔的存量资产来源于三大电信运营商，中国铁塔为运营商提供通信铁塔和室内分布系统的建设、维护和运营服务。中国铁塔的商业模式重在铁塔资源共享，公司给予客户铁塔共享服务费优惠，共享租户越多服务费越便宜，共享带来的边际收益是中国铁塔利润的重要来源，实现铁塔等站址资源边际收益最大化是中国铁塔资产运营的目标。

3. 资产点多面广，规模巨大

中国铁塔的资产特点是点多面广、高度分散，"凡有人烟处皆有铁塔"。截至2020年年底，公司拥有202万座铁塔，分布在全国各地，东到黑龙江佳木斯，西到新疆克孜勒苏，南到海南三沙，北到黑龙江大兴安岭，海拔最高的铁塔在西藏日喀则，位于珠穆朗玛峰海拔五千余米处。公司1.9万多名员工，人均管理站址数达到106座。

4. 业务同质性高

中国铁塔由总部和31个省级分公司、381个地市分公司组成，各省、地市分公司业务管理内容相似，具有同质性。中国铁塔基于此特点构建了扁平化和集中化的一级架构管理体制，实行制度、规范、流程自上而下一体化管理，这为建立全国统一的一级架构平台提供了便利条件，通过信息化系统垂直穿透，有助于形成透明、高效、规范的流程和作业体系。

综上，中国铁塔"股东同是客户"的运营特点决定了其低成本、高效率、优服务的企业管理目标。作为国有企业改革的排头兵，要实现价值创造目标，必须坚持集约化、专业化、高效化、精细化的运营模式，最大程度提升企业运营效率和效益。业务发展是公司战略落地实施的基石和主轴线，必须以业财一体流程管理为基础，着力支撑业务运营，促进公司战略落地。在当前国家数字化战略和数字经济背景下，需要将管理会计与数字化紧密结合，打造以公司战略为导向的"价值+数字"驱动型管理会计体系。

7.2 中国铁塔"价值+数字"驱动型管理会计体系建设概况

7.2.1 "价值+数字"驱动型管理会计体系的建设思路

为加快推动"两型企业"战略落地，实现高质量、可持续发展，中国铁塔从公司战略出发，深入分析公司资产资源实际、业务模式和价值创造关键点，结合客户需求等外部环境要求，梳理价值管理循环，确定了资产资源、业财一体、决策支持、战略引领为关键价值要素的价值管理循环，如图 7.2 所示。同时，中国铁塔以经营数字化为契机，不断升级管理思维，主动拥抱新技术，创新数字化、智能化的管理体系和工具，助力企业战略落地和价值提升，形成了具有铁塔特色的"价值+数字"驱动型管理会计体系的建设思路。

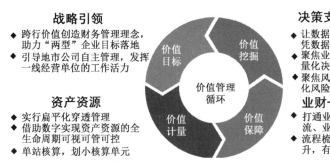

图 7.2　中国铁塔的价值管理循环

1. 精益管理资产资源

中国铁塔在全国范围内拥有 202 万个塔类站址，配套 2500 万个设备，掌握杆塔、站址、机房、能源供应等海量资产资源。这既是公司的核心资源，也是公司价值创造的源泉，更是公司须妥善经营管理、实现保值增值的国有资产。中国铁塔结合公司扁平化组织结构，借助一级架构 IT 系统实现公司总部对全国资产的可视可管可控，借助数字技术实现对资产资源的全生命周期管理。同时，公司结合以通信基站为运营依托的业务特征，划小核算单元，将业财数据细分、归集至最小的单个站址，精益计量资产运营效益与资源能力余缺。

2. 深化业财一体建设

为构建数字驱动型管理会计体系，中国铁塔高度重视深化业财一体建设。一方面将财务规则嵌入业务规则内，规范业财工作流程，将业务变化实时反映到财务表现中，提高财务信息质量；另一方面，业财一体推动财务管理能力提升，更好地服务、支持业务发展，强化风险意识，将风险管理的关口从业务事后监督推向事中、事前。基于业财一体，中国铁塔强化了精细管控，多维度的底层数据贯穿采购、建设、运维等业务流程全环节，为经营决策提供实时、准确的数据支持。

3. 决策支持服务业务发展

决策支持全面准确地反映业务是"价值+数字"驱动型管理会计的基础，更关键的是为业务活动提供精准高效的决策支持。中国铁塔通过业财一体建设沉淀了大量准确、多维的业财数据，财务工作需要深度挖掘应用数据价值，让数据说话，用数据管理，凭数据决策。财务人员深度参与商务定价、项目评估、资源调度等工作，分析资源能力余缺、评估项目效益、提示经营风险，支撑公司业务拓展；分析、挖掘生产过程中的价值提升点和风险管理点，规范和改善运营管理；建立科学有效的管理模型，为生产经营提供量化决策标准，向管理要效益。

4. 坚持战略目标引领

管理会计始终服务于公司战略，从价值导向和能力提升两方面保障公司"一体两翼"目标落地。一方面从加强投资源头管理、商业模式创新、产品技术创新等方面细化和完善价值提升工作方案，践行管理会计的价值理念；另一方面通过完善预算考核激励机制，建立分公司与总部战略协同，鞭策落后、激励先进，促进分公司做强、做优、争做贡献，提高分公司的自主经营能力和资源统筹规划能力，激发公司内生经营活力。

7.2.2 "价值+数字"驱动型管理会计体系的建设路径

中国铁塔成立以来，坚持为行业创造价值，实现了跨越式发展。随着公司业务发展，中国铁塔的财务体系建设始终坚持战略引领、顶层设计、价值导向，逐步完成体系搭建，实现业财一体，加强精益管理，迭代发展智慧升级，并积极探索有关预算创新、共享理念拓展、智慧决策的新思路、新方法，全面提升公司管理会计体系的健壮性与先进性。中国铁塔管理会计体系的创新探索进程共分四个阶段，如图 7.3 所示。

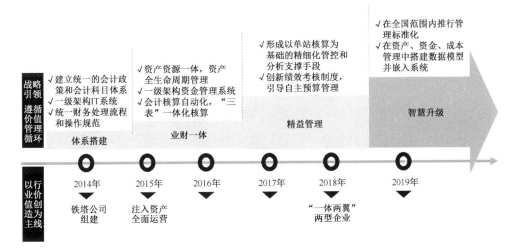

图 7.3 中国铁塔管理会计体系的创新探索进程

1. 体系搭建阶段（2014—2015 年）

中国铁塔成立初期本着高效集约的管理理念，围绕网络核算、逻辑集中、数据共享的建设目标，建立统一的会计政策和会计科目体系、基于业财一体化的一级架构 IT 系统、统一的财务处理流程和操作规范，实现了总部、省分公司、地市分公司的核算统一及全公司财务会计与管理会计的规则统一，为后续财务管理能力提升和管理会计应用发展奠定了坚实基础。

2. 业务一体阶段（2015—2016 年）

根据"集约、扁平、高效、专业"的财务管控要求，基于财务一级架构系统，各级财务部门与业务部门积极联动，打通业务流程、打破专业壁垒，推动业财一体融合发展。中国铁塔紧密围绕公司资产运营特点，按照"六个一"（一套制度、一个流程、一套标准、一个系统、一本账、一套表）标准实现公司资产资源统一管理、高度融合的管理目标，构建资产全生命周期管理体系，为提高资产的运营服务能力和运营效益打下了基础。在资金管理方面，搭建一级架构的资金管理系统，实现"收入实时上划、支出实时透支、自动补足、零余额"的收支两条线管理模式，实现支付业务全流程自动化处理，提高资金运转效率。实现会计核算自动化及财务会计、管理会计、税务报表的一体化核算。

3. 精益管理阶段（2017—2019 年）

单站核算是中国铁塔实现精益管理的基石。中国铁塔不断深化单站核算下的数据规范，探索单站核算结果在价值提升方面的应用，形成以单站核算为基础的精细化管理和分析管控手段。同时，结合公司"两型企业"战略目标，创新绩效考核制度，弱化预算完成考核，强化目标引领和薪酬激励，引导分公司自主确定预算目标，发挥"人"的主观能动性，推进预算管理向"经营主导"转变。

4. 智慧升级阶段（2019 年至今）

借助业财一体系统、单站核算体系，中国铁塔在近 5 年的实践中积累了大量的数据。依靠信息系统优势和数据分析能力，中国铁塔进一步提升精细化管理水平，积极探索智慧运营。自 2019 年起，由财务部牵头组织相关部门针对影响公司业绩的关键因素和管理薄弱环节，总结经验提炼形成管理标准化模板并嵌入系统流程，使得管理有标准、决策有依据、操作有系统、考核有对标，有效促进分公司补短板、争先进。同时，中国铁塔不断开展数据建模工作，充分挖掘系统中沉淀的业财数据价值，并借助系统功能实现数据的实时调度和模型的灵活调整，为日常经营提供科学量化的决策依据。

7.2.3 "价值+数字"驱动型管理会计体系建设的逻辑架构

遵循价值管理循环，中国铁塔搭建以数字化、精益管理、自主经营等为核心的具有铁塔特色的"价值+数字"驱动型管理会计体系，服务公司"两型企业"战略目标。中国铁塔"价值+数字"驱动型管理会计体系的结构如图 7.4 所示。

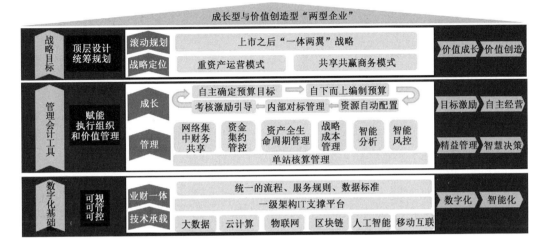

图 7.4　中国铁塔"价值+数字"驱动型管理会计体系的结构

中国铁塔基于扁平化的组织结构搭建一级架构 IT 支撑平台，规范管理制度、强化权责意识。在整合数据资产的基础上，采用互联网思维，搭建资产资源系统和业财一体体系，创新资金零余额管理模式和互联网+业务运营模式，协同业财流程，从源头提高数据的可靠性，在数据流转全程提高业财的强关联性和数据查询的可穿透性。IT 支撑平台和资产、资金、业务、信息管理系统共同组成的数字化运营平台是铁塔公司管理赋能和价值创造的重要载体。同时，中国铁塔逐步向数字化运营平台嵌入物联网、人工智能技术，以数据价值为基础，搭建智能稽核系统和管理模型，通过"智慧大脑"提供辅助决策支持，推动数字化管理向智能化方向演进。

精益管理和自主经营是中国铁塔深化管理会计应用的主线。中国铁塔基于站址资源，追溯价值源头，以单站核算为中心，精细归集收入、成本和投资数据，以数据支撑决策、以数据强化管控。中国铁塔基于对标分析寻找管控难点，疏通价值阻塞环节，挖掘价值动因，构建标准化的管理模型并嵌入生产流程，实现量化决策和智慧化管理。同时，公司致力于激发组织活力和创造力，加强对标管理，激励各分公司之间互促共进，优化预算考核体系，将预算达标率与考核脱钩，推进分公司从"任务主导"向"经营主导"转变，强化自主经营、自我管理能力，更好地服务于企业成长型和价值创造型的战略目标。

7.3 中国铁塔"价值+数字"驱动型管理会计体系的关键应用场景

7.3.1 以业务融合构建"价值+数字"驱动型管理会计体系基础

1. 基于业财一体的逻辑集中的财务共享模式

结合公司资产量大且分散、人员少、业务同质化高等运营特点，中国铁塔采用逻辑集中的方式而非传统的人员集中的财务共享方式，在不改变已有人员地理位置、实体组织的情况下，通过"业务财务一体化，会计核算网络化、自动化"，将基础会计工作如凭证制单、资金支付、报表出具等由系统自动完成，进而实现总部集中管控、一点关账、一点出报、一点结算，打造全新的财务共享模式，支撑财务人员"走出办公室"，主动融入业务，将财务职能通过流程和系统渗透到业务管理领域，在规范中支撑业务发展，在服务中强化价值管理。中国铁塔的这种逻辑集中的财务共享模式如图 7.5 所示。

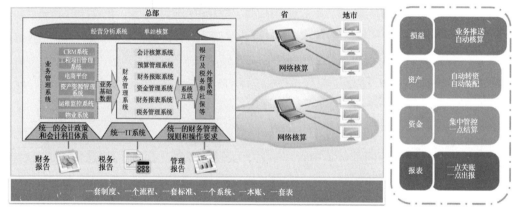

图 7.5　逻辑集中的财务共享模式

（1）业财一体

财务主动向业务侧延伸，将财务规范融入业务流程，将 CRM 系统、物业系统、电费系统、运维监控系统、PMS 系统等传统意义上的单纯业务系统打造为业财融合系统，收入、场租、电费、维护费、工程项目等业务明细同时作为财务明细账，财务系统仅记录总账，业务人员在业务系统操作完毕，业务明细和财务明细数据自动同步生成，实现了业财一体化和会计核算自动化。

（2）会计核算自动化

通过统一的会计政策和会计科目体系、一级架构的 IT 系统，建立横向协同化、纵向专业化、分类分级操作的核算组织模式，围绕逻辑集中、网络核算、数据共享的建设目标，设计分业务分场景的核算模板，将各类业务规则转化为财务核算规则，建成了逻辑集中的会计核算自动化体系，实现一套制度、一个流程、一套标准、一个系统、一本账、一套表。目前已实现收入与营业款、场地租金、工程项目的核算自动化，减少财务人员手工操作，提高工作效率，促进会计核算工作的标准化和规范化，杜绝人为调节，保证了会计核算及相关财务数据的准确、可靠。中国铁塔的这种会计核算自动化示意图如图 7.6 所示。

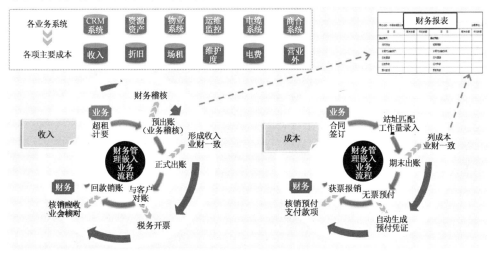

图 7.6　中国铁塔会计核算自动化示意图

（3）"自动型零余额"资金管理模式

作为资金密集型企业，资金管控是中国铁塔风险管理中的重要环节。中国铁塔按照"收入实时上划、支出实时透支、自动补足、零余额"的收支两条线资金管理模式，搭建统一的资金集中管理平台，实现总部统一管理筹融资，以及营收款项的实时归集和支出实时透支拨付，最大限度地集中资金和减少人工操作，提高资金运营效率和效益，有效防范资金管理风险。中国铁塔的这种"自动型零余额"资金管理模式如图 7.7 所示。

中国铁塔的"自动型零余额"资金管理模式主要有以下几方面特点。

① 银行账户的集中管理。各级分公司所有银行账户的开立、变更、撤销均需总部审批后办理并纳入统一管理。

② 收入支出的零余额管理。各级分公司应收款项及时缴入收入专户、总部自动划转、实时清零；各级分公司支出透支专户只支不收、透支使用、实时清零，严格区分支出专户，不得串户使用。

③ 资金计划的统筹管理。总部对各级分公司实行"年度预算管控、月度计划拨付"，各级分公司根据年度资金预算，按月编制资金计划，总部核定各省分公司支出账户的次月透支额度，各省分公司分配所属各地市分公司支出账户透支额度，分别在网上银行进行设定。

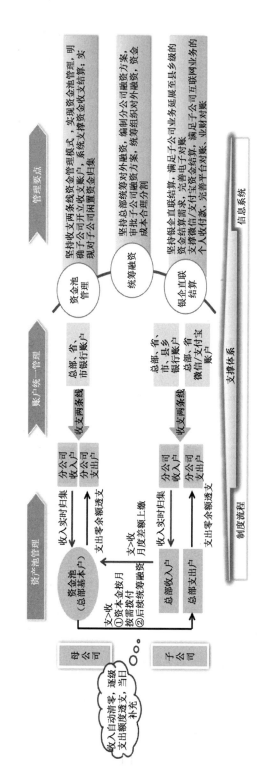

图 7.7　中国铁塔的"自动型零余额"资金管理模式

④ 筹融资的统一管理。总部结合资金使用情况及月度资金计划实施筹融资的统一管理,并根据实际资金占用情况将融资产生的资金成本分摊至各省分公司。

7.3.2 以价值管理牵引"价值+数字"驱动型管理会计体系能力提升

1. 搭建单站核算体系,精准支撑运营管理

中国铁塔站址资源既是运营的核心单元,也是收入、成本归集的最小单元,天然具有化小核算的特点。因此,中国铁塔以数字化运营为基础,将管理会计理念融入生产运营中,建立了具有中国铁塔特色的单站核算体系,实现每个站址都可出具一张损益表。

(1)业务源头单站核算,铁塔公司特色管理会计

结合公司业务运营要求和经营管理特点,中国铁塔提出"单站(塔)核算、精细管控"的管理要求,构建基于单站(塔)的管理会计体系,即主要基于业务系统和财务系统的对接,以物理站址归集资产、收入、成本、业务量,把业务系统和财务系统的收入、场租、折旧、电费等数据直接对应到每个站址,把间接成本按设置的规则一点分摊,结合公共数据库中的信息,形成单站基础信息、单站造价、单站收入、单站成本和单站利润。中国铁塔的这种单站核算报表系统设计如图 7.8 所示。

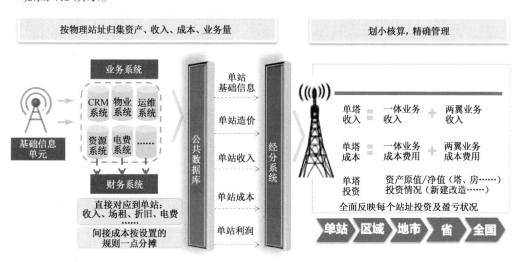

图 7.8　单站核算报表系统设计

(2)一站一表全景展现单站画像,逐塔出具诊断书

基于经营分析系统建立单站核算报表应用系统,通过对单站各类指标进行分类、分档、分区比较,对同类别站点进行分析、评价,通过投资成本、收入、成

本、利润等指标分析，反映出每个站点的投资建设、运营管理能力，通过对标，能极大鼓励先进、鞭策后进，使公司整体投入产出水平和价值获得显著提升。中国铁塔的单站核算功能示意图如图 7.9 所示。

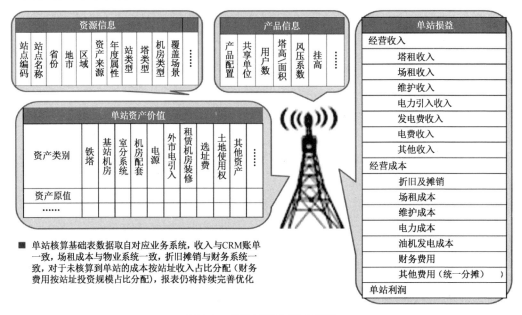

图 7.9　单站核算功能示意图

2. 深化对标评价工作，结合对标分析定位"价值洼地"

中国铁塔拥有 31 个省分公司、381 个地市分公司，分公司之间的业务同质性较高，省市分公司之间可以横向对比，这为公司开展对标分析提供了组织结构和经营基础。中国铁塔积极推进内部对标管理，全国 381 个地市分公司一起排名、集体赛马，分析挖掘生产运营中的价值提升点和风险管控点，通过单站核算，聚焦项目造价、场地租赁、更新改造投资、维护修理、电费管理等影响盈亏的关键环节，树立单站标杆、区域标杆、地市标杆和省级标杆，督导业务部门规范和改善运营管理，促进效益提升。

（1）建立综合分析模板

建立综合分析模板，组织分公司分析效益关键驱动因素，定位价值提升关键环节，如图 7.10 所示。

中国铁塔的价值管理从分析抓关键、量化定目标开始。为科学确定价值提升目标，中国铁塔建立了"价值分析四步法"：第一步，确定价值提升点，运用杜邦分析方法建立综合分析模板，各分公司结合自身情况应用综合分析模板，对标全国先进水平，定位价值"洼地"和努力目标；第二步，分解确定价值提升要素，针对杜邦分析确定的价值提升主要指标，筛选出价值提升的主要驱动因素，并按

因素分析法确定影响效益的关键要素；第三步，明晰价值提升关键路径，聚焦影

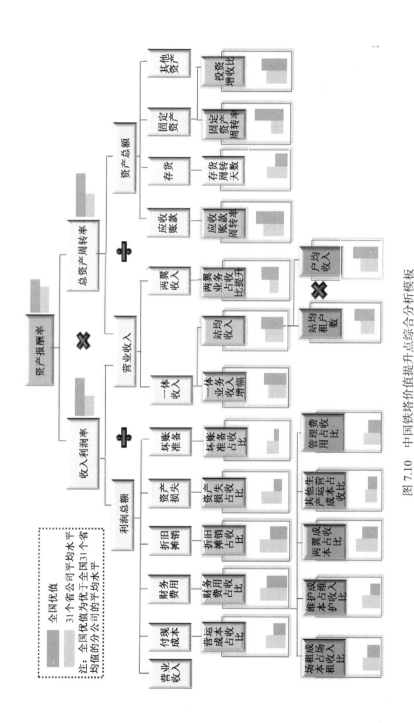

图 7.10　中国铁塔价值提升点综合分析模板

响价值提升的要素，分析与之对应的价值提升路径及可提升空间；第四步，设定价值提升目标，通过价值路径分析，结合季度、年度预算，锁定改进空间大、价值提升效果好的关键路径，因地制宜设定短期、中期、长期的改善目标，形成"年度价值提升工作计划"，围绕目标开展价值提升工作。

（2）预算管理与对标管理结合，引导分公司制订价值提升工作计划

中国铁塔把对标管理要求落实到预算编制中，通过实施"目标自主确定、资源自动配置"的预算管理机制，各分公司借助内部标杆管理和价值洼地分析，在自主申报预算过程中主动对标，找差距、促改善，在对标管理的基础上结合业务发展需要配置资源，实事求是地确定可行性、先进性预算目标，防止追求高绩效盲目虚报高目标的行为。通过"价值分析四步法"将价值提升目标纳入预算管理，并在形成"年度价值提升工作计划"后，中国铁塔结合季度滚动预算编制工作，持续跟踪价值提升计划的落实情况，既推动预算工作做细做实，引导分公司及时分析预算执行偏差，又引领经营导向、优化配置资源，保障绩效目标实现。

3. 考核激励牵引，创新自主确定目标的预算管理机制

（1）中国铁塔全面预算管理工作体系

中国铁塔在成立的 6 年时间里，全面预算工作从无到有，不断完善，目前已经建立起规范、健全的预算管理制度。在预算管理的范围上，公司实行总部、省级分公司和地市级分公司三级全面预算管理体制，通过明确职责、分级管理，强化横向关联责任和上下互动机制，实现预算管理的横向到边、纵向到底。在预算编制上，借助单站核算体系，以物理站址准确归集资产、收入、成本，全面反映每个站址投资及盈亏状况，夯实预算编制基础，为公司价值管理提供精确的数据支持。各级分公司以单站核算为基础，区别存量站址和增量站址并分别编制预算。对于存量站址，据实编制收入、成本预算；对于增量站址，坚持订单驱动，根据收支配比关系动态配置成本和投资。这样既保证了预算资源对业务发展的及时有效支持，又坚持了收支合理匹配的预算管控原则。

（2）中国铁塔绩效考核工作制度特点

中国铁塔的考核激励引导的自主预算机制主要有以下几个特点。

① 聚焦公司战略目标。中国铁塔以打造国际同行中最具潜力的成长型和价值创造型"两型"企业战略目标为导向。2019 年以后，公司的考核指标更具有战略承接性，对原有业务发展及客户服务方面的考核指标和经济效益方面的考核指标进行简化（如表 7.1 所示），进一步突出业务发展和经济效益，使营业收入增长和资产报酬改善权重各占 50%，其中业务发展类指标与战略目标中的成长型要求相匹配，经济效益类指标与战略目标中的价值创造型要求相匹配，清晰传递战略导向。

表 7.1　2019 年前后中国铁塔的主要绩效考核指标

2018 年			2019 年之后		
考核类别	考核指标	分值	考核类别	考核指标	分值
业务发展及客户服务（65 分）	收入预算完成率	15 分	业务发展（50 分）	营业收入增长率	50 分
	需求市场获取率	30 分		EBITDA 率改善	扣分
	塔类站址共享改善率	5 分		回款率	扣分
	维护指标综合达标率	15 分	经济效益（50 分）	资产报酬改善	50 分
经济效益（35 分）	利润预算完成率	15 分		利润贡献率	扣分
	自由现金流贡献率	20 分		利润完成差异率	扣分

② 突出考核经营主导。2018 年之前，公司采用传统的"两上两下"的预算考核管理模式，2018 年之后，中国铁塔打破传统预算平衡方法，消除上下博弈环节，考核制度先于预算编制工作发布，各级分公司在预算编制中试算考核得分，引导分公司自主确定预算目标，推进预算管理从"任务主导"向"经营主导"转变，更好地服务战略目标。

③ 取消预算完成率考核。2019 年，公司结合两型企业发展战略目标修改了原有绩效考核制度，取消了经营收入预算完成率和利润预算完成率指标，其中唯一与预算目标相关联的是利润完成差异率，且仅作为扣分项，预算考核从关注目标高低转向关注目标预算准确性。

④ 强化绩效考核结果应用。在"经营导向"型预算考核体系下，中国铁塔进一步强化绩效考核结果应用。通过考核引导、资源激励、人工成本分配等相关联的激励安排，中国铁塔建立了以经营成果为导向的预算引导机制，激励各级分公司自我管理、自我加压。

⑤ 基于绩效考核和评价的全面预算管理策略。中国铁塔将预算、考核和激励三者有机结合，使之发挥最大效用。公司打破传统预算考核管理机制，取消预算衔接平衡和预算完成率考核，构建了以战略目标为导向、以绩效考核为手段、以目标自主确定和资源自动配置为核心，以分析评价对标为过程管控方式的全面预算管理机制。

4. 明确关键管控场景，梳理业务举措，支撑价值管理

（1）利用价值地图明确关键管控场景

价值地图以业务场景、业务诉求、价值空间为维度，寻求价值提升路径。围绕价值管理目标，中国铁塔以资产全生命周期为主线，将经营活动分解为资产进入、资产运营和资产退出三个阶段，绘制价值地图，将价值提升点与业务活动结合，明确关键管控场景，找到提升价值的关键业务举措及价值提升空间。

通过绘制价值地图，中国铁塔在整个资产全生命周期管理流程中确定了需求承接、采购、工程服务费管理、站址维系、场租管理、电费管理、维护费管理、更新改造、资产盘活、拆站赔补、资产报废、资产拍卖等12个关键控制场景。接下来的表7.2就是以资产进入为例，说明如何利用价值地图确定关键管控场景的。

表7.2　利用价值地图确定关键管控场景（以资产进入为例）

阶段	资 产 进 入		
关键场景	需求承接	采购	工程服务费管理
问题	需求承接后未按预期给企业带来应有的投资收益	采购量与库存量不匹配	选址费等费用标准无明确规定，容易造成成本过高
价值空间	通过模型快速识别需求承接效益、风险等因素	降低工程项目成本	
举措	1.系统嵌入需求承接可行性预判模型； 2.建设产品库、配置库； 3.推进立项评估和采购管理标准化	1.系统嵌入库存经济存量管理模型； 2.建立采购与库存管理标准化	1.分成本细化管理要素，设计管理报表，系统固化，支撑费用支出动态呈现、确定本区域当期标杆价； 2.建立对超出标杆价上限幅度的费用的审批流程

（2）业财联动的价值工作循环

中国铁塔价值管理工作是业财联动的系统工程。在这个系统中，价值地图绘制是定性分析工具，对标优化是量化分析手段，结合考核牵引、自主预算的目标激励，多种管理会计方法综合运用，为公司价值创造服务。这一过程不是单一的，而是周而复始地进行的，从而形成了业财联动的价值管理循环，如图7.11所示。

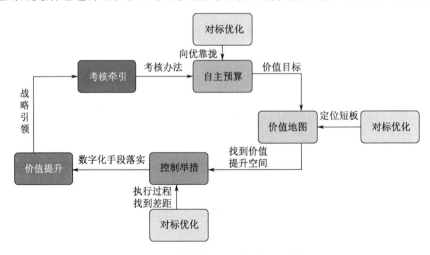

图 7.11　价值管理工具综合运用循环

中国铁塔基于关键价值指标与业务活动的匹配结果，围绕效率提升、效益提升、风险管控、客户体验和数据价值落实业务举措和数字支持，不断推进"价值+数字"驱动型管理会计的能力拓展。

7.3.3 以智慧运营推动"价值+数字"驱动型管理会计体系迈向智能

1. 提炼标准化管理模板，实施流程嵌入式管理

为进一步提升公司精益管理水平，中国铁塔在集团内推进管理标准化实践。针对项目效益评估、站址拆损、场租管理、更新整治等管理重点和难点，梳理相关流程中的关键环节，结合分公司的先进经验和典型案例，提炼形成量化的标准化管理模型并嵌入流程，为合同签署、项目立项、资产处置等关键节点提供决策支撑。按照成熟一个推广一个的原则，在全公司范围内普及、推广管理标准化最佳实践，实现管理有标准、决策有依据。管理标准化工作实践示意图如图 7.12 所示。

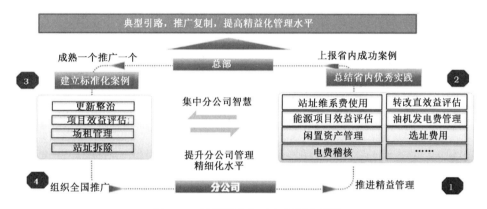

图 7.12 管理标准化工作实践示意图

（1）管理标准化工作思路

中国铁塔的管理标准化以提升价值为核心。首先，借助价值地图分析影响公司效益最关键的业务场景和管理提升点，各分公司结合对标评价，根据盈利空间量化测算及可行性确定管理提升目标。其次，聚焦管理短板。中国铁塔建立财务业务联合的"管理标准化课题攻关小组"，突破场租管理、更新整治、站址拆除等管理难点和痛点，提炼形成标准化、规范化的方案和模板，助力各分公司有效推进降本增效。最后，科学制定参数，将标准管理模板嵌入业务流程，关键指标的选取原则为尽可能从系统直接获取，通过充分验证、合理修正，科学配置管理标准化模板参数，切合实际业务流程设定管理标准，在保证业务运营效率的同时，达到提高管理规范性与科学性的目的。

（2）管理标准化模型框架

中国铁塔管理标准化模型框架包含三个基本的组成部分。首先，对公司历史经营数据进行全面分析并进行横向和纵向比较，从而了解影响"价值洼地"的各类因素、影响方式和影响程度等；其次，依据公司战略、发展规划、外界环境变化等对公司价值影响因素的未来水平进行预测；最后，确定落地实施关键要素，搭建管理标准化模型。

（3）管理标准化工作推广

中国铁塔采用"会诊模式"推进管理标准化落地，促进管理改善。通过持续开展省、地市分公司对标评价工作，针对落后分公司组织攻关小组实地调研，分析诊断该分公司潜在价值提升路径，制定价值提升方案并复制推广管理标准化案例，达到"示范带动、典型引路、以点带面"的效果。目前，中国铁塔已完成两批管理标准化推广工作，针对场租管理、更新改造投资、跨行业前评估、站址拆损赔补等管理难点形成标准化模板，并将模板嵌入流程、嵌入系统，减轻一线人员的工作量，有效推进管理标准化的落地应用，初步实现局部智能化决策。

2. 应用财务机器人实现业财稽核智能化

为将财务人员从低效、低价值的重复工作中解放出来，中国铁塔进一步提升业财工作的智能化水平，采用财务机器人完成主要稽核业务，并运用人工智能技术，让机器人"边工作边学习"，持续推动业财系统的智能化升级。

（1）中国铁塔财务机器人应用基础

在业务流程和数据基础层面，中国铁塔基于一级架构 IT 支撑平台，实现多数业务的数字化转变，业务过程、结果、规划等都能在各系统和数据库中找到数字反映，同时依据标准化的业务流程和规范化的业财协同机制，提供高质量的业务财务运行数据，为财务机器人奠定了数据和业务基础。在财务流程和管理流程层面，中国铁塔制定标准化财务规则和统一的会计政策，规范管控流程和管控节点，输出多维度管理报告，夯实会计核算基础和提供可视化的决策支持为财务机器人的应用提供管理和财务基础。财务机器人应用基础如图 7.13 所示。

图 7.13　财务机器人应用基础

（2）智能稽核推动业财管理的智能化升级

中国铁塔通过智能稽核，将财务渗透到各个业务领域，推动了业财融合，提升了财务工作效率，推动了业财管理的智能化升级。

① 智能稽核机器人总体思路。传统财务报账稽核具有规则复杂但相对明确、工作量大、重复性强、受制度约束的特点，使用财务机器人比人工处理更加高效，因此该业务场景成为中国铁塔应用财务机器人的入手点。智能稽核机器人以严控风险和提高效率为目标，通过数据采集、数据分析、流程定制、智能稽核等技术

152

手段，采集录入（或上传）的数据与系统源头数据进行比对、校验，遵循定制流程，将人工稽核转换为系统自动稽核，推动信息系统的智能化演变。智能稽核机器人的总体思路方法如图7.14所示。

图7.14　智能稽核机器人的总体思路方法

② 智能稽核平台工作流程。

◎ 数据采集：在智能稽核流程开端，员工在系统中发起报账并提交单据，机器人实时监控并启动下发稽核任务。机器人根据单据类型从财务系统中抽取关键的业务数据，同时利用OCR识别报账提交的各类报账附件。

◎ 数据分析：RPA 机器人模拟人工从业务系统如合同系统、物业系统中抽取源头数据；解析机器人解析抽取出来的各类数据，如合同正文中的供应商名称、发票中的发票号码等，依据预置的稽核检查规则和既定流程比对、校验数据。

◎ 智能稽核：如果数据检查通过，则机器人操作稽核通过；如果出现异常结果，则转为人工稽核，最后机器人自动出具稽核报告。智能稽核机器人的应用，实现从下发稽核任务至编制稽核报告全过程自动化处理，且能够借助机器学习吸收融合业财规则，不断修正以提高稽核准确度，推动系统的自动化和智能化演变升级。智能稽核平台工作流程如图7.15所示。

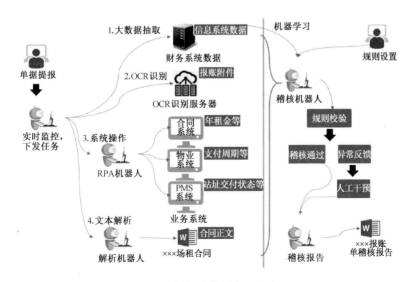

图7.15　智能稽核平台工作流程

3. 挖掘数据价值，建立量化模型，实现智慧决策

利用数字化建设成果，中国铁塔建立数据库，进一步挖掘数据价值，结合决策机制建立指标库、模型库，为业务过程、预测分析和决策提供依据，全面满足铁塔公司运营管理需求。

（1）搭建量化数据模型

中国铁塔对决策机制进行梳理，形成科学、量化的数据模型，通过汇聚财务数据和模型归集、计算数据，形成指标库、模型库，为业务过程、预测分析提供依据。同时还建立业务及数据在线检查模型、规则，在线检查业务及数据的合规性、完整性、一致性，及时发现问题。

（2）推动模型的系统固化及在线应用

中国铁塔以数据、场景和算法建模为核心，不断推动数据模型系统固化，将财务分析及经营决策方式从经验型、历史数据分析型向预测型、智能型和实时化发展。例如，依据成本使用场景及驱动因素，梳理固化成本管控标准和分析模型；将与成本过程管控相关的分析模型嵌入系统，与年度预算、季度滚动预算结合，推进自动对比、自动预警、实时监控，出具成本监测报告；对资金业务全过程进行实时监控，嵌入融资决策模型，实现融资规模、品种、成本的精准管理，从而达到降低资金成本的目标。成本管理数据模型与系统优化示意图如图 7.16 所示。

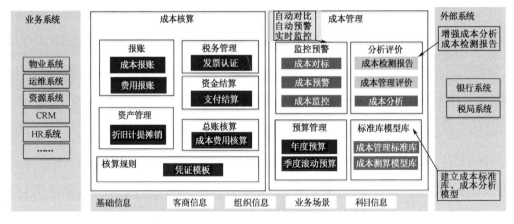

图 7.16　成本管理数据模型与系统优化示意图

（3）模型应用展示——在跨行业前评估模型

为提升跨行业项目投资的精准度，支撑跨行业业务高速度、高质量、高效益发展，基于跨行业业务所处的发展阶段和特点，中国铁塔建立了以毛利率为主要指标的投入产出决策模型。该模型以毛利率、财务净现值指标作为关键评价指标，在此基础之上，选取投资报酬率、静态投资回收期作为经济效益评价参考指标，

结合省内对标或效益目标设定省内评价标准，引导地市分公司选取质量高、回报高、风险可控的项目进行投资，实现跨行业项目快速发展。

7.4 中国铁塔"价值+数字"驱动型管理会计体系建设的成效及启示

7.4.1 "价值+数字"驱动型管理会计体系建设的成效

中国铁塔自成立以来，充分发挥集约、专业、高效、精细优势，深化业财融合，积极推动企业数字化建设与运营，促进资源共享和价值创造，在发展的道路上迈出了坚实的步伐。

1. 资产运营管理数字化，提升资产资源使用效能

中国铁塔借助资产数字化强化资产全生命周期管理，实现202.3万座塔类站址一站一个身份证，2500万个设备一物一资产码，从设备采购、工程施工、资产转资、生产运营到报废利旧进行全生命周期的数字化闭环管理。通过数字化的场租管理、精准维护、拆站预警和资产调拨、利旧，中国铁塔积极推进资产延寿，促进提质增效，累计节约改造投资66.5亿元。

2. 业务运营数字化，有效提升服务响应能力

中国铁塔通过一级架构IT系统建设，采用"互联网+N"运营平台，在业务、财务系统间高效、准确地传递海量数据，大幅减少繁杂工作量。截至2020年年末，中国铁塔通过高效的业务系统运营，实现1.9万个员工管理202.3万座塔类站址，远高于国际同行人均管理站址数。通过运维监控系统互联网化管理模式和精准的维护管理，中国铁塔连接、实时监控2500万个设备，2020年单站维护修理费同比下降5.5%。借助电商平台的统一采购模式，支持各分公司累计887万个采购订单线上流转，打破传统采购模式中的区域市场壁垒，形成了全国统一市场，提高了采购效率并有效降低了设备采购成本。

3. 财务核算自动化，有效提升运营服务效率

通过业财融合对资产的形成和资产的运营进行自动转资、自动核算，中国铁塔探索了一条有别于传统模式的财务共享路径，通过数字化运营及财务共享模式，总部以目前24名财务人员的配置，面向31个省、381个地市分公司提供集团一点出报和总部集中支付等财务共享服务，实现"小总部支撑大生产""小财务支撑大业务"。系统累计完成近894万个工程项目的自动转资，每月月初由总部对31个省、381个地市分公司统一计提折旧和摊销费用，涉及资产总额3300多亿元，资产卡片2400万条。总部每月月初统一为各级省市分公司一点关账，关账后，30分钟内统一生成31个省、381个地市分公司的财务及税务报表、2000多个区（县）

域的管理报表。中国铁塔通过银企直联完成一点付款，截至 2019 年年底，总部一点资金结算金额超过 1019 亿元，公司资金管控力度进一步加强。以上充分体现了财务核算自动化"一点操作"的强大功能，如图 7.17 所示。

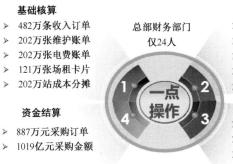

图 7.17　财务核算自动化"一点操作"的强大功能

4. 单站核算精细化，有效提高价值创造能力

中国铁塔以单站核算为基础探寻精益化管理思路，总部一点为全国 202.3 万个站点出具单站损益表，通过对标分析，精准定位生产运营中的短板，建立并完善具有中国铁塔特色的管理会计体系，推进各级分公司稳步提升运营管理能力和价值创造能力。各分公司通过细化单站造价、场租、维护费等，透视数据规范性，督导业务部门规范、改善业务流程，并依托对标管理，聚焦发生收支倒挂、收支不匹配、单站亏损等问题的异常站址，摸清差距、找到短板，促进价值提升。将管理颗粒度细化到最小单元，通过站址组合对小到责任区域、大到省分公司的经营损益进行评价，落实经济责任，实现精益化管理。

7.4.2　面向数字化时代的管理会计体系思考

随着新一代信息技术与经济社会深度融合，经济的数字化成为当下及今后一段时期最重要的经济趋势。作为管理的重要组成部分，管理会计需借助数字化，围绕"价值"和"数字"双轮驱动，创新平台思维、赋能思维、大数据思维、智慧思维，打造面向数字化时代的管理会计体系。

1. 平台思维：以平台化提升管理会计工具整合效果

管理会计的核心地位已成为绝大多数企业的共识，然而尽管如变动成本法、全面预算、责任会计、作业成本法、平衡计分卡等管理会计工具已得到普遍应用，但总体效果并不理想。在数字化时代，管理会计需建立平台思维，根据公司业务特点，打造统一管理平台，横向将业务系统与财务系统融会贯通，纵向让总部与分公司信息互通，打造共享、透明的管理环境。通过全国统一的管理平台，总部能够及时了解全国各地的实时业务与财务情况，利用信息的实时传递，对发现的问题及时跟踪、督促改进。各分公司依托统一的管理平台能够及时对标查找问题、分析原因，从降低建设成本、促进资产延寿、优化运营成本等多方面提高经营管理水平，进而提高盈利能力。依托管理平台进行的精细化核算、资产全生命周期管理、预算管理等，有效提升管理会计工具的应用效果，增强公司创收盈利、提质增效的能力。平台化管理模式有助于提高大型企业集团的信息透明度和决策效率，强化管理会计工具的实施效果。

2. 赋能思维：赋能前台，增强不确定条件下管理会计的应对效果

在传统意义上，财务的管理目标是管控加服务。在数字化时代，财务的管理目标则是赋能加创新，一方面通过将模型嵌入系统流程支持智慧决策，另一方面通过决策下沉，打造敏捷前台。

① 支持决策。财务需要把传统的管控和服务赋能给业务部门，让其自我管理、自我服务，以更及时、便捷的方式直接做出业务决策。财务部门将工作重心放在梳理业务场景、寻找问题痛点、挖掘价值空间上，依据形成的管理思路提炼管理标准或模型，并将其内嵌在系统中，使管理者输入参数便能灵活调度各个系统的数据，实时查询模型计算结果，引导管理者利用量化模型进行智慧决策。

② 决策下沉。面对复杂变化的经营环境，总部无法有效感知各个市场情况，需要通过决策下沉和前移的方式实现业务最优决策，而在业财一体的管理环境下，通过自主预算的方式就可以较好地为业务赋能，从而打造敏捷前台。结合业财一体的集中化管理平台，企业可以调整预算功能定位，弱化预算考核功能而强化预算决策功能。一方面，降低预算考核指标在业绩考核中的权重或采用标杆管理等替代性业绩考核方法增加业绩考核维度和考核标准；另一方面，基于业财一体的管理精细化和透明度提升，实现预算目标制定自主化，以降低预算松弛程度，提升管理决策的精细化水平，以合理的预算目标推动资源配置合理化。

3. 大数据思维：数据和数据模型构建成为管理会计的重要内涵

在数字化时代，数据已经成为与土地、劳动力、资本、技术等传统要素并列的新型生产要素，未来所有业务将由数据驱动、由数据血液供氧。建立高效的数据脉络，让大数据能够高效、敏捷地利用，支撑业务场景的快速创新，并形成大数据的有效回环，是建设"价值+数字"驱动型管理会计的关键。

① 数据分析。在数字化和业财一体的基础上，企业具备了强大的数据收集和加工能力，为管理会计功能的发挥提供了良好的数据基础，未来如何有效挖掘公司积累的海量运营与财务数据潜力，提升大数据背后的决策价值，包括利用大数据指导投资效益评估、业务预警、成本动因分析等，将是财务工作的重点和难点。运用大数据思维，公司能够充分挖掘海量精细化数据资源的潜力，优化决策模型，

制定有针对性的价值提升方案，推广成本管控的先进经验，进一步探索公司管理会计与大数据管理的交叉融合，激活企业数据资源，使其成为预测分析、决策分析、成本控制、责任会计等管理会计多种功能得到良好运用的基础。

② 数字员工。随着基础核算工作的自动化、智能化水平不断提高，低价值工作将更多地被 RPA 机器人代替。未来，通过 AI+RPA 技术可以打造广泛应用于各行业的智能 RPA 机器人，即能够"看懂文字、听懂语言、做懂业务"的"数字员工"，有力地协助人类员工处理单调、重复、耗时的工作，推动生产模式与流程实现颠覆式创新升级。在未来职场上，财务人员一方面要塑造自身的数字能力，另一方面要适应和主动拥抱人机协同的工作方式，组建超级团队。

4. 智慧思维：新技术赋能管理会计加快企业智慧运营

大数据、人工智能、物联网等新技术的应用，将全面提升财务工作精确计量、精准定位、智能决策的能力。例如，在资产管理方面，随着射频技术的发展和成本的进一步降低，非接触自动识别技术将能对资产入库、申领、盘点、维护、报废等全生命周期进行自动化管理，在资产出入仓库、进入生产车间的同时，系统自动实现资产动态跟踪管理和资产清查高效实施；在风险控制方面，人工智能技术实时预警异常风险点，并通过机器学习，系统可以自我优化、不断提升识别准确率和响应速度，企业财务的数字化、智慧化运营水平将得到进一步提升。以上技术驱动智慧运营示意图如图 7.18 所示。

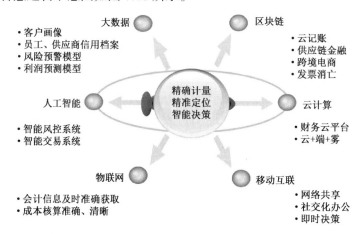

图 7.18　技术驱动智慧运营示意图

在数字化时代，技术与管理正在高度融合，技术的作用不仅仅是提高效率，更为企业带来流程的变化、组织的变化、业务的变革、管理模式的创新。面向数字化时代，管理会计应建立智慧思维，借助数字技术赋能，寻找预算、成本、绩效考核、资金管理模式的创新路径，结合企业实际大胆创新，实现企业财务智慧运营。

第8章　某央企集团：数字化助力管理会计
深度应用，推进业财一体化融合

8.1　某央企集团简介

某央企集团有限公司（以下简称"某央企集团"或"集团公司"）是中央直接管理的国有重要骨干企业，现拥有60多家重点企业和研发机构，培育出一批具有广泛社会影响的知名品牌。作为科技工业骨干力量，集团公司着力推进科技自立自强，在多个领域拥有多个"专精特新"冠军企业。

集团公司积极实施"走出去""引进来"战略，与多家跨国公司建立了战略合作关系。在全球建立了30多个研发、生产基地和营销网络，培育了60多家知名合资合作企业，产品出口到170多个国家和地区。

面向未来，集团公司坚持以习近平新时代中国特色社会主义思想为指导，坚持稳中求进的工作总基调，突出高质量发展主题，立足新发展阶段，贯彻新发展理念，构建新发展格局，加快推进集团战略实施，敢为人先，创新求变，拒绝借口，争创一流，全力打造具有全球竞争力的世界一流科技企业集团。

8.2　集团公司数字化管理会计建设总体概况

8.2.1　项目背景

近年来，随着上级国家机关，特别是国资委对财务信息化建设的逐渐重视，以及集团公司经营规模的逐步扩大、发展战略的转变和内部组织结构的变化，集团公司财务信息化所处的建设和发展环境发生了较大的变化。

自2011年起，为了促进财务、业务工作的融合，提升财务工作为集团公司创造价值的能力，集团公司开始着手构建"价值创造型财务管理体系"，核心内容主要包括管理会计工具引入和深化应用、内部控制体系建设和财务会计基础工作三个组成部分。其中，管理会计工具引入和深化应用对集团公司价值创造型财务管理体系的推进意义重大。管理会计工具的应用涉及大量数据的收集、计算和分析，数据的种类繁多，涉及企业多个业务部门，业务处理流程也较为复杂，没有信息系统的支撑，以及数字技术的应用，管理会计工具的推进将非常困难，业财一体化的实现更是天方夜谭。

为了满足集团公司的管理需求，支撑集团公司管理会计的引入和深化应用，促进财务工作的转型，实现业财深度一体化，集团公司启动了新一轮财务信息化和数字化的规划、建设工作。从集团公司推行的十个管理会计工具来看，其输出信息可以分为预算（预测）类、成本类和评价控制类三类管理会计信息。以这三类管理会计工具输出信息为基础，在充分考虑管理会计与财务会计数据融合与共享的基础上，集团公司对各类管理会计工具进行了整合，选定了将全面预算管理系统、物流系统标准成本模块、会计集中核算系统作为财务信息化和数字化转型的建设重点，启动了基于数字化管理会计应用的财务信息系统升级建设。

8.2.2　建设原则

集团公司为实现基于数字化转型的管理会计建设及工具深度应用，提出了整体建设的三大原则。

① 实现整合，保护投资。集团公司数字化管理会计建设适当考虑前期的集团公司财务信息化工作成果，对于已经实现内部 ERP 集成的单位信息化应用进行适当的保留，并根据各业务单位的实际情况，选择合适的机会进行替换，在节省投资的同时减少相关单位的重复劳动。

② 统一规划，分步实施。根据浪潮集团信息化建设的成功经验，集团公司制定了管理会计信息化和数字化建设的三年总体规划，对成熟业务单位采用先试点、后推广，分步推进的建设路径。集团公司在数字化管理会计建设实施过程中，充分考虑了在建系统应具有集成不同软件系统的能力。

③ "二十四字"方针。为更好地完成集团公司管理会计应用的财务数字化转型升级工作，集团公司提出了"统一标准、统一软件、分级集中、择机整合、实事求是、适度变通"二十四字建设总方针。基于此，集团公司在后续财务信息化和数字化转型升级建设过程中，都紧紧围绕这"二十四字"方针开展所有工作。

8.2.3　建设目标

从 2012 年起，集团公司就提出了构建集团公司价值创造型财务管理体系的目标，并在财务数字化转型浪潮下，逐步推行先进的管理会计工具运用。集团公司根据成员单位管理现状，为进一步提升集团公司价值创造能力和财务管控能力，开始以"集中核算、全面预算、标准成本"的数字化管理会计为建设目标，加快管理会计系统的实施和推广，共同构建数字化管理会计综合运用的一体化信息平台，助力集团公司管理会计深度应用，推动业财一体化融合，从而为实现集团公司价值创造型财务管理体系提供基础。

8.3 集团公司数字化管理会计建设方案

8.3.1 数字化管理会计建设的组织架构

财务数字化转型必然需要组织人员的大力支持才能落地，集团公司数字化管理会计建设同样需要强有力的组织架构体系的保障。集团公司数字化管理会计建设的组织架构如图 8.1 所示。

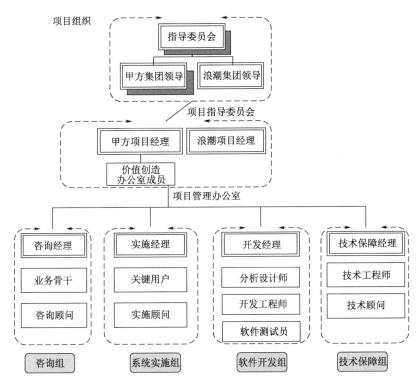

图 8.1 集团公司数字化管理会计建设的组织架构

集团公司数字化管理会计建设组织架构的职能划分主要体现在以下几个方面。

◎ 项目指导委员会：决定数字化管理会计建设的总体目标，审批建设需求报告、建设方案、建设预算，听取双方项目经理的工作汇报，讨论数字化管理会计建设实施重大变革的决策及宏观控制。

◎ 项目管理办公室：制定数字化管理会计建设目标、方案、总体计划、实施策略及评价考核标准；进行数字化管理会计建设预算、进度、质量及风险控制，组织召开与项目有关的重要会议；协调企业解决建设实施小组无法独立解决的各种问题，为数字化管理会计建设的实施进展创造良好条件。

◎ 咨询组：负责数字化管理会计建设预算体系的制定、完善及实施过程中的政策咨询；负责标准实施模板的制定。

◎ 系统实施组：负责对关键用户进行培训，指导系统的模拟工作，对上线的系统进行支持，负责系统配置的制定及相关文档的整理、会议沟通工作。

◎ 软件开发组：负责数字化管理会计建设软件需求分析、系统开发、测试、系统指导及优化。

◎ 技术保障组：参与数字化管理会计建设系统模拟工作，负责指导最终用户进行数据准备，负责对最终用户进行培训，以及对三、四级单位系统上线的技术支持。

8.3.2 数字化管理会计建设的应用架构

集团公司数字化管理会计建设的应用框架在集团公司整体战略规划目标的指导下，全面规划 IT 战略，以配合发展战略的实施。为了实现数字化管理会计一体化信息平台的综合运用，集团公司需要考虑并建立业务系统、开发工具、流程管理、数据交换、标准数据、安全保密等一体化的信息系统应用架构。

集团公司数字化管理会计建设系统架构主要包括四个层面：战略层、管控层、运营层、开发平台，如图 8.2 所示。其中，战略层主要实现集团公司的战略目标制定、决策支持、绩效评价、全面风险控制，而数字化管理会计建设暂时不包括这部分内容。

管控层主要基于全面预算管理，实现集团公司的集中核算、资金管理、人力资源管理、资产管理、项目管理、质量管理、生产指挥调度、综合统计分析等内容。集团公司数字化管理会计建设将基于预算体系，利用数字技术，实现预算编制、滚动预测、预算控制、预算分析、预算考核、预算合并的全面预算管理系统。与此同时，集团公司将搭建集中核算管理系统，通过标准化、规范化、流程化、自动化、智能化完成集团公司账务处理、报表管理、固定资产管理、应收管理、应付管理、现金流量、内部交易、财务分析等工作任务。

运营层主要解决集团公司的电子采购、采购管理、库存管理、生产管理、战略成本管理、电子销售等业务管理内容。集团公司数字化管理会计建设目前主要解决战略成本管理的相关问题，以数字化思维，借助数字技术，基于成本等广义数据，实现标准成本、实际成本、成本预测、成本核算、实时成本、成本计划、作业成本、获利分析等战略成本管理内容。

开发平台是支撑战略层、管控层、运营层的强大基础设施，集团公司通过实现敏捷开发、流程管理、数据交换、预警平台、安全运维等功能，帮助集团公司数字化管理会计建设落地。

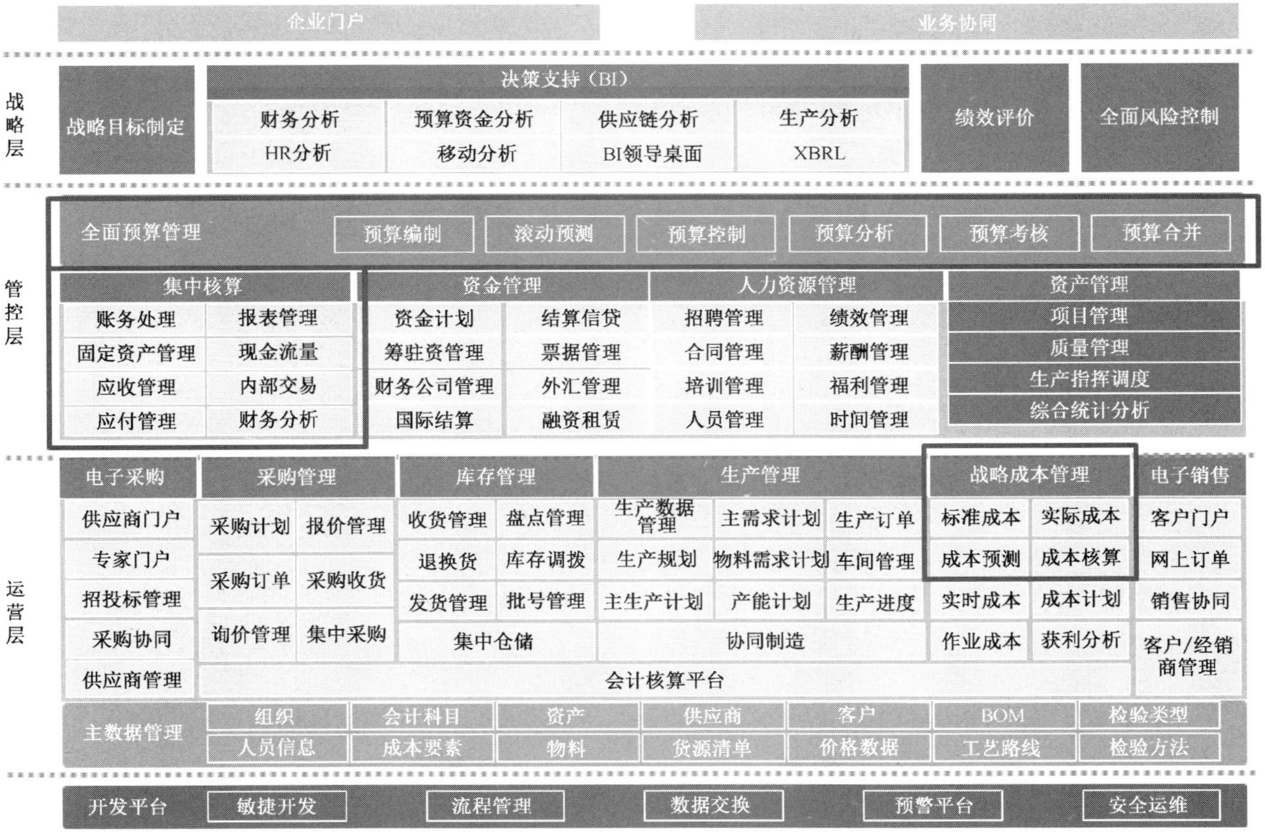

战略层

| 战略目标制定 | 绩效评价 | 全面风险控制 |

决策支持（BI）

| 财务分析 | 预算资金分析 | 供应链分析 | 生产分析 |
| HR分析 | 移动分析 | BI领导桌面 | XBRL |

管控层

全面预算管理

| 预算编制 | 资金管理 | 滚动预测 | 预算控制 | 预算考核 | 预算合并 |

集中核算

账务处理	报表管理
固定资产管理	现金流量
应收管理	内部交易
应付管理	财务分析

资金管理

资金计划	结算信息
筹资管理	票据管理
财务公司管理	外汇管理
国际结算	融资租赁

人力资源管理

招聘管理	绩效管理
合同管理	薪酬管理
培训管理	福利管理
人员管理	时间管理

资产管理

| 项目管理 |
| 质量管理 |
| 生产指挥调度 |
| 综合统计分析 |

战略成本管理

标准成本	实际成本
成本预测	成本核算
实时成本	成本计划
作业成本	获利分析

运营层

电子采购

| 供应商门户 |
| 专家门户 |
| 招投标管理 |
| 采购协同 |
| 供应商协同 |

采购管理

采购计划	报价管理
采购订单	采购收货
询价管理	集中采购

库存管理

收货管理	盘点管理
退换货	库存调拨
发货管理	批号管理
集中仓储

生产管理

生产数据管理	生产规划	主需求计划	生产订单
主生产计划	物料需求计划	车间管理
产能计划	生产进度
协同制造

会计核算平台

电子销售

| 客户门户 |
| 网上订单 |
| 销售协同 |
| 客户/经销商管理 |

主数据管理

组织	会计科目	资产	供应商	客户	检验类型
人员信息	成本要素	物料	货源清单	价格数据	检验方法
			BOM		
			工艺路线		

开发平台

| 敏捷开发 | 流程管理 | 数据交换 | 预警平台 | 安全运维 |

企业门户　　业务协同

图 8.2　集团公司数字化管理会计建设的应用架构

163

8.3.3　数字化管理会计建设的系统集成

集团公司数字化管理会计建设以实现"集中核算、全面预算、标准成本"为目标，基于数字化思维，加强全面预算、集中核算、标准成本及物流管理，更加有效地进行信息沟通，以实现业务财务职能的一体化协作。基于此，集团公司数字化管理会计建设的系统集成内容如图 8.3 所示。

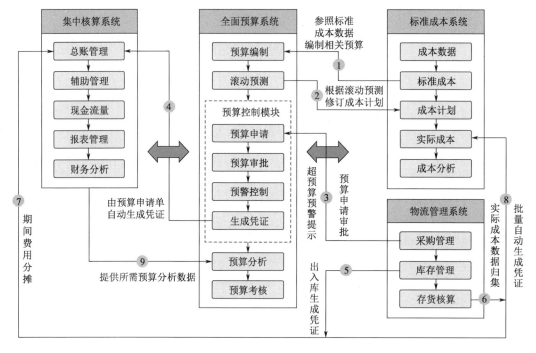

图 8.3　集团公司数字化管理会计建设的系统集成内容

集团公司数字化管理会计建设的"集中核算、全面预算、标准成本"是相互集成的关系。集团公司参照标准成本系统提供的标准成本数据编写相关预算，通过全面预算系统在已有预算编制数据基础上，进行滚动预测，从而进一步修订成本计划。集团公司通过物流管理系统进行采购管理，通过全面预算系统进行预算申请审批，并根据规则自动判断是否超预算预警提示。集团公司预算控制通过的采购事项生成凭证，在集中核算系统中完成总账管理及财务分析，基于期间费用分摊和物流管理系统中的存货核算，在标准成本系统中生成实际成本，并批量自动生成凭证。集团公司通过集中核算系统提供所需预算分析数据，在全面预算系统中进行预算分析和预算考核。

集团公司数字化管理会计建设的"集中核算、全面预算、标准成本"，通过流程梳理和数据驱动，基于人工智能、RPA、大数据等技术，将数字化思维贯穿于集团公司的管理会计建设中。

集团公司数字化管理会计建设的系统集成主要针对"集中核算、全面预算、标准成本"三大系统之间的关系，以及与原有物流管理系统之间的关系。集团公司实施的司库管理系统，作用于上划下拨、网银支付等资金运用，能够直接控制资金的实际支出，因此，全面预算系统和集中核算系统可以与司库管理系统相结合，实现事前控制功能。这几个系统的集成关系如图 8.4 所示。

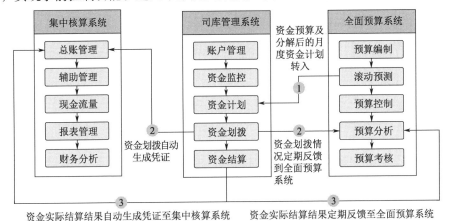

图 8.4　集团公司集中核算系统、全面预算系统与司库管理系统的集成关系

集团公司通过全面预算系统预算编制和滚动预测，将资金预算及分解后的月度资金计划转入司库管理系统。集团公司通过司库管理系统的资金计划和资金划拨功能将结果定期自动反馈给全面预算系统，同时，司库管理系统自动生成凭证到集中核算系统，完成总账管理等工作内容。集团公司司库管理系统在资金结算功能完成后，将结果自动生成凭证到集中核算系统，同时定期反馈至全面预算系统。

8.3.4　数字化管理会计建设的系统部署

集团公司在建设"集中核算、全面预算、标准成本"的数字化管理会计系统时，需要充分考虑一种合理的系统部署模式，并在集团公司范围内进行集中部署。集团公司系统部署模式需要综合考虑"两种网络、三级部署、四类用户、五个系统"等关键因素，因此采取"以二级集中部署为主、三级集中部署和独立部署为辅"的系统部署模式，具体描述如图 8.5 所示。

集团公司建立集团主数据库，通过一级部署建立诸如成员单位、固定资产分类、民用产品分类、原材料分类、企业会计科目、往来单位等统一代码，通过金戈网和局域网连接本部用户使用。集团公司二级部署主要服务于各分/子公司，实现核算、预算、成本等系统的功能。三级部署主要服务于集团公司各个用户，从而实现核算、预算、成本、物流、司库等系统的功能。集团公司的系统部署通过涉密网和非涉密网，为全密、全非密、二者兼顾、独立等四类用户提供全方位的财务服务职能。

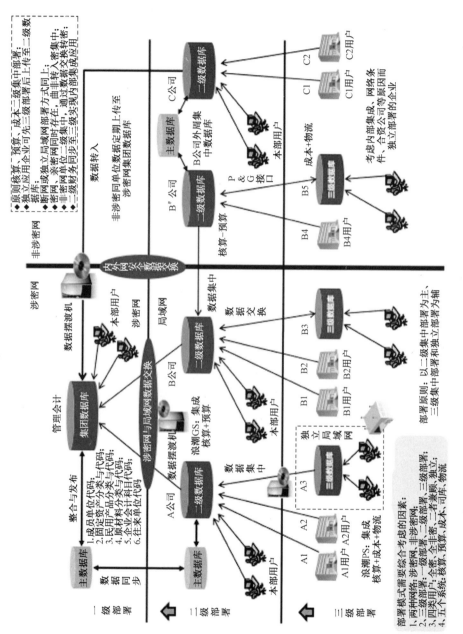

图 8.5　集团公司数字化管理会计建设的系统部署

166

8.3.5 数字化管理会计建设的系统解决方案

1. 集中核算管理系统

集团公司集中核算管理系统通过基础设置，实现账务处理、辅助核算、员工往来、财务报表、应收账款、应付账款、固定资产、现金流量、内部交易、合并报表等数字化场景的应用。集中核算管理系统通过基础数据模块的设置可以实现诸多功能，如支持不同单位设置多种会计日历、提供不同行业单位多科目体系支持、集团统一科目与单位私有科目并存、支持集团内部单位多账集核算、通过账集实现对各个单位核算的控制、按并账的方式设置集团的组织结构等。

（1）账务处理

集中核算管理系统的账务处理主要处理财务核算过程中常用的业务，主要包括初始建账、制单、复核、记账、出纳业务、各种查询、月末/年末结转等业务，从而实现可定义审批流程、自定义原始凭证、编制凭证模板、自动获取数据提供规则凭证、提供期末调汇、实时查询和监控任一下级单位的业务核算数据、实时查询合并公司的数据和提供任意下级单位的合并、提供由合并公司到分公司的余额账页和凭证的追踪查询、提供实时余额处理、提供多账簿管理等功能。

（2）辅助核算

辅助核算管理侧重于加强与细化企业内部财务核算与管理，即按部门、项目等专项进行核算。为保证辅助核算功能，在录入相关凭证时，集中核算管理系统应可以录入相应的部门、项目等辅助信息，在此基础上按照相应的辅助项来进行核算。集中核算管理系统提供多种辅助核算，可以按照不同的分类，如部门、项目、个人、单位等，分别进行辅助核算，并提供明细分析功能。

（3）员工往来

集中核算管理系统的员工往来主要对员工备用金、出差借款等内部资金往来进行管理，同时还可以按统计项目对各种员工备用金、出差借款进行汇总查询。

（4）财务报表

集中核算管理系统的财务报表管理主要完成对外报表和内部报表的编制、计算和存储，其内容不仅仅限于财务信息，还可以处理各种业务报表，其数据能够自动化地从财务和业务系统中获得，实现业务和财务在一定程度上的融合。集中核算管理系统的报表格式通过版本管理，有效保持了版本的统一，同时提供高、中、低三种格式的封存方式。集中核算管理系统财务报表可以实现以下功能：

① 报表数据划分为多种数据单元，同一张报表，根据对应的数据单元来反映不同类型的数据；

② 创建的报表分为公有报表和私有报表；

③ 报表公式分为公有公式和单元公式，同时提供多种类型的公式；

④ 报表公式封存；

⑤ 报表单元格控制；

⑥ 报表审核控制；

⑦ 通过数据单元进行报表汇总、合并；

⑧ 追踪查询，可以从报表的数据追踪查询其来源，对科目的数据可以直接追踪到凭证；

⑨ 提供报表的定时计算功能，提高机器的利用率，以提高整个应用系统的效率；

⑩ 报表可提供趋势分析、单位期间的构成分析、底稿分析、任意分析等多种分析；

⑪ 不需依赖供应商开发的自定义函数，可方便地添加其他取数函数，包括从第三方系统取数。

（5）应收账款

集中核算管理系统的应收账款管理主要处理企业在经营过程中所产生的各种应收款信息。在实际的生产经营活动中，企业与其他单位和个人发生的应收账款往往是比较频繁的，收款工作量大，拖欠款情况也时有发生，因此，应收账款的管理是一项相当繁杂的工作。集中核算管理系统的应收账款管理通过对应收款项全方位的数字化管理，实现应收业务与销售等相关业务的紧密连接，辅助企业业务流的流转，加强对资金流入流出的核算与管理，强化对资金的智能管控，以及处理收款清账催款业务。

（6）应付账款

集中核算管理系统的应付账款管理主要处理企业在经营过程中所产生的各种应付款信息。在实际的生产经营过程中，企业不仅要进行供应商应付款管理和付款业务，还要规划和控制现金的流出，降低采购的成本。应付账款管理通过与采购等相关业务的数字化连接，辅助企业业务流的流转，加强对资金流入流出的核算与管理，强化对资金的智能管控，同时还支持集团内部采购业务及内部应付款业务的处理。

（7）固定资产

集中核算管理系统的固定资产管理主要包括资产管理、折旧计算和统计分析等功能。其中，资产管理主要包括卡片定义和管理、原始设备的管理、新增资产的管理、资产减少的处理、资产变动的管理等；折旧计算则提供不同的折旧方法，并可以自定义折旧方式，实现自动计提折旧、生成折旧分配等功能，并支持折旧方法的变更；资产管理的数字化统计分析提供各种管理分析账表，进行不同层次、不同角度的固定资产分析，以满足财务部门和各级领导查询的需要。

（8）现金流量

集中核算管理系统的现金流量表是企业经营的现金流的反映，在现代企业中其作用越来越重要，需要每月进行精细化编制，足以反映其重要性。而现金流量表的编制需要花费会计人员大量的精力，集团公司的现金流量系统可以自动化和智能化地分析会计凭证分录，找出其对应的现金流量项目，让会计人员从这种繁杂中解脱出来，而专注于更有效的企业财务分析工作。

（9）内部交易

集中核算管理系统的内部交易是协助集团公司快速准确出具合并报表的有效工具。内部交易管理支持多种应用模式，可以采用报表系统来归集内部交易，然后对账后形成抵销分录的应用模式；内部交易管理也可以从集中核算管理系统中取数，如读取凭证、余额账等内部交易数据，然后对账后形成抵销分录；内部交易管理也支持总账凭证在录入或形成时自动形成内部交易，并进行及时自动确认，内部交易确认后自动形成抵销分录。内部交易管理可以提高合并系统数据的实时性和准确性，从而提高集团公司的决策效率。

（10）合并报表

集中核算管理系统的报表合并管理通过将内部交易数据自动生成抵销凭证，与汇总报表合并完成集团合并报表的处理。

2．全面预算管理系统

集团公司全面预算管理系统通过预算编制、滚动预测、预算控制、预算分析、预算考核实现数字化预算管理。集团公司数字化管理会计建设中全面预算管理与集中核算管理、标准成本管理的数字化融合关系可参考图8.3。全面预算管理系统的各个职能将在财务数字化转型中体现不同的价值作用。

（1）预算编制

集团公司预算编制的基本流程主要从两个角度考虑：在纵向组织上利用一套预算体系、多层应用的方式，由集团公司统一下发标准预算体系，各企业接收；在企业内部横向组织上，按照业务驱动流程在各部门组织间协作流转，如图8.6所示。集团公司基于集团、事业部和产业公司、企业的组织层次，分别设置预算目标，基于收入、利润、薪酬等业务预算，以及资本支出、对外投资、固定资产、在建工程、自筹基建等资本预算，并与预计资产负债表、预计利润表、预计现金流量表等财务预算融合，从而实现集团公司合并范围内的集团合并预算。全面预算管理系统的预算编制既能体现业务和财务一体化的融合，也能实现分组织、分业态、多应用的数字化预算管理。全面预算管理系统的预算编制具体实现思路如下所述：

① 全面预算管理系统预置一套集团统一的标准体系下发至各级单位；

② 全面预算管理系统导入预算基本假设，为预算编制提供编制依据；

③ 集团公司采用"三上三下、上下结合"的预算编制方式；

④ 集团公司预算编制采取分级编制、逐级汇总的方式；

⑤ 集团公司预算编制考虑业务往来，支持集团预算合并报表。

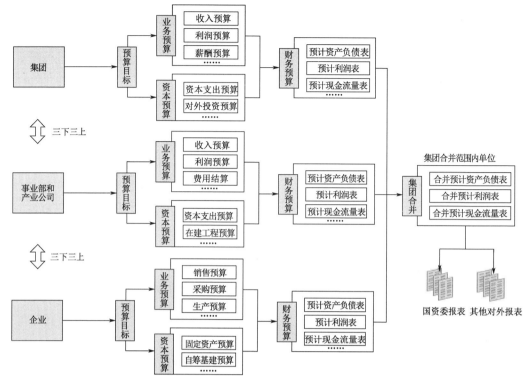

图 8.6　集团公司全面预算管理系统的预算编制方法

　　根据集团公司全面预算管理流程，在预算编制过程中采取"四层结构"的预算编报设计思路，以预算项目为基础，基于集团公司需求部门、归口部门、业务归属的划分依据，通过"支撑表→需求表→归口表→汇总表"的方式，实现预算管理在企业内部横向和纵向的数字化编报过程。集团公司全面预算管理系统的预算编报实现方法如图 8.7 所示。

　　（2）滚动预测

　　集团公司各企业通过滚动预测，能保持预算的完整性、连续性，通过动态预算把握企业的未来。基于数字化思维的滚动预测使各级管理人员始终保持对未来一定时期的生产经营活动进行周详的考虑和全盘规划，保证企业的各项工作有条不紊地进行。各个企业滚动预算能随时间推进并不断加以调整和修订，从而使预算与实际情况更相适应，有利于充分发挥预算的指导和控制作用。与此同时，采用滚动预测的方法使预算编制工作难度有所加大，为了适当简化预算的编制工作，集团公司采用按季度或者 $N+3$、$N+6$ 等滚动编制预测的编制方式，有利于管理人员对预算资料进行经常性的分析研究，并根据当前的执行情况及时加以修订，从而保证企业的经营管理工作稳定而有秩序地进行。

　　集团公司在全面预算系统中固化两种或三种滚动预算编制方案，供企业选用。

集团公司通过成本形态的划分、各种基础数据管理和业务智能模型的建立，在对涉及产销量、价格变动、基础定额等数据变动和维护的基础上，其全面预算管理系统能够对预算进行自动计算和更新。基于编制范围、滚动预算与年度预算的关系，集团公司滚动预算侧重于与产销量密切相关的损益表类项目和资金类项目，预算编制范围较年度预算要有所收窄。另外，集团公司滚动预算与年度预算目标紧密结合，在体现全面预算灵活性的同时，保持年度预算目标的刚性。

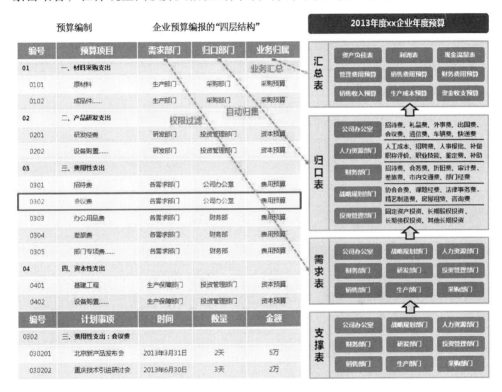

图 8.7　集团公司全面预算管理系统的预算编报实现方法

（3）预算控制

针对集团公司管理及信息化现状，可以采取"费用控制、资金控制、业务控制"三种控制方式，加以对业务执行过程自动控制。每种控制方式根据企业实际情况选用，费用控制是最基本的控制方式，资金控制可充分利用现有司库系统，业务控制难度相对较大，且取决于企业 ERP 系统功能是否完善，主要应用于采购价格、销售价格、合同控制等业务。按控制力度划分为：刚性控制、柔性控制、综合控制、单项控制、总额控制。预算执行数据需要最终反馈至核算系统、预算系统和业务系统。

费用控制：在系统中统一会计科目与预算项目、关联核算对象与预算主体。设置控制方式，如提示或禁止等方式。费用控制适用的业务：管理费用、销售费用、制造费用。控制方式一般采取刚性控制。预算执行结果反馈至核算系统与预算系统。

资金控制：在系统中将资金预算导入司库系统、司库收支项目关联预算项目、司库执行反馈到预算系统；适用的业务：资金支出、合同支出、资本性支出、资产处置等。控制方式一般采取刚性控制。预算执行结果反馈至预算系统。

业务控制：建立 ERP 产品和物料对应关系、导入控制数据或流程集成、业务执行后写入预算完成；适用的业务：采购价格、销售价格、合同控制等。控制方式一般采取柔性控制。预算执行结果反馈至业务系统和预算系统。

集团公司全面预算管理系统的预算控制实现方法如图 8.8 所示。

图 8.8　集团公司全面预算管理系统的预算控制实现方法

（4）预算分析

集团公司全面预算监控和多维分析用于跟踪全面预算的执行和完成情况，比较实际与预算的差异，自动分析差异原因，并制定改进措施。集团公司预算执行应建立月度、季度、年度三级分析监控机制。月度分析应以财务指标监控为主，追求效率，能够在预算执行完的第一时间向决策层提供主要运行数据情况及与预算的差异；季度分析应以业务分析为基础，详尽分析预算执行的各方面情况，并开展对下一季度数据的预测；年度分析应以评判是否达到企业战略目标为主，重点分析预算总体执行情况和重点业务计划完成情况，并概述次年预算编制情况。

集团公司全面预算管理系统的预算分析实现方法如图 8.9 所示。集团公司通过建立各种预算分析指标库，使用预警分析、排名分析、杜邦分析、趋势分析、差异分析、因素分析等分析方法，梳理出集团整体财务指标、产业板块盈利情况分析、现金流分析、大额资金支出分析等预算分析内容，并借助商业智能等可视化分析工具，对预算分析结果进行展示。

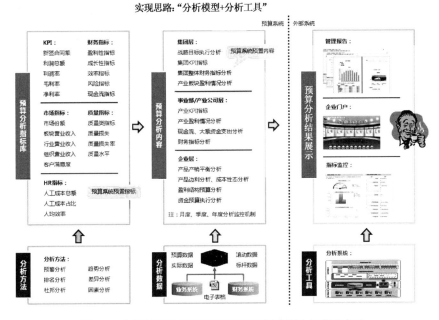

图 8.9　集团公司全面预算管理系统的预算分析实现方法

（5）预算考核

集团公司预算考核是对企业内部各级责任部门或责任中心预算执行结果进行的考核和评价，是管理者对执行者实行的一种有效的激励和约束机制。全面预算管理系统提供了常用的绩效考评指标，并且该指标可以通过预算数与完成数的比较自动化地生成评价结果及报告，为绩效评价带来诸多便利。

集团公司预算考核采取定量与定性相结合的方法。投资中心和利润中心侧重于对量化预算指标完成情况和预算管理行为的考核；成本中心和费用中心除考核其量化预算指标和预算管理行为外，还应适当考核其工作计划报告书中所涉及的工作的完成情况。集团公司全面预算管理系统的预算考核实现方法（示例）如图 8.10所示。

3. 标准成本管理系统

集团公司标准成本管理系统通过标准成本基本功能、标准成本的计算过程、标准成本的数据存储，以及实际成本的基本功能、实际成本的核算过程、成本信息运用等实现数字化预算管理。集团公司数字化管理会计建设中的标准成本管理与集中核算管理、全面预算管理的数字化融合关系可参考图 8.3，标准成本管理系统的各个职能将在财务数字化转型中体现不同的价值作用。

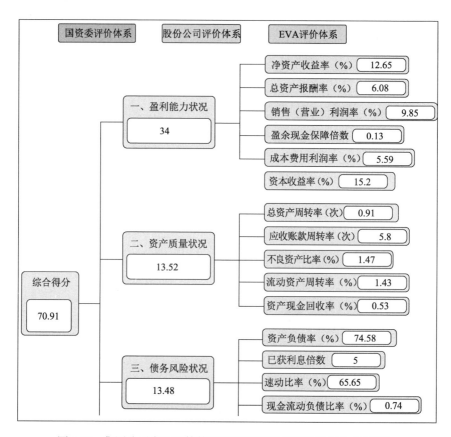

图 8.10　集团公司全面预算管理系统的预算考核实现方法（示例）

（1）标准成本的基本功能

根据集团公司价值创造确定的标准成本建设目的，结合集团公司的需求，标准成本管理系统的基本功能主要包括标准数据获取与管理、成本项目设置、标准成本计算、标准成本的维护与更新、标准成本的查询与分析。

集团公司标准成本管理系统的内容和功能主要体现在三个方面：一是辅助自动获取成本测算数据，并完成费率测算和价格管理；二是完成标准成本的计算和不同需求的版本管理；三是自动根据成本动因的变化，完成标准成本的更新维护，保证标准成本数据的可用性。集团公司标准成本基本功能的流程如图 8.11 所示。

（2）标准成本的计算过程

集团公司标准成本管理系统的标准成本计算主要依据 MBOM（制造物料清单）、工艺路线、材料消耗定额、工时定额、工作中心费率、各标准成本的数据等进行计算。而标准成本的计算过程主要包括以下七步：

① 选定成本计算对象，按当前 BOM 版本多级展开，形成 MBOM；

② 取得工艺路线和材料消耗定额，检查完整性；

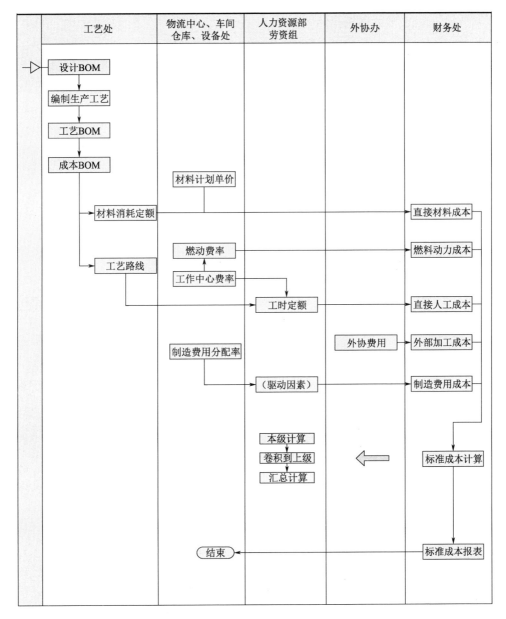

图 8.11　集团公司标准成本基本功能的流程

③ 根据材料消耗定额、材料计划单价计算直接材料成本；

④ 根据工艺路线所涉及的工序及工作中心，计算直接人工成本；

⑤ 计算本级标准成本，按成本项目汇总；

⑥ 汇总下级成本到本级，与本级成本相加，并计算成本合计；

⑦ 计算零件单位成本，生成标准成本报表。

（3）标准成本的数据存储

集团公司标准成本管理系统的标准成本结果数据要方便地满足各业务系统的自动化使用需求，就必须确定合适的存储格式和合理的数据指标颗粒度。根据标准成本数据应用目标的要求，基于数据治理理念和数字化转型的需求，需要从以下几个方面确定数据存储方案。

① 成本项目：为满足各种不同的应用要求，标准成本的成本项目设置和存储，尽量明细到单一的成本要素（不可分割），数据汇总后仍需要保留明细数据。

② 责任单位：为满足预算和考核要求，标准成本的任何成本数据都要有成本责任单位标示，或者以责任单位为维度存储标准成本数据，责任单位应尽量明细到工作中心（生产线、班组）。

③ 成本层次：成本数据的存储要划分为不同的层次，如产品、部件、零件、工序等。

（4）实际成本的基本功能

根据集团公司典型企业的实际情况，结合成本体系建设的要求，实际成本核算的基本功能主要包括成本中心核算功能、企业成本核算功能、产品成本查询与分析功能。

集团公司标准成本管理系统的实际成本核算必须考虑作为整个成本体系的一部分，成本项目的设置与标准成本保持一致，可以满足基于数字化的对比分析和数据引用的需求。集团公司实际成本基本功能的流程如图 8.12 所示。

（5）实际成本的核算过程

具体核算步骤如下：

① 辅助生产分配。对于典型的生产企业，辅助生产车间提供的能源及劳务一般包括电、水、蒸汽、压缩空气、检验、维修、厂内运输等，统称为辅助劳务。归集发生成本时要区分辅助劳务种类，特定辅助劳务发生的费用单独计入相应的辅助劳务。各项辅助劳务成本在成本计算之前，按照各个受益单位的消耗数量进行分配，计入生产成本、制造费用、管理费用等。

② 费用归集。费用归集是指取得成本中心本期发生的各项成本费用，然后作为成本计算表中的本期投入。一般包括燃料动力、职工薪酬、制造费用等。在集成应用环境中，可以通过与总账系统的接口，按照成本科目对应关系取数，以减少重复录入的工作量。

③ 费用分配。对于成本中心级的成本费用，需要选择合适的分配标准（成本动因）进行分配，以确定各个成本对象（产品及批次）的费用金额。不同成本中心、不同费用项目可以选择不同的成本动因。例如，铸造车间的成本动因可以选择重量；表面处理车间的成本动因可以选择面积；在具备产品标准成本的条件下，也可以选择标准成本作为分配依据。

④ 完工成本结转。经过上述各处理过程，成本数据都汇集到成本计算表中，

各成本对象的成本可以表示为：待结转成本=期初成本+本期投入，成本结转的基本公式为：待结转成本=本期完工+期末成本。当本期有完工产品时，根据完工数量、在产数量，采用相应的方法进行结转，确定完工产品成本，实现完工产品、在产品成本的分离。

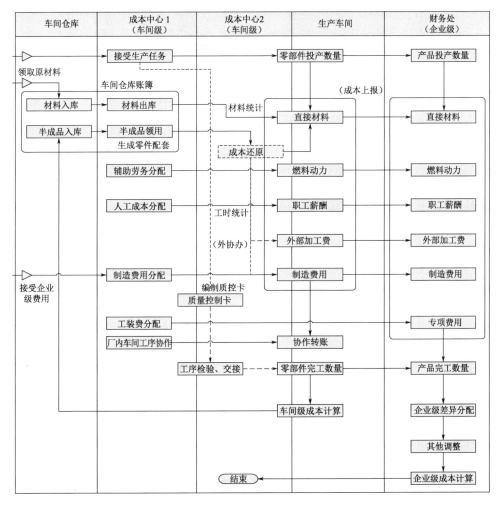

图 8.12　集团公司实际成本基本功能的流程

⑤ 期末结转。成本核算是一个连续的过程。对于部门级期末在产品留存的成本，需要在会计期末成本核算完成之后，把本期期末在产品成本结转为下期期初在产品成本。

在集团公司实际成本核算的企业成本核算具体实现过程中，在各车间级成本核算完成之后，执行企业及成本核算，具体实现过程如下：

◎ 企业级成本归集。企业级成本核算数据主要来源于部门级成本核算，即企业级成本计算表的本期投入取自部门级的本期完工。在企业级成本计算表中，待结转成本=期初成本+本期投入，使得部门级数据逐步汇集到企业级成本计算表，表中可包含成本对象、成本项目、物料及费用明细层次，等待后续进行差异分配、劳务转移等处理之后，执行完工产品成本结转。

◎ 企业级差异分配。企业级差异产生的原因是部门级核算中使用了"计划价法"，需要在此步骤中分配差异。差异主要来源如下：(a)原材料出库采用了计划价法，出库差异需要分配计入成本对象；(b)辅助生产分配采用了计划价法，按照计划价分配之后，差异部分需要在此环节分配。

◎ 内部劳务转移。在多车间协同作业生产条件下，对于一个成本对象（生产任务），其中一个车间为主制车间，其他车间为协作车间。如果发生了工艺路线之外的生产协作，则协作车间需要与主制车间进行结算，通过内部劳务转移记录协作车间为主制车间时发生了多少材料费用及其他费用。在成本核算时，需要将车间协作转账金额先行扣除或增加，以确定各成本对象（产品及批次）的成本金额。

◎ 工装费用结转。工装（工艺装备）是指生产过程中使用的工具、夹具、模具等，工装可分为专用工装和通用工装。其中，专用工装具有特定的服务对象（产品及批次），工装费用可以按照所服务成本对象一次性或分摊计入；通用工装则可以作为费用直接进行分摊。

◎ 企业级完工成本结转。此步骤与部门级核算相同，区别在于依据企业级完工数量结转。经过上述各处理过程，成本数据都汇集到成本计算表中，各成本对象的成本可以表示为：待结转成本=期初成本+本期投入，成本结转的基本公式为：待结转成本=本期完工+期末成本。当本期有企业级完工产品时，需要根据完工数量、在产数量，采用相应的方法进行结转，确定完工产品成本，实现完工产品、在产品成本的分离。

◎ 企业级期末结转。成本核算是一个连续的过程。对于企业级期末在产品留存的成本，需要在会计期末成本核算完成之后，把本期期末在产品成本结转为下期期初在产品成本。

（6）成本信息运用

标准成本和实际成本核算构成的标准成本管理体系，可以为集团公司产生和积累大量的成本价格数据，通过数字化地治理这些数据，有效使用各种数字技术分析这些数据，可以在业务管控、分析、考核方面得到实际的应用，是降低成本、提高管理效益的重要途径，也是推进成本信息系统数字化建设的主要目标之一。

成本信息的应用主要是通过建数据池（成本结果数据库），运用业务集成、大数据、智能化等技术手段，实现提供数据支撑、提供分析数据、实现业务应用三个方面的应用价值。

① 提供数据支撑：全面预算、考核体系、销售报价、价值工程等。

② 提供分析依据：成本目标、差异对比分析、趋势对比分析等。

③ 实现业务应用。

◎ 规范基础管理：通过实施标准成本，拉动企业产品结构、工艺、组织、定额等企业基础数据的规范化管理，也为企业数字化管理提供数据基础；

◎ 提升核算合理性：标准成本数据基础，可以作为间接费用的分配依据和计入依据，提高实际成本核算的合理性；

◎ 提高核算效率：标准成本可以作为计划价为快速结转承诺成本和提高核算效率服务；

◎ 实施内部核算：标准成本可以作为企业生产单位核算的互相结算价格标准，完成企业内经济核算业务。

8.4 集团公司数字化管理会计的应用场景

8.4.1 以集中核算管理加强财务标准化建设，为深度管理会计转型服务

集团公司集中核算管理系统为深度管理会计转型提供标准化服务，主要体现在全面完善的基础设置体系、集成完善的账务管理体系、通畅的报表汇总和合并体系、全面支撑集团公司价值创造型财务管理体系、规范标准化等方面。

1. 建立全面完善的基础设置体系

为了保证集团公司各单位执行统一的数据标准，集团公司统一设置各种基础档案，为管理者提供一个规范管理的平台。在基础设置平台中，管理者可以规范代码体系，设定是否对各下属单位进行控制，以及控制的程度如何等，并通过严格的权限设置来保证数据的安全性和用户界面的友好性。

① 规范代码体系。在基础设置子系统中，管理者可以设定编码的规范，规定编码长度及组成，并可以控制编码中的修改权限，如集团可选择是否对会计科目进行控制，以及科目控制到几级等。统一基础设置并不会抹杀各下级单位的个性，在统一规定（如会计科目）的基础上，各单位可根据编码规则自行增减本单位使用的子科目。

② 严格权限设置。权限设置是基础设置的一项重要功能，通过严格的权限设置，可以使各岗位人员顺利完成自己权限以内的工作，而不能够越权操作和越权获取信息。权限设置体系主要包括用户功能权限、科目权限、单位权限等。权限设置与系统用户界面结合，根据功能设置的不同，部分界面权限可细化到按钮级，为每个用户都提供十分方便的工作环境。这些功能是组合设置的，即每个用户都同时受到各种权限的限制，如某个单位的出纳只能看到本单位的现金账，而不能看到其他单位的现金账，也不能看到本单位的其他账目。

③ 基础信息库。通过基础设置，将建立一个与财务相关的全面基础信息库，主要包括各种规范及相关设置；与财务相关的会计政策设置，如坏账比例、准备金提取比例等；各单位客户、供应商等往来信息库，如投资公司或股东信息、客

户与供应商档案、担保信息等；规范的财务分析方法和模型体系等。

2. 建立集成完善的账务管理体系

集团公司集中核算管理系统是整个财务系统的核心之一，与其他业务模块紧密关联。通过动态会计平台，集中核算管理系统与其他系统实时无缝集成，其他相关业务模块的交易均会自动生成财务凭证并实时传递至集中核算管理系统，实现财业动态一体化，保障财务数据与业务数据的同步性，解决了业务数据的财务反映滞后问题，为企业的财务管理提供了及时和丰富的数据。

3. 建立通畅的报表汇总和合并体系

集团公司集中核算管理系统报表体系具有灵活强大的报表系统和汇总体系，以及构建及时准确的报表合并体系等功能。

① 实现灵活强大的报表系统和汇总体系。集团公司建立统一、灵活、实用的数字化报表系统，将提供报表生成、处理、汇总、查询，以及与其他系统接口方面的强有力的支持。

报表系统与账务系统联合使用，提供从凭证到报表数据的自动生成，可以灵活定制报表格式，可以通过自定义函数进行报表取数。同时，报表系统提供与其他第三方系统良好的接口。

报表系统具备良好的报表汇总功能，提供对不同种类数据的加工处理，具备远程报表文件方式导入功能，并可对汇总表进行调整、分析。集团公司运用报表取数功能，将不同报表的数据取到统一格式中，再进行统一的操作，就可对不同行业报表进行统一的处理。

主管单位为保证下属单位报送的报表与其账务系统一致，可以将报表的内部取数公式加锁，下属单位只能按主管单位设置的报表公式和格式提取数据，以保证数据的真实性和一致性。

报表系统具备强大的报表查询、溯源分析功能，可以对多方位财务核算数据进行分析。通过使用报表系统，集团公司中除各级单位可以管理自己的下属单位外，总部还可以直接查询三级单位和更底层的数据。得到下属单位报送的报表后，上级单位可以按照需要自定义各种条件，分行业、分类型进行汇总和进行多种形式的分析。

② 构建及时准确的报表合并体系。集团公司通过报表汇总获得的是集团公司各单位的汇总数据，由于大量内部交易的存在，汇总数据并不能反映集团公司真实的财务状况，因此需要自动抵销内部交易数据，实现报表自动合并。

为实现报表自动合并功能，集团公司定义所有的内部交易和关联交易科目，并对内部交易过程进行管理。子公司接受集团公司的标准信息库（包含交易定义内容）后，在录入会计凭证时自动录入发生业务的交易号和对方单位信息，将交易数据汇总到上级单位，进行处理后根据定义就可以自动生成抵销会计凭证，利用抵销数据汇总结果调整汇总报表得到本级合并报表，并对合并的过程提供详细的合并底稿，以便于审计机构进行审计。对于三级或多级管理模式的集团企业，交易数据可以在当前级别处理完毕后再向上一级单位上报，完成层层上报、层层抵销的自动处理流程。

4. 建立全面支撑集团公司价值创造型财务管理体系

集团公司集中核算管理系统采用 SOA（面向服务的体系架构）设计。这种设计和业务软件具有良好的协同性，确保了财务数据、业务数据的有效集成，支持了全面预算管理、质量成本管理、基于增加值的业绩评价等管理会计工具的应用，主要表现在如下几个方面。

① 支持全面预算管理，充分发挥全面预算的事前、事中控制功能。通过集中核算管理系统与全面预算系统、资金系统、生产系统的有效集成，支持全面预算功能的进一步发挥，扩展预算的控制面，由费用控制向资金控制和业务控制层面拓展，进一步增强预算控制手段，如采用金额控制、流程控制等多种预算控制手段。集中核算管理系统支持全面预算执行情况分析，通过财务数据与业务数据的有效集成，自动生成业务预算和财务预算执行情况分析报告。

② 支持企业质量成本管理的开展，推进质量成本控制与改进。集团公司在标准科目体系中预设质量成本核算的相关科目或在集中核算管理系统中通过增设质量成本辅助的形式，实现企业质量成本信息的自动化归集与核算，支持自动生成企业质量成本报表，便于企业质量成本的智能化、可视化、实时化分析、考核和质量成本控制与改进。

③ 支持基于增加值的业绩评价，自动生成经济增加值和工业增加值相关报表。报表系统自动计算生成经济增加值的数据（未考虑非经常性损益的影响），并对经济增加值的各项驱动因素进行趋势比较和分析，支持基于经济增加值的业绩评价工作。结合集团公司"会计、统计一体化"工作的推进，通过增设科目和辅助核算的形式，自动生成工业增加值数据和相关报表，提高工业增加值的准确性和可验证性，支持劳动生产率业绩考核的开展。

④ 支持多维度查询和灵活的报表生成方式，为集团公司内部管理报告的编制提供良好的信息平台。集中核算管理系统提高报表编制效率，支持日报、周报、月报、行业报表等内部管理报告的自动化编制，及时提供集团公司经济资源的配置和使用信息，以及主要产业的重要经济指标，弥补现有财务核算体系的不足，提高会计信息的决策有用性。集中核算管理系统提供多维度、精细化的查询和分析功能，为各种不定期管理会计报告的分析和撰写提供可靠、快捷的数据来源。

⑤ 会计集中核算的实施在一定程度上可以提高集团公司的风险控制能力。集中核算管理系统实时监控企业财务状况和重要经营指标的变动情况，监督企业大额资金的使用，增强集团公司对成员单位的财务控制能力，降低集团公司整体财务风险。同时，会计集中核算还可以改变以往的内部、外部审计机构的工作方式，

提升外勤工作效率，提高审计工作的质量，从而提高集团公司的风险控制能力。

5. 规范标准化

数据标准化和业务规范化是集团统一财务管理的基础，只有建立在统一的基础上，才有可能实现集团财务信息共享和信息集成，达到有效监管、支持决策的目的。这主要体现在编码规范和业务规范上。

（1）编码规范

集团公司制定一套标准的编码规范，规定各类代码的编制规则，各单位在标准的规范下编制自己需要的代码体系，既能满足集团公司管理的需要，又能保证各单位的个性化需求。统一编码规范是集团业财一体化的基础，也为财务数字化转型提供支撑。

标准的编码规范可以逐级细化，集团公司制定总的编码原则并制定各类代码体系的构架，各成员单位可以根据自己的需要进行细化，制定本成员单位的编码规范和代码体系。在统一的编码规范要求下，各下级单位可以选择继承上级单位的代码体系，并定制个性化代码。

编码规范和代码体系涵盖财务专用代码和与其他业务部门共用代码，主要应包括科目编码规范、单位编码规范、项目编码规范、人员编码规范、固定资产编码规范、物资编码规范和其他编码规范等。其中，财务数据元素标准规范和财务系统运行和管理类的标准规范由财务部和浪潮公司负责编制，集团公司信息化标准项目中标单位协助完成。共用代码类相关的基础及支撑平台标准由集团公司信息化标准项目中标单位协助完成。

（2）业务规范

集团公司集中核算管理的业务规范主要包括业务处理规范和业务流程规范。

① 业务处理规范：财务数字化转型建立在业务规范的基础上，规范化管理也是提升集团管理水平的需要。集团公司以财务数字化转型为契机，制定各种业务处理规范，满足集团公司管理的需求，同时便于推进财务数字化建设。集团公司建立的业务规范主要包括会计核算规范、预算管理规范、成本核算规范、固定资产管理规范、财务分析与绩效考核规范、资金与资产管理规范、价格管理规范等。

② 业务流程规范：集团公司处理的业务流程也需要制定相应的规范，以保证业务处理的完成和效率。例如，虽然有相应的合并报表的规范，集团前期处理方式是通过各单位上报内部交易数据来进行抵销，但总有大量的内部交易数据无法自动核实，需反复核对和上报才能完成合并报表。在财务数字化转型中，规范交易数据的确认机制，各单位在录入内部交易数据时，系统自动将相关信息传送到对应的交易单位，交易单位确认交易或回复不确认的理由。通过业务流程，每个内部交易在单据录入时都确定是否对账成功，并给出相关单位内部交易的提示信息。业务流程规范在一定程度上实现了内部交易的实时处理，大大减少了事后对账工作，是合并报表自动化的基础。

8.4.2 一体化多层应用的全面预算管理模式，增强集团业财融合力度

全面预算管理系统作为基础业务管理平台，是实施其他管理工具的载体，也是强化成员单位基础管理的有效手段。因此，集团公司建立集预算执行与监控、预算分析与调整、预算考核与评价为一体的全员、全过程、全方位预算管理信息系统。

集团公司全面预算管理体系如图 8.13 所示，体现了"一套体系、多层应用"的特点。其中，"一套体系"是指全面预算管理体系在整个集团范围内，各单位遵循使用一套标准体系；"多层应用"是指为满足不同层级组织的个性化应用，在集团标准体系的基础上进行适当扩展，实现多层应用。

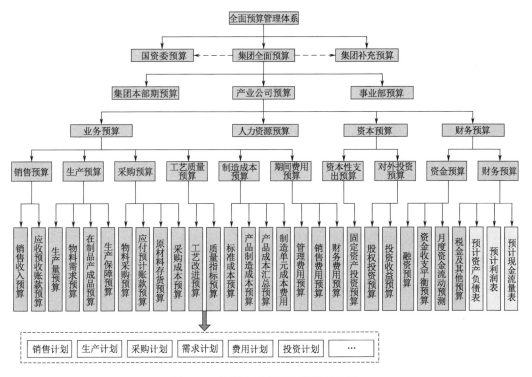

图 8.13　集团公司全面预算管理体系

① 一套体系：包含业务预算、人力资源预算、资本预算，以及财务预算，涵盖了集团及所属企业的所有预算事项。其中，业务预算涵盖销售预算、生产预算、采购预算、工艺质量预算、制造成本预算、期间费用预算等业务内容；资本预算涵盖资本性支出预算、对外投资预算等业务内容；财务预算涵盖资金预算和财务预算等业务内容，形成最终的预计财务状况、经营成果及现金流量情况的预测。

② 多层应用：包含集团层、事业部/产业公司层、企业层的分层应用，各层

关注的内容有所不同。从纵向业务衔接角度看，多层应用包括了预算体系的逐级分解与上报汇总、预算审批、预算合并等上下级组织间的协同。另外，在每个实体组织内部，又可以站在内部组织层级上自行定义，实现多层应用，如企业管理层的应用、综合管理层的应用、车间等基层部门的应用。其中，业务计划与需求预算之间有着密切的支撑关系，如销售预算由销售计划形成、生产量预算由生产计划形成、采购预算由采购计划形成等。业务计划与预算之间构成了先有计划、后有预算的前后衔接关系，在日后的预算管理过程中，使每笔业务数据的发生都有其对应依据。

在集团公司"一套体系、多层应用"的全面预算管理体系中，哪些管理要素是从集团穿透到企业进行集中管理的，哪些管理要素是由企业所需并自行管理的，需要按业务类型加以区分，如图 8.14 所示。

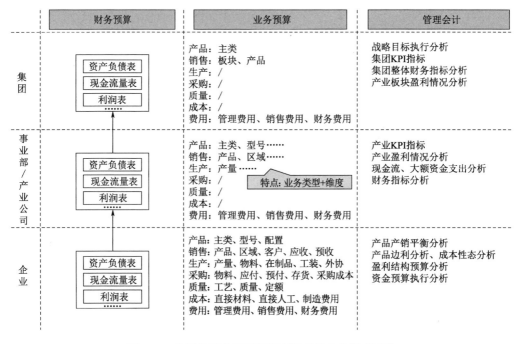

图 8.14　集团公司全面预算管理体系的业务类型区分

① 在财务预算方面：企业的预计财务状况、经营成果等财务要素，需要从集团到企业做到纵向到底，只有这样，在预算执行过程中，集团才能自动获取各企业的预算执行情况，才能反映集团经营全貌。

② 在业务预算方面：集团关注的核心内容及颗粒度与企业所关注的有所区别，集团关注各业务板块的经营成果、大类产品的销售情况、整体费用构成等内容；事业部/产业公司则进一步关注各类型号产品的销售情况，分产品分区域了解等；企业则更为关注明细产品分区域的销售、产品、生产、采购、成本等信息。

③ 在管理会计方面：集团关注战略目标执行分析、集团 KPI 指标、集团整体财务指标分析、产业板块盈利情况分析；事业部/产业公司关心产业 KPI 指标，产业盈利情况分析，现金流、大额资金支出分析，财务指标分析；企业关心产品产销平衡分析，产品边利分析、成本性态分析，盈利结构预算分析，资金预算执行分析等。

集团公司全面预算管理体系之所以能够实现各类预算业务的数字化关联应用，主要是因为预算报表体系预制的四大业务关系，如图 8.15 所示，主要体现以下几个方面。

◎ 组织汇总关系：集团组织结构的汇总关系；
◎ 表内计算关系：量、价、会计期间等参数的计算关系；
◎ 表间逻辑关系：业务之间的引用逻辑关系；
◎ 汇总表与明细表关系：产品、物料等从大类到明细的汇总关系。

通过四大业务关系的运用，能够使静态的预算报表之间形成动态的业务逻辑关系，进而体现在预算编制环节，能够以销售预算自动推算出生产量预算所需的数据，以生产量预算推算出物料需求及采购预算所需的数据，依次类推，最终反映到预计财务报表中；在预算分析控制环节，也能够将执行结果按照业务关系进行反馈和对异常数据进行分析溯源。

基于全面预算管理体系，集团公司多层次全面预算编报体系和多层次全面预算控制体系分别如图 8.16 和 8.17 所示。

8.4.3 标准化成本管理体系，提升集团数字化分析决策能力

集团公司标准成本管理系统可以通过以下几个方面提升集团的数字化分析决策能力。

① 对新产品开发和产品整顿，可以参照相似产品的标准成本数据选择材料、外购零部件及工艺。同时，新产品部分完成后，可以快速计算标准成本，进行分析对比，开展价值工程。集团公司制定标准成本的过程是对规范设计、工艺、费用归集、人员效率等的优化过程，对企业自身管理水平的提高、标准化、规范化是个很大的促进。

② 全面预算支持：标准成本数据是全面预算最关键的生产预算、采购预算的关键数据，使全面预算编制过程的依据更充分，为全面预算提供数据支撑，使编制效率显著提升、编制难度明显降低。

③ 实际成本核算支持：标准成本可以充当计划价使用，同时，在部分费用分配动因比较复杂，采用单成本要素不合理时，可以以标准成本充当成本动因。

④ 内部考核：标准成本与预算一并作为内部考核的依据，标准成本既可以作为消耗指标基础，也可以作为结算价，对实施内部市场化的企业进行内部核算。

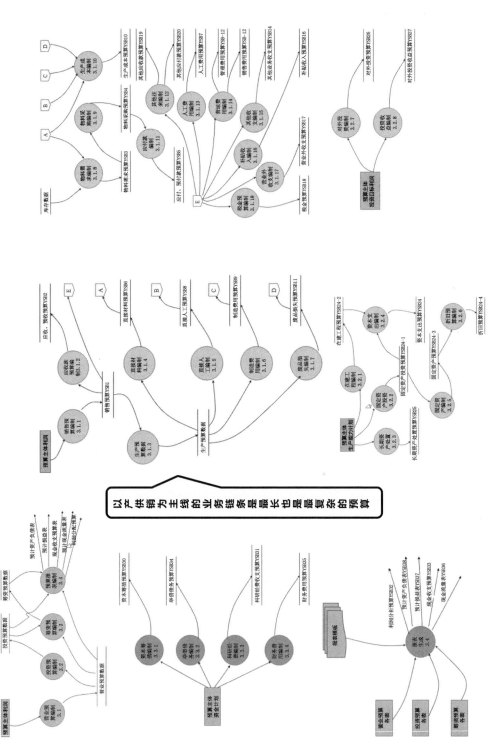

图 8.15　集团公司全面预算管理体系的四大业务关系

序号	编制对象	编制内容	编制依据	编制周期	编制部门	归口部门
01	收入	主营业务收入	年度目标、市场预测等	月	销售（市场）部	销售（市场）部
02	投资	固定资产投资、长期股权投资	企业战略、企业年度重点业务计划等	年	各投资申请部门	投资管理或战略规划部门
03	筹资	筹集资金、筹集费用	资金收支情况等	月	财务部	财务部
04	人工成本	工资、工资性费用	生产大纲、工时定额等	月	人力资源部	人力资源部
05	利润	利润情况	各业务预算	月	财务部	财务部
06	现金流量	现金流量情况	各业务预算	月	财务部	财务部
07	资产负债	资产负债情况	各业务预算	月	财务部	财务部
08	主要分析指标	主要效益、运营指标	系统自动生成	月	财务部	财务部

（a）集团层全面预算编报体系

序号	编制对象	编制内容	编制依据	编制周期	编制部门	归口部门
01	收入	产品大类收入情况	年度目标、市场预测等	月	销售（市场）部	销售（市场）部
02	产销存	产品大类的销量、产量和库存量	销售大纲、安全库存等	月	销售部、制造管理部	销售部、制造管理部
03	产品成本	产品大类的直接成本	销量、产量、定额	月	各成本中心	财务部
04	固定资产投资	固定资产投资情况（新建项目和续建项目）	企业战略、企业年度重点业务计划	年	各申请部门	投资管理或战略规划部门
05	期间费用	管理费用、销售费用、财务费用	业务计划、费用标准、历史数据等	月	各费用发生部门	费用归口管理部门
06	利润	企业利润情况	业务预算	月	财务部	财务部
07	现金流量	企业现金流量情况	业务预算	月	财务部	财务部
08	主要分析指标	主要效益、运营指标	系统自动生成	月	财务部	财务部

（b）事业部/产业公司层全面预算编报体系

序号	编制对象	编制内容	编制依据	编制周期	编制部门	归口部门
01	销售预算	具体产品的销量、单价、收入；应收、预收账款情况；销售回款情况	年度目标、市场预测等	月	销售（市场）部	销售（市场）部
02	生产预算	生产产量预算、物料需求计划、各制造单位产品分解预算	销售大纲、安全库存等	月	制造管理部	制造管理部
03	采购预算	采购预算、预付/应付账款预算、原材料存估预算	生产预算、物料需求计划等	月	采购管理部	采购管理部
04	工艺质量预算	工艺改进计划、定额修订预算、质量指标预算	生产条件改善状况和制造部门的需求	年	工艺质量管理部门	工艺质量管理部门
05	成本预算	按成本形态和产品品种编制各项产品成本	产品品种、销量、定额	月	各制造单元	各制造单元
06	期间费用预算	管理费用、销售费用、财务费用管理	业务计划、费用标准、历史数据等	月	各业务部门	财务部、销售部
07	人力资源预算	员工人数、工时定额、薪酬预算	产品结构、产量	月	人力资源部	人力资源部
08	固定资产投资预算	新增投资预算、续建投资项目预算	企业战略、企业年度重点业务计划	年	各申请部门	投资管理或战略规划部门
09	科研管理预算	基础研究、新产品研发等科技投入	市场需求等	季	技术管理部	技术管理部
10	资金预算	现金预算、票据预算	业务预算	月	财务部	财务部
11	财务预算	资产负债、利润	业务预算	月	财务部	财务部

（c）企业层全面预算编报体系

图 8.16　集团公司多层次全面预算编报体系

序号	控制对象	控制内容	控制依据	控制周期	控制力度	责任主体
01	投资	项目、金额	投资预算	逐笔单项 总额	刚性控制	投资部 财务部
02	融资	项目、金额	融资预算	逐笔单项 总额	刚性控制	资本运营 财务部
03	薪酬	数量、金额	薪酬预算	总额控制	刚性	人力资源部
04	集团费用	项目、金额	费用预算	按月度	全年刚性控制	各部门 财务部
05						
06						
07						
08						
09						
10						

（a）集团层全面预算控制体系

序号	控制对象	控制内容	控制依据	控制周期	控制力度	责任主体
01	大额资金支付	支付内容、金额	资金支付预算	逐笔单项	刚性控制	财务部、总会、事业部负责人
02	资本性支出	资本性支出内容与金额	资本支出预算	逐笔单项	全年刚性控制	投资管理部 财务部
03	本部费用	内容、费用金额	费用预算	按月度	全年刚性控制	各职能部门
04	预算外事项	事项、金额	按审批权限	逐笔单项	弹性控制	职能部门、管理层
05	项目投资控制	项目、金额	项目投资预算	逐笔单项	全年刚性控制	投资管理部
06	大额合同签订	数量、单价	指导限价/成本价	逐笔单项	弹性控制	运营部、财务部
07	融资控制	融资金额、渠道、利率	融资预算	逐笔单项	全年刚性控制	资金管理部

（b）事业部/产业公司层全面预算控制体系

序号	控制对象	控制内容	控制依据	控制周期	控制力度	责任主体
01	大额资金支付	支付内容、金额	资金支付预算	逐笔	刚性控制	财务部、总会、企业负责人
02	资本性支出	支出内容、金额	资本支出预算	逐笔	全年刚性控制	投资管理部
03	预算外事项	事项、金额		逐笔、总额	弹性控制	各部门、管理层
04	销售合同	单价	成本预算、销售预算	逐笔	刚性控制	销售部、管理层
05	材料采购	数量、单价	采购预算（量、价）	逐笔	刚性控制	物资采购部、管理层
06	投入产出率	限额领料数量	生产预算、成本预算	逐笔	弹性控制	物资采购部、生产部
07	本部费用	内容、金额	费用预算	逐笔/月度	全年刚性控制	各部门负责人

（c）企业层全面预算控制体系

图 8.17　集团公司多层次全面预算控制体系

⑤ 报价审计：以标准成本为基础，根据客户情况和竞争需要，测算数据作为报价依据，同时，根据标准成本水平经差异调整智能预测盈亏，用于报价决策。

⑥ 分析决策：支持价值链的成本分析，通过历史成本数据、产品成本数据、新老产品成本数据、相似（改型）产品成本数据进行成本分析，可以为企业提供产品研发投入、生产策略、报价策略等的决策支持。通过对标准成本与实际成本进行差异化分析，进而分析原因进行改进，促进工艺优化、生产过程优化、效率提升、成本降低，从而满足企业与成本价格相关的智能预测、决策和考核需求。

8.5　集团公司数字化管理会计建设的成效

在集团公司数字化总体规划的指导下，对集团公司现有的集中核算管理系统、全面预算管理系统、标准成本管理系统进行升级，可有效支撑集团公司数字化管理会计工作的开展，推动财务与业务的一体化融合，提高集团公司价值创造能力。

1. 以统一化为基础，全面梳理集中核算管理规范，提升集团管控水平

集团公司以实现集团战略目标为宗旨，根据集团公司财务管理工作规划，采用先进的人工智能、大数据、数字孪生等技术，并融合到信息系统中，创新管理模式与集成系统应用，构建适合集团公司业务模式的集中核算管理系统，进一步增强财务的价值创造和风险管控能力，全面提升集团公司管控水平。集团公司通过实施和升级集中核算管理系统，显著提高了集团公司会计信息质量，全面支撑了集团公司价值创造型财务管理体系建设，提高了财务人员的价值创造能力。

2. 以业财一体化为抓手，实现"一套体系、多层应用"的全面预算管理

集团公司建立集团多级预算管理体系，实现"一套体系、多层应用"。全面预算管理系统可提高预算编报的准确性和效率，完善预算编制方法和内容，支持业务预算、滚动预测的有效开展。集团公司强化预算管理系统与业务系统的集成应用，可增强预算控制手段，丰富预算控制方式，积极使用数字技术，确保预算控制功能的有效发挥，从而强化信息反馈，提高预算数字化的分析质量和效果。

3. 构建标准化、全流程、多维度的集团数字化成本管理体系

集团公司依据标准成本管理体系的推进要求和企业需求，确定数字化成本体系建设的总体目标。集团公司数字化成本管理体系以标准成本为基础，以实际成本核算为业务牵引，以成本信息应用为重点，三者密切相关又各有侧重，从而构成了完整的成本体系架构，满足了事前、事中、事后成本管理的数字化转型要求，同时拉动和支持了相关业务系统一体化的运行，实现了成本管理的标准化、全流程、多维度、实时化的数据决策和分析，为企业管理模式的转变和管理效益的提高提供了支撑。

第9章　中国能建：构建业财融合的财务数智化平台，助力世界一流财务管理体系建设

9.1　中国能建简介

中国能源建设有限公司（以下简称"中国能建"）成立于 2014 年 12 月 19 日，是由中国能源建设集团有限公司（国务院国有资产监督管理委员会监管的中央企业）与其全资子公司电力规划总院有限公司共同发起设立的股份有限公司，2015 年在香港联合交易所有限公司主板挂牌上市，2021 年在上海证券交易所主板挂牌上市。中国能建是一家为中国乃至全球能源电力、基础设施等行业提供整体解决方案、全产业链服务的综合性特大型集团公司，主营业务涵盖能源电力、水利水务、铁路公路、港口航道、市政工程、城市轨道、生态环保和房屋建筑等领域，具有集规划咨询、评估评审、勘察设计、工程建设及管理、运行维护和投资运营、技术服务、装备制造、建筑材料为一体的完整产业链。公司连续 8 年进入世界 500 强，在 ENR 全球工程设计公司 150 强、国际工程设计公司 225 强、全球承包商 250 强和国际承包商 250 强排名中位居前列，在 90 多个国家和地区设立了 200 多个境外分支机构，业务遍布 140 多个国家和地区。

中国能建依靠领先的技术和卓越的创新能力，服务国家战略、引领行业发展。截至 2021 年年底，集团公司拥有 3 个院士专家工作站、11 个博士后科研工作站、3 个国家级和 60 个省级研究机构、106 家高新技术企业；取得国家科技进步奖 48 项、重大科技成果 2300 余项、有效专利 10147 项，制/修订国家标准和行业标准 1200 余项。在三峡工程、南水北调、西气东输、西电东送、三代核电等一系列关系国计民生的重大工程中，公司作为工程建设领域的主力军和国家队，先后承建了世界首个"三百"火电工程，世界首个 AP1000、CAP1400 核电工程，世界最大风光储输工程，世界首个多端柔性直流输电工程，世界首个 1240 兆瓦高效超超临界燃煤发电工程，世界首个特高压多端混合直流工程，世界海拔最高的输变电工程等一批重大工程，创造了多项世界第一。

9.2　中国能建财务数字化转型建设概况

9.2.1　财务数字化转型的动因

1. 国资委开展对标世界一流管理提升行动的要求

党的十九大对国企改革提出了具体部署，提出"要完善各类国有资产管理体

制，改革国有资本授权经营体制，加快国有经济布局优化、结构调整、战略性重组，促进国有资产保值增值，推动国有资本做强做优做大，有效防止国有资产流失。深化国有企业改革，发展混合所有制经济，培育具有全球竞争力的世界一流企业"。

为进一步适应"建设世界一流企业"的要求，促进全面提升中央企业财务管理能力和水平，2022 年年初，国资委出台《关于中央企业加快建设世界一流财务管理体系的指导意见》，提出世界一流财务管理体系可以概括为"1455"，即"围绕一个目标""推动四个变革""强化五项职能""完善五大体系"，具体是指围绕加快构建世界一流财务管理体系目标，推动财务管理理念变革、组织变革、机制变革、功能手段变革，强化核算报告、资金管理、成本管控、税务管理、资本运作五项职能，完善全面预算、合规风控、财务数字化、财务管理能力评价、财务人才队伍建设体系。

从政策来看，世界一流财务管理体系是培育世界一流企业的核心，财务管理在世界一流企业建设中所需发挥的作用是逐渐突出的。以数字技术与财务管理深度融合为抓手搭建财务信息系统是搭建世界一流财务管理体系的支撑基础。

2. 中国能建战略发展对财务信息化的要求

中国能建在"1466"战略中提出"1 个战略愿景"，即"行业领先、世界一流"；践行"4 个走在前列"，即在国家战略上、推动能源革命上、加快高质量发展上、建设美好生活上走在前列；致力于打造"6 个一流"，即努力打造成为一流的能源一体化方案解决商，工程总承包商，基础设施投资商，生态环境综合治理商，城市综合开发运营商，建材、工业产品和装备提供商；争取实现"6 个重大突破"，即推动能源革命和能源转型发展、加快高质量发展、深化系统改革、全面加强科学管理、全面提升企业核心竞争力和组织能力、在加强党的全面领导和党的建设方面取得重大突破。加快建设具有全球竞争力的世界一流企业，将持续为客户、股东、员工和社会创造最大价值。

中国能建以"1466"战略为引领，擘画了企业全面数字化转型的宏伟蓝图，提出建设"一张网、一朵云、一个大平台"的整体要求，通过信息化倒逼管理变革、服务管理变革、巩固管理变革。

财务一体化平台是中国能建未来业财一体化建设工作的重点内容之一。中国能建财务一体化平台建设，充分考虑企业数字化转型和业财一体化实施总体要求，立足实现财务管理转型与财务管理模式创新，形成建设具有中国能建特色的、世界一流的财务一体化平台，满足、支撑中国能建战略发展目标。财务一体化平台实现了财务管理的标准化、专业化、精细化、自动化和智能化，建立了资源集成、业财融合、数据共享、安全可控的财务信息化体系，促进了财务数字化、智慧化转型。

3. 中国能建财务信息化水平有待提升

近年来，随着全球化布局及业务的快速发展，公司面临着管理层级变多、管理线条日趋复杂、对财务集中管控及业财融合能力要求逐年提高等一系列挑战。信息化作为加强财务管控和促进业财融合的重要手段和工具，是助力集团战略发展和数字化转型的必然选择。过去几年，公司财务信息化建设主要以满足财务信息披露、国资监管要求为目的，系统的集成度不高，核算系统多年未升级换代，标准化程度低、信息孤岛等问题越来越凸显，所属企业财务信息化建设和应用水平参差不齐。

自重组以来，集团公司围绕会计核算、资金集中、产权管理、报表编制等方面，组织开展了财务信息化建设，有力地促进和保障了公司财务工作的顺利推进，但公司财务信息化建设在集团管控、业财融合、系统集成及自动化、统筹规划、数据治理、信息安全等方面与同行业标杆企业相比尚有较大的提升空间，主要表现在以下方面。

（1）总部财务管控力度较弱，精细度不足

集团公司未统一部署财务信息系统，无法实时穿透查询，缺乏实时化、可视化管控的抓手，总部对所属企业重大事项的全过程管控力度不足，对重大风险的预警及防控能力不足。

（2）系统集成度低，业务与财务缺乏联动

集团公司下属大部分企业的业财系统互不关联，信息壁垒和数据孤岛问题突出，业务管理与财务管理脱节。财务系统也缺乏集成，自动化水平低，账表取数难，会计工作量大，信息获取慢，影响财务信息的及时性和准确性。

（3）缺乏整体规划，各单位信息化发展不均衡

集团公司财务信息化建设缺乏整体统筹规划，存在重复建设、无序开发现象，各单位信息化水平参差不齐，加剧了财务管理和企业发展的不均衡。

（4）数据治理能力弱，制约管理会计功能

集团公司数据治理能力较弱，未建立数据标准和数据管理机制，主数据管理未实现集中化、标准化，难以形成企业级数据仓库，严重制约管理会计关于决策支持、价值创造、风险防控的功能。

9.2.2 "1545" 财务数字化转型目标

财务管理作为推动公司战略落地的重要支撑和核心力量，中国能建全面构建以价值创造为导向的战略适配型财务管理体系，加快推进"财务+数字"赋能，锚定"建立智慧智能、动态高效、深入前瞻的数字化智能化财务，实现财务管控向价值型、数智型转型"愿景，以建立一套资源集成、业财融合、数据共享、安全可控的财务数据治理体系为方法，打造财务作业运营、财务资源配置、业财数据

集成、财务风险管控、财务智慧决策五大平台，全面提升集中化管理、全过程管理、标准化管理、协同化管理四项核心能力，充分发挥财务支撑战略、支持决策、服务业务、创造价值、防范风险五大功能作用，以财务数智化赋能，将财务管理视角和管理内容向不同的广度、深度、厚度延伸，为建设世界一流企业提供了强大支撑。

9.2.3　财务数智化转型的建设路径

根据财务一体化建设目标，中国能建集团确定了"一体化开发、一站式服务、一条线连通"的设计思路。经过多轮论证和系统规划，中国能建财务信息化建设将分三个阶段进行，循序渐进地推进十大财务系统建设。财务一体化平台的建设路径如图 9.1 所示。该建设路径采用分阶段开发和实施的策略，以便集约高效、节约资源及科学地处理系统之间紧密的依附关系。

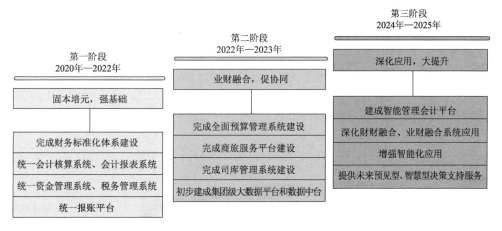

图 9.1　中国能建财务一体化平台的建设路径

第一阶段，固本培元，强基础（2020—2022 年）：重点在于完成财务标准化体系建设，实现核算、报表、资金、税务、报账平台"五统一"。建设完成一期的基础功能系统建设，即会计核算系统、会计报表系统、资金管理系统、税务管理系统、报账平台。

第二阶段，业财融合，促协同（2022—2023 年）：建设完成全面预算管理系统、司库管理系统、商旅服务平台，初步建成集团级大数据平台和数据中台。本阶段的重点在于建设完成两个系统，即全面预算管理系统和商旅服务平台。

第三阶段，深化应用，大提升（2024—2025 年）：建成智能管理会计平台，深化财财融合、业财融合系统应用，增强智能化应用与提供未来预见型、智慧型决策支持服务。本阶段主要完成第一个系统，即智能管理会计平台的建设。

9.2.4 财务一体化平台的解决方案

1. 财务一体化平台的蓝图设计

全面数字化转型是公司实现弯道超车的决胜武器，是实现"行业领先、世界一流"的必然选择。中国能建的财务一体化平台的设计蓝图如图 9.2 所示。

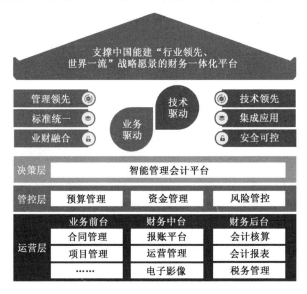

图 9.2　中国能建财务一体化平台的设计蓝图

（1）一个平台：世界一流的财务一体化平台

支持中国能建"行业领先、世界一流"战略愿景的财务一体化平台，提升四大集团管控能力，包括集中化管理能力、全过程管理能力、标准化管理能力、协同化管理能力，促进财务数字化、智慧化转型。

（2）两个驱动：业务驱动，技术驱动

① 业务驱动。

◎ 管理领先：创世界一流，提升管理效益，根本性领先全行业，在中央企业中处于领先地位。

◎ 标准统一：统一业财流程、统一报账表单、统一数据标准、统一核算规范、统一会计科目。

◎ 业财融合：财务管理向业务前端延伸，标准统一、数据共享。

② 技术驱动。

◎ 技术领先：采用"云原生"＋"微服务"架构，低代码，开源开放。

◎ 集成应用：财务一体化平台的集成与被集成，即数据资产再利用。

◎ 安全可控：安全可控，信创支撑。

（3）三个应用层：决策层、管控层、运营层

① 决策层：使用平台沉淀的数据资产，打通数据分析调用通道，支撑管理决策。

② 管控层。

◎ 预算管理：包括全业务、全过程的预算管理，优化资源配置等。

◎ 资金管理：包括全球联动、资金可视、风险可控的大司库等。

◎ 风险管控：包括构建风险库，实现风险识别、风险跟踪、风险预警等。

③ 运营层。

◎ 业务前台：连接业务前台，实现业财一体化应用，包括合同管理、项目管理等。

◎ 财务中台：包括报账平台、运营管理、电子影像等。

◎ 财务后台：包括会计核算、会计报表、税务管理等。

2. 财务一体化平台的规划原则

（1）集中统一化

按照"统一规划、统一标准、统一架构、统一建设"的原则，确保系统资源的有效集约和最大利用，确保信息化需求能够在集团公司层面进行统筹并得到充分整合。基于整体 IT 数据治理要求，建立统一、标准、前瞻的财务信息治理标准，以满足集团总部整体管控需要的数据集成要求，确保上下贯穿。

（2）兼顾个性化

财务一体化平台在建设过程中结合各板块自身业务特点、管理特点，在满足集团管控要求的前提下，可兼顾个性化需求进行拓展。

（3）架构融合化

对于已投入使用且无法替换的系统，采用系统集成或数据中台的方式进行融合。在系统建设过程中，要综合考虑各信息系统后续的升级换代及可扩展性、兼容性需求，保证系统间的关联交互。

（4）运行安全化

财务一体化平台的建设、升级、改造不应影响各单位日常生产经营，并且要做好信息安全及保密工作，确保日常数据备份及灾备措施到位。

9.2.5 财务一体化平台的组织架构

中国能建牵头，联合责任部门、实施厂商成立了"1+1+N"的项目建设组织，即1 个领导小组、1 个工作小组、N 个执行小组，董事长亲自挂帅担任业财一体化工作领导小组组长，一把手带头指挥，业务部门全力配合，财务人员全程跟进，项目核心成员熟悉中国能建及大型建筑央企业务体系，尤其具备抗压能力，擅于攻坚克难打硬仗，从组织层面提供了保障，确保高质量完成项目实施。中国能建业财一体化平台的组织结构如图 9.3 所示。

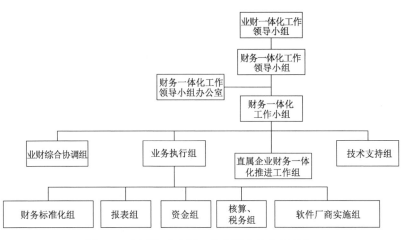

图 9.3　中国能建业财一体化平台的组织结构

9.2.6　财务一体化平台的业务流程

通过业务流程梳理，结合平台建设规划路径的阶段安排，中国能建财务一体化平台的业务流程如图 9.4 所示。

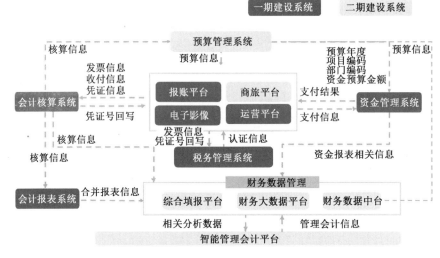

图 9.4　中国能建财务一体化平台的业务流程

1. 会计报表系统与会计核算系统

会计报表系统通过接口方式，从会计核算系统抽取数据，根据合并抵销规则，形成公司各层级合并财务报表，实现"一键出表"。对于部分特殊业务数据获取及调整事项，采用手工录入方式进行。

2. 财务共享服务类系统间的业务关系

① 报账平台通过会计引擎向会计核算系统推送凭证信息、收付信息、发票信

息，实现自动记账。

② 报账平台处理付款流程时，形成支付信息传递至资金管理系统（含银企直联）。

③ 报账平台处理收款流程时，资金管理系统匹配收款，自动进行收款核销和记账。

④ 报账平台与预算管理系统实现集成，接收预算信息，实现事前预算控制。

⑤ 影像管理系统将票据实物、合同等纸质文件转换为电子影像，并用于财务共享服务的业务处理过程。

3. 预算管理系统与会计核算系统

会计核算系统向预算管理系统推送实际账务结果，进行预实分析。

4. 资金管理系统与预算管理系统

预算管理系统向资金管理系统传递关联预算年度、项目编码、部门编码、资金预算金额等信息，实现资金支付基于资金预算的总额控制。

5. 智能管理会计平台与财务数据管理类系统

通过财务大数据平台或财务数据中台提供智能管理会计平台所需的相关数据。智能管理会计平台生成的管理会计信息同时回传到财务大数据平台进行存储，根据需要提供给源系统使用。

9.2.7 财务一体化平台的应用架构

根据《中国能建"十四五"财务信息化规划》，构建共建共享和连接共生相统一的财务数据治理体系，形成智慧智能、动态高效、深入前瞻的数智财务，发挥财务管理在统筹协调、风险防控、业务赋能、决策支持、价值创造等方面功能的要求，以"双中台"战略驱动"横纵协同、业财融合"的数字化智慧型财务应用架构，实现"234"体系建设，如图 9.5 所示。

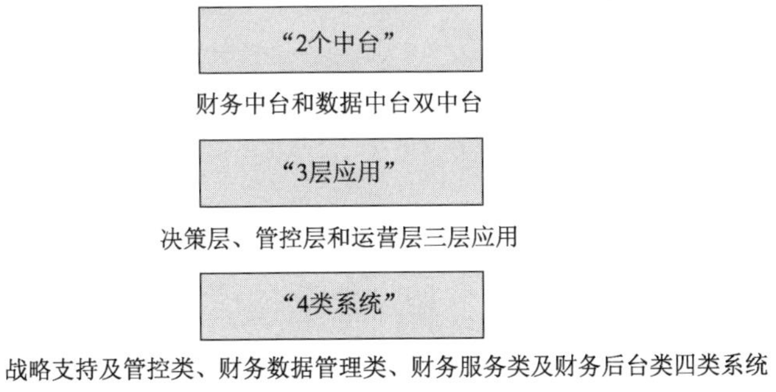

"2个中台"
财务中台和数据中台双中台

"3层应用"
决策层、管控层和运营层三层应用

"4类系统"
战略支持及管控类、财务数据管理类、财务服务类及财务后台类四类系统

图 9.5 中国能建财务一体化平台的系统示意图

根据这个体系规划，中国能建搭建了财务一体化平台，其架构如图 9.6 所示。"统一大平台、集中云应用"，即中国能建在 IaaS 云、PaaS 云之上，构建统一、大集中、业财融合的财务一体化平台。

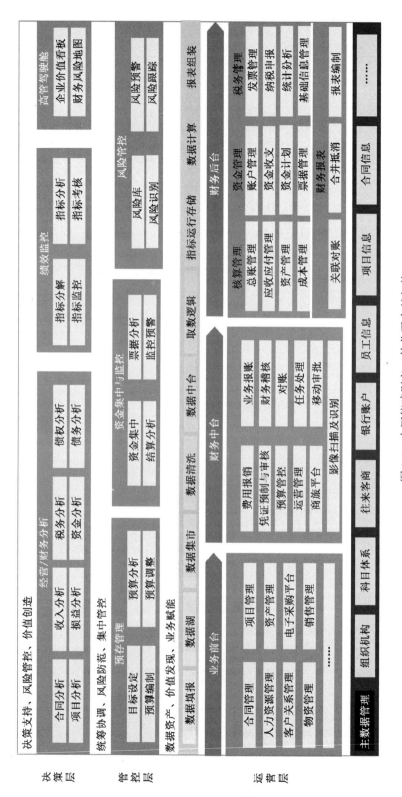

图 9.6 中国能建财务一体化平台的架构

9.2.8 财务一体化平台的建设历程

中国能建财务一体化平台建设历程如图 9.7 所示。

图 9.7 中国能建财务一体化平台建设历程

9.2.9 财务一体化平台上线总体应用情况

中国能建财务一体化平台上线总体应用情况如图 9.8 所示。

图 9.8 中国能建财务一体化平台上线总体应用情况

9.3 中国能建财务一体化的应用场景

中国能建通过图像识别（OCR）、电子票据、银企直联、财务机器人（RPA）等智能化、数字化技术的应用，全面提升财务一体化平台的智能化程度。

9.3.1 多方位、多角度搭建一体化的应用基础

实现财务一体化应用，首先需要建立资源集成、业财融合、数据共享的统一体系。

（1）大集中部署模式，打破信息孤岛，实现数据共享

中国能建财务一体化平台建设项目覆盖中国能建下辖境内外所有业务单位，

包括法人约 650 个，其中二级子公司约 15 个；核算组织（包括法人、分公司、代表处、项目部等）约 6000 个。为解决信息孤岛问题，提高业务处理效率，中国能建财务一体化平台采用大集中部署模式，实现一套系统、一套标准、一套体系，确保资源有效集约和最大利用。此外，大集中模式有利于促进财务管理标准化、精细化和规范化，可加强集团财务管控力度，实现数据共享。

（2）适应国际化发展，满足境内外业务处理要求

目前，中国能建海外项目遍布 140 多个国家和地区，集团内各单位行业跨度大、地域覆盖广，随着国际化发展水平的提升，海外业务占据较大比例。海外特殊的环境、基础设施条件及监管要求，对财务一体化平台的建设提出了较高要求。为满足中国能建国际化应用的要求，财务一体化平台支持多会计准则，操作界面支持中文、繁体中文、英文等多种语言，可实现境外账户的全面管控。国际化多语言支持平台界面如图 9.9 所示。

图 9.9　中国能建财务一体化平台国际化多语言支持平台界面

（3）夯实财务标准化基础，推进全集团范围内的标准化建设

业财一体化项目的建设按照中国能建十二大产业领域、四大产业链，将工作分解为 10 个阶段、128 项工作任务，涉及十二大板块，制定并梳理了 109 项标准业务流程、301 项业务类型、2058 项经济事项、30 多张业务表单、50 余份培训材料、5 大类主数据。其中，主数据包括组织、人员、客商、项目、合同，共计 52 万条，项目主数据超 6 万条，合同主数据超 8.5 万条，客商主数据超 20 万条，人员主数据超 17.5 万条，从基础数据、表单、流程等方面夯实了财务标准化的基础，为财务一体化平台的快速上线奠定了基础。

（4）兼顾各业态个性化管理需求，提升精细化核算和多维度的查询、分析能力

根据对各业态的管理要求，中国能建下属各单位根据实际需要选择自定义项参数。例如，根据房地产业态的管理特点，在收款单据上体现楼栋、房号等信息，系统通过增加项目自定义项，在收款报账时即可增加楼栋、房号信息，细化核算，

同时满足按照表单、经济事项等维度进行查询、分析的需求。

9.3.2 应收应付衔接，实现全流程管控及各模块协同应用

开展覆盖集团内部上下游的营运资金管理，聚焦企业营运环节的资金管控和内部精细化管理，是实现存量资金价值最大化的抓手。通过与采购、销售、库存等营运环节应收应付的衔接，加强对各环节资金占用和资金成本的考核，促进现金流的快速运转，降低两金占用比例。应收管理和应付管理示意图分别如图 9.10、图 9.11 所示。

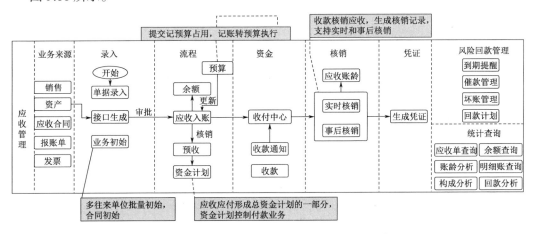

图 9.10 中国能建财务一体化平台的应收管理示意图

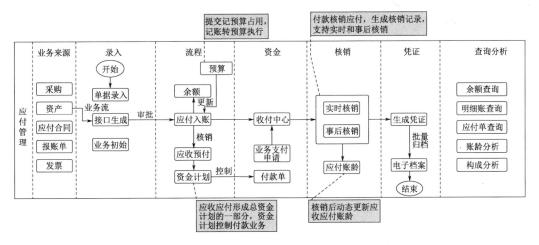

图 9.11 中国能建财务一体化平台的应付管理示意图

中国能建财务一体化平台围绕中国能建的应收应付管理，实现了从前端业务系统、报账系统获取业务数据，并与资金管理、总账、税务等共同应用，实现应收应付的全流程管理。应收管理作为企业财务管理的重要组成部分，用于管理企

业销售所产生的应收账款，能够帮助企业有效管理应收款项，确保债权确认及时合理、资金及时回笼。应付管理作为企业财务管理的重要组成部分，能够帮助企业有效管理应付款项，确保债务确认及时合理、控制资金的有效使用。利用财务一体化平台，加强收付账款的管理，有助于企业维护与供应商之间的良好合作关系，也是保证企业可持续发展的重要途径。

9.3.3 搭建集团级别的内部交易对账平台，内部交易快速抵销，支撑合并报表快速出具

中国能建下属各级单位产生的内部交易业务能够从业务表单及总账两个层面进行对账处理，解决内部交易的处理问题，为后期合并报表提供支撑。

财务一体化平台充分考虑中国能建全集团的对账需求，通过往来协同中心的应用，在前端业务表单层面实现对账设置，往来协同主要体现在根据通知单进行对账，并自动生成相关单据。

基于总账，通过建立对账中心，对往来事项集中处理，执行余额核对，固化内部对账规则和逻辑，支持实时自动对账，对未达一致的事项推送任务通知、发布预警提示等，并支持引入仲裁机制，以及时解决争端。

9.3.4 统一资金管理平台，搭建三级资金管理体系

中国能建资金管理系统按照司库建设模式设计，为中国能建搭建统一的全球资金管理平台，融合股份财务与产权部、财务公司等各类资金管理主体，建设了三级资金管理体系。股份公司财务与产权部作为资金集中的归口部门，财务公司负责资金集中管理的各项业务，充分发挥"资金归集、资金结算、资金监控、金融服务"的职能。

在资金归集方面，各法人单位在财务公司开立结算账户，依托财务公司，按照"统一平台、分级集中"的模式，先横向再纵向，每日进行逐级归集。同时，完成全集团银行账户清理，实现与财务公司和中国银行、农业银行、工商银行、建设银行、交通银行、招商银行、兴业银行等 10 家银行的对接。考虑到海外资金管理要求，财务公司的外汇银行账户与各单位的外汇银行账户建立银企直联，定期归集外汇资金。财务公司逐日统计分析资金支付总额及大额资金支出情况。中国能建三级资金管理体系示意图如图 9.12 所示。

财务一体化平台资金管理将覆盖中国能建的全层级、全流程，强化头寸平衡管理、投融资统筹管理、资金多维度分析及资金风险管理、全方位辅助决策。

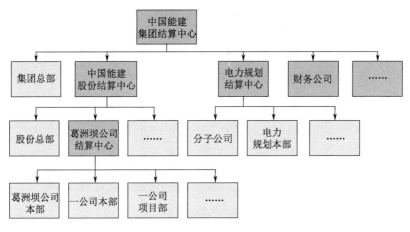

图 9.12　中国能建三级资金管理体系示意图

9.3.5　资金计划统筹管理，精细管控

中国能建利用财务一体化平台进行统一的资金计划管理、资金预测、资金头寸、资金调拨和资金使用监督，能够清晰掌握每个核算主体的资金流量和存量；能及时与资金计划进行比对、预警，监控预警范围包含交易主体、交易对象、交易账户、交易金额、交易笔数等；能够自动计算资金使用成本、利息，并进行收益自动分配等。

9.3.6　融资业务全流程统筹管理，降本增效

中国能建搭建统一的融资管理平台，支持多品种、全流程的融资管理，覆盖银行贷款、内部贷款、银行承兑汇票、商业承兑汇票、债券融资、应收账款保理、表外融资等；实现授信、担保、抵质押等融资方式；覆盖境内外主流融资利率及利率变更方式；既支持独立授信、独立融资，也支持统一授信、集中融资、内部调剂。借助融资管理平台，可有效提高集团企业信贷管理效率，优化融资结构，降低整体财务成本。

9.3.7　高性能银企直联，实现可并发、高吞吐

中国能建日常结算量大、支付时效要求高，通过使用高性能银企直联平台，中国能建已经实现与中国银行、农业银行、工商银行、建设银行、交通银行等 10 家银行对接，可支撑日均几十万笔业务处理。中国能建银企直联平台的功能特点如图 9.13 所示。

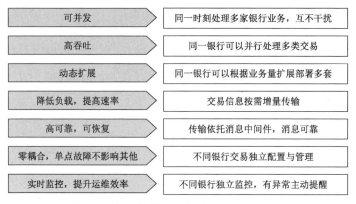

图 9.13　中国能建银企直联平台的功能特点

9.3.8　业财一体化核算，数据双向引用贯通

建立业务和财务在数据、流程和管控等全面的协同机制，实现业财信息一体化，完善业财协同机制，确保业务单据、固定资产、应收应付等业务从源头信息到财务核算信息的标准一致，落实标准化、精细化管理，从业务视角清晰地展示财务信息，支持项目全生命周期数据的深度挖掘，优化对经营决策的支持能力。

会计平台提供集团层面的公用转换模板和基础数据对照表，在提高凭证接口的操作易用性的同时，使业务系统数据不落地地进入财务核算系统，生成核算数据。

9.3.9　与相关系统无缝对接，推动业财融合发展

中国能建财务一体化平台在财财融合的基础上推动业财融合的发展，实现统建类业务系统与财务一体化平台的对接、自建业务系统与财务一体化平台对接。根据中国能建业财一体化的管理需求，通过提供标准化接口服务等方式，实现对中国能建所需的各类合同结算、物资等业务与财务一体化平台管理的融合，实现业财集成。

1. 业财融合的具体实践

① 对于已规划由集团统建或已在建设中的基础业务系统（如项目综合管理和人力资源管理等相关系统），财务系统预留相应接口进行对接。

② 对于由所属单位自行建设的与其主营业务密切相关的业务系统，通过财务系统预留标准接口，方便所属单位后续接入、互通。

③ 对于所属单位已建设和使用中的业财端到端集成的一体化系统，将其与财务一体化平台进行界面集成，实现异构系统兼容。

2. 财务一体化平台标准接口服务

财务一体化平台提供标准的接口服务，方便后续中国能建在业务系统不断完善的过程中，实现与财务一体化平台的对接融合，如图 9.14 所示。

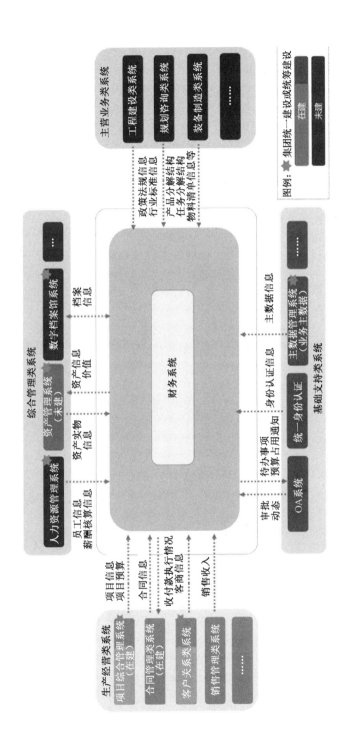

图 9.14 中国能建财务一体化平台的系统对接示意图

205

9.3.10 其他多种智能化场景的应用与嵌入式控制

财务一体化平台在提单、财务稽核、资金结算等环节设置了多种智能化场景和嵌入式财务内控规则。典型的智能化应用场景细节包括九大类近 100 个风险监控点嵌入平台，实现精准管控，主要包括以下内容。

① 报账提单时发票验伪、防重校验。

② 发票智能回写。

③ 智能公告认领。

④ "八项规定"敏感词校验。

⑤ 借款限额、预算控制。

⑥ 同一结算中心和跨资金结算中心的资金自动调度。

⑦ 票据到期收款的自动入账。

⑧ 应付账款余额控制。

⑨ 往来账户余额控制。

⑩ 往来账户自动对账等。

通过自动化、智能化程序代替人工处理，提升了业务处理效率，落实了财务内控制度，加强了财务管控，达到了系统更智能、工作更高效、管控更到位的效果。

9.4 财务一体化平台建设的成效及启示

9.4.1 财务一体化平台建设的成效

为推动战略提升而进行的转型升级，财务一体化平台也着力提升中国能建财务管理的核心能力，以实现财务管理的标准化、精细化、自动化和智能化。

1. 提升信息"穿透"能力

财务一体化平台统一标准，统筹建设，实现财务全流程的一体化管理，并且实现财务一体化平台的统一运营，集中部署，实现各级财务数据的集中管理，推翻原先自建且分散的财务系统，打造统一的支撑平台，满足各级数据的穿透与共享。

2. 提升业财协同能力

报账平台深入业务前端，实现成本结算、收入计量、薪酬结算等多类经济事项的自动录入，财务标准化综合考虑与业务端成本分解、费用类型、分包商等管理口径的映射关系，统一主数据的管理规范和管理平台，打破业务数据和财务数据的集成壁垒。

3. 提升战略支撑能力

实现各级各类报表的一键出表，为管理决策提供更及时、更灵活的数据支持；强化现金流分析预测、资金头寸管理功能，改善两金偏高和"存贷双高"的管理现状。

4. 开发智能运营能力

应用人工智能识别技术，实现机票、火车票、增值税发票等固定格式原始凭证的报账单信息自动录入；应用机器人自动化技术，实现网银账户的自动支付、账户自动对账。

5. 提升全球管控能力

境内外业务在统一平台上进行业务处理，加强对海外财务管理全流程的支撑能力，并充分考虑海外业务的复杂度和对多币种、多语言的特殊需求。

9.4.2 财务一体化平台建设的启示

中国能建财务一体化平台建设涉及的成员单位多、范围广，项目建设存在较大的挑战，如何确保系统的领先性，达到"世界一流企业"的标准，建设能够支撑中国能建战略发展的业财一体化应用平台，是项目建设重点考虑的内容。

1. 细致梳理项目建设难点

通过深入调查和认真总结，梳理出该项目存在以下建设难点。

① 基于中国能建业务复杂的特点，如何在多层级、多板块、多准则下实现统建系统。

② 中国能建的组织、员工规模巨大，如何确保财务数据的完整、准确、实时性。

③ 中国能建的业务已经扩展到140多个国家和地区，如何保障国际化业务的运行。

④ 如何保障系统技术架构领先，能够支撑未来业务发展，能够支撑大数据大并发。

⑤ 系统如何适应集团及子公司业财融合要求，包括老系统历史数据准确迁移。

⑥ 180天完成中国能建各级所有单位的上线实施工作，如何保障这一艰巨任务的高质量落地。

⑦ 如何保证系统贴近业务设计，保证系统充分满足管理需求，能够将各类流程、制度、体系嵌入财务系统。

经过对以上难点的分析，中国能建发现只有针对大项目的建设制定有针对性的实施策略，才能确保项目快速成功落地。

2. 精准制定实施策略

针对上述建设难点，中国能建制定了"大会战、两主线、深积累、强团队"的实施策略。

（1）统一安排系统实施（大会战）

① 统一认识：全集团统一建设，全国一盘棋，思想上统一认识，管理上统一组织，成果统一分享。

② 统一步伐：所有单位统一项目启动，统一原型设计，统一数据标准，统一系统开发，统一集成标准。

③ 片区作战：考虑中国能建各级单位的分布区域不同，采用"总部+区域"的实施策略，设置北京、武汉、广州、西安、南京五大片区，在同一片区内进行集中培训与初始化。

④ 平稳切换：系统上线后统一运维、统一系统切换。

（2）"数据线—业务线"协同互动（两主线）

① 数据先行："兵马未动，粮草先行"，现代信息化战役应是"应用未动，数据先行"。

② 水流船动：数据为"水"，应用为"船"，水流船动，两条主线同步实施，共同推进。

③ 相辅相成：在实施过程中，两大主线，即数据线和应用线分步走，既独立工作，又相互配合，保证项目保质保量地完成上线任务。

④ 咨询落地：数据线承接咨询标准化成果，进行数据标准化的落地；应用线承接咨询蓝图设计成果，进行系统应用的落地。

（3）推进管理标准（深积累）

① 业务标准：在中国能建体系内，打造世界一流的财务管理体系，包含核算、报账单据、资金、税务等。

② 流程标准：制定标准化流程，对基建、设计、装备制造等业态设置标准流程及表单。

③ 数据标准：建立数据标准，设置数据标准模板，同时结合不同板块的特点分别设置个性业务数据标准，既保证统一，又兼顾个性。

④ 集成标准：建立集成系统的统一标准，反复验证系统集成的实用性和准确性，保证集成标准快速推进并应用。

（4）注重人才组织（强团队）

由中国能建责任部门、实施厂商成立的"1+1+N"项目组，从组织层面提供保障，确保高质量完成项目实施。

基于数据和事实的理性分析是公司科学管理的基础，在深刻理解和准确把握加快数字化转型和财务一体化平台建设工作重要意义的基础上，通过加快全面数字化转型，采用与之相匹配、相适应的数字化管理手段，确保人、财、物、数据、知识、项目这六大要素实时"在线"，各类信息不冗余、不缺失、账实符、可追溯、响应快、用得好，实现从"数据"到"大数据"，再到"大数据资源"，直至"大数据资产"的全面飞跃，为实现中国能建战略目标保驾护航。

第10章 东方电气：微服务+平台化，财务共享成为企业数字化转型助推器

10.1 东方电气简介

中国东方电气集团有限公司（以下简称"东方电气"）是党中央确定的涉及国家安全和国民经济命脉的国有重要骨干企业之一，属国务院国资委监管企业。东方电气秉承"求实、创新、人和、图强"的企业精神，历经60多年的磨砺，已成为全球最大的发电设备供应商和电站工程总承包商之一，拥有东方电机、东方汽轮机、东方锅炉、东方重机、东方风电等企业，发电设备产量累计超过6亿千瓦，已连续18年位居发电设备产量世界前列。目前，东方电气大力拓展海外市场，积极参与"一带一路"建设，其大型装备产品和服务出口到近80个国家和地区。东方电气作为国家重大技术装备国产化基地、国家级企业技术中心，拥有中国发电设备制造行业中一流的综合技术开发能力，通过自主开发、产学研合作，形成了一批拥有自主知识产权的重大技术装备产品，具备了大型水电、火电、核电、气电、风电及太阳能发电设备的开发、设计、制造、销售、设备供应及电站工程总承包能力。

展望未来，东方电气将秉承"共创价值、共享成功"的宗旨，按照集团最新发展战略，建设具有全球竞争力的世界一流企业，以绿色动力驱动中国和世界经济发展。

当前，东方电气重型装备制造的数字化建设已取得明显成绩，但从财务领域对标世界一流水平来看，虽然已基本统一了会计政策和会计科目体系，建立了相对完善的财务管理体系，但财务信息化总体水平不高，集团管控力度仍然比较薄弱，内部管理标准化程度低，下属公司管理个性化差异大，导致集团统筹不够，效率较低，响应速度较慢，因此，需要进一步强化数字技术在财务、业务、企业管理中的重要作用。

按照国资委《关于加强中央企业信息化工作的指导意见》《关于加快推进国有企业数字化转型工作的通知》，以及东方电气信息化总体规划等战略发展要求，东方电气开启了基于财务共享的数字化转型之路，这是东方电气利用数字化推动降成本、增效益、提升价值创造能力，以及寻找产业发展新机遇的重大举措之一。

东方电气以优化业务流程、规范基础管理、强化集团管控、实现财务转型为目标，积极推动业财一体化建设和管理数字化转型。

10.2 东方电气基于财务共享的数字化转型项目建设概况

10.2.1 建设思路

1. 原则与思路

东方电气将财务数字化转型定性为破局的关键，坚持共建共享理念，结合集团公司业务、财务、信息化实际情况，设计总体规划方案，以先进的数字化平台为基础搭建财务共享服务平台，助推企业整体的数字化转型。

东方电气的财务数字化转型基于核心技术平台，构建财务共享服务平台，改"以职能为纽带的多层级组织体系"为"以服务为纽带的扁平化组织体系"，打造中央企业中第一个基于"微服务架构"真正落地的财务共享中心，具体按照如下三个原则建设。

（1）顶层设计先行

东方电气从数字化转型顶层规划的视角，而非局限于以财务视角切入，统筹考虑公共平台的顶层设计和总体规划，解决原有分散的系统数据难以互联互通的问题，将原有系统整合成一个统一平台，以强化集团化运营和管控。

（2）财务共享先行

东方电气基于财务共享推动业财一体化建设，从费用共享起步，统一费用报销制度、流程、标准，将规则嵌入系统，系统自动对标出差等级、招待标准等进行管控，从源头控制违反中央"八项规定"的行为发生，再逐步纳入应收应付共享、税务共享、资产共享、资金共享等内容，并倒逼业务系统转型升级，实现全面共享，为下一步实现数字化运营奠定基础。

（3）数字化平台先行

东方电气搭建一个自主可控的新一代基于云原生、微服务架构的软件开发公共平台（企业数字化平台，即统一平台+架构换代），在此基础上搭建财务共享中心、税务共享平台、资金共享平台、门户系统、办公系统、客户关系管理平台、客户服务平台、供应商协同管理平台等业务系统。这些系统以微服务的形式独立部署，可灵活地拆分与组合，从而使各系统可独立更新、扩缩容和重启，实现了信息化架构换代，提升了业务一体化集成能力，降低了运维成本，并可快速响应持续变化的业务需求与业务模式创新。

基于此，东方电气数字化建设项目确定的总体思路为，借助财务共享服务系统推动集团数字化转型升级，基于新一代云原生技术平台，支撑业务的持续创新，通过打造一个微服务架构的软件开发公共平台,建立一套现代化的软件开发体系,培养一支掌握新一代数字化技术,具有独立软件开发、运维能力的队伍,全面推进数字化转型,即"1个平台+1套体系+1支队伍",如图10.1所示。

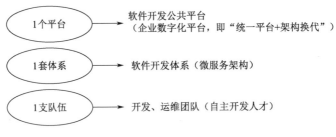

图 10.1　东方电气数字化转型推进的总体思路

1 个平台:以财务共享服务系统建设为起点,搭建东方电气自主可控的,基于云原生、微服务新一代技术架构的统一软件开发公共平台,逐步构建东方电气数字化平台底座。以平台为基,以财务共享服务系统建设为牵引,同步配套建设集团统一门户系统、合同管理系统、采购管理系统、科技管理系统、质量管理系统、数据中台、司库管理系统等集团管理软件,实现集团管理数字化转型升级。

1 套体系:在软件开发平台的建设与深度应用的基础上,同步建立软件敏捷研发体系,通过梳理相关的微服务开发技术要求,应用交互设计标准、移动应用接入准则等标准体系,建立东方电气的现代化软件开发体系。

1 支队伍:培养一支掌握新一代数字化技术,具有独立软件开发、运维能力的队伍,支撑东方电气数字化转型。

2. 财务共享服务系统的建设目标

东方电气财务共享服务系统要实现以下两大核心目标。

(1)提升财务管理水平,建立"三位一体"财务管理模式

东方电气服务系统搭建统一的财务共享服务系统,通过制度、规则和流程的统一梳理,将集团各企业中大量重复的、易于标准化和流程化的会计核算业务纳入财务共享中心统一处理,以提高工作效率,加强集团管控,促进财务转型。财务共享中心建成后,可促进财务职能以战略财务、共享财务和业务财务分层,形成"三位一体"财务管理模式,实现财务管理专业化、会计核算共享化、业务财务一体化。

其中,战略财务主要服务于集团财务层面,通过数据分析、政策研究等为集团管理层提供决策依据,支撑集团战略实现;共享财务主要服务于财务共享中心层面,受托统一处理各企业的会计核算业务,并向集团公司和各子公司提供基础财务数据和报表;业务财务主要服务于各子公司层面,通过财务深入业务各个环节,深化业财融合,为各子公司的生产经营提供支撑。

（2）打造自主可控的数字化平台底座，赋能全业务数字化转型

在财务转型的基础上，东方电气财务共享服务系统基于自主可控的软件开发公共平台，打造集团数字化平台底座，整合全集团信息化管理系统，为企业整体的数字化转型助力。

从财务信息系统方面看，目前集团在用的 SAP 系统和需要补充建立的统一的财务共享服务系统会进行业务全流程处理和数据集中收集。通过建立财务共享中心，逐步将"SAP+财务共享服务系统"融合打造成全集团统一的基础财务系统，并内嵌规范的业务和财务流程。同时，以财务共享服务系统建设为抓手，全面整合集团内部业务系统，包括人力系统、办公系统等信息系统，实现集团各个系统间的互联互通、数据共享。东方电气信息化管理系统的整合思路如图 10.2 所示。

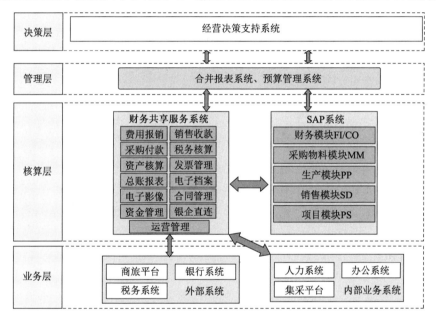

图 10.2　东方电气信息化管理系统的整合思路

东方电气以财务共享服务系统建设为基础在核算层打通 SAP 系统与财务共享服务系统。SAP 系统是集团的核心系统，主要服务于企业内部资源的整合，解决生产、销售、采购及财务一体化问题。财务共享服务系统是以财务业务流程为主导构建的，以实现业务全流程信息化为目标，解决费用报销、销售收款、采购付款、总账报表等其他所有业务全流程信息化的问题，以及电子影像、电子档案等问题。SAP 系统与财务共享服务系统互相补充，各自发挥作用。久其报表系统在 SAP 与财务共享服务系统提供数据的基础上出具报表。

在核算层基础上，通过打通业务层的内外部系统，对接商旅平台、银行系统、税务系统，以及集采平台、人力系统、办公系统等，将财务共享服务系统建设成

为集团各类经营管理数据的汇聚池。同时，财务共享服务系统对接管理层的合并报表和预算管理等系统，以及决策层的经营决策支持系统，实现全集团信息化管理系统的互联互通和数据共享，为管理决策提供多维度的管理数据分析。

10.2.2 建设路径

东方电气以软件开发公共平台为基础，坚持按照"总体规划，分步实施"的建设原则，分三期建设财务共享服务系统，以实现业财融合，提高工作效率，加强集团管控，促进财务转型，奠定数字化转型基础。

总体规划方案涵盖全业务、全流程、全方位的业务方案设计和分三期实现的完整信息化系统建设框架，如图10.3所示。总体规划方案包括财务共享服务系统总体规划方案、软件开发公共平台设计方案，以及需同步建设的SAP及SRM改造方案、合同管理系统规划方案、科技管理系统规划方案、投资管理系统规划方案、资产管理系统规划方案。总体规划方案为同步建设系统指明了方向，也为同步建设系统的启动打下了坚实的基础。

目前，东方电气财务共享服务系统项目一期及二期主要建设内容已完成，包括完成财务共享服务系统总体规划方案、费用共享业务实现方案、软件开发公共平台设计方案、SAP及SRM改造方案、合同管理系统规划方案、科研管理系统规划方案、投资管理系统规划方案；完成软件开发公共平台、差旅业务上线、其他费用共享业务上线。

项目自2019年10月正式实施以来，项目组按照集团公司总体计划部署，完成了业务调研、现状调研及需求分析报告、总体规划方案初稿，以及相关业务流程梳理。2020年，一场突如其来的疫情席卷全国，给各条战线带来难以预估的影响，项目组利用各种手段与时间赛跑，按计划完成了财务共享服务系统总体规划方案设计、数据准备、系统开发测试、用户培训等工作。差旅业务于2020年6月18日，以集团公司、股份公司为代表的总部8家单位成功上线试运行，7月15日完成集团境内43家企业差旅业务全部推广上线；9月9日财企直联成功实现对公支付；招待费、会议费、其他费用共享业务，包括招待用品库存管理于2020年12月10日上线运行。

差旅业务自2020年6月18日上线以来，系统已实现稳定运行，截至2021年年底，系统提交31.02万笔业务，处理完成30.43万张单据，完成率为98.13%。差旅业务和其他费用共享业务的成功上线，标志着财务共享服务系统项目一期目标任务按计划完成。

东方电气将继续按照总体规划，按照既定建设原则，稳步推进，努力建设世界一流的财务共享中心。

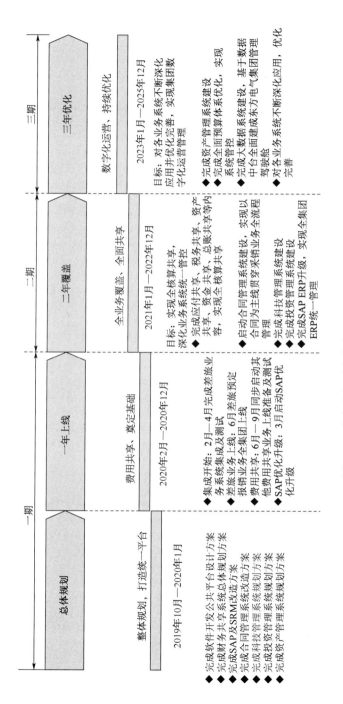

图 10.3 东方电气财务共享项目的建设路径

10.2.3　建设方案

1. 组织规划

东方电气财务共享中心的组织规划初期,以成都总部园区为主的 10 家单位在模拟共享中心集中处理上线业务,其他企业在原单位处理上线业务。后期,组建财务共享中心,集中处理全集团财务共享服务系统线上会计核算业务。根据"总体规划、分步到位"的原则,按上线业务内容分三批集中上线业务和人员。东方电气信息技术中心的技术支持组为财务共享中心的系统开发、系统需求管理和系统运维管理提供技术保障。

东方电气财务共享中心设立费用组、应付组、应收组、资金组、总账组、运营管理组、运维服务组共 7 个主要职能部门,以适应财务共享模式下东方电气财务职能的升级。财务共享中心设主任(副主任)数名(根据集团公司安排),各小组组长、记账岗、复核岗、结算岗等共计 15 个岗位,具体组织架构如图 10.4 所示。东方电气改"以职能为纽带的多层级组织体系"为"以服务为纽带的扁平化组织体系",为集团及各子公司提供专项服务。

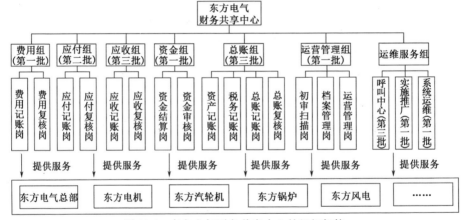

图 10.4　东方电气财务共享中心的组织架构

2. 系统应用

东方电气信息系统按照"支撑平台、业务层、决策管理层"的三层架构进行整体规划,如图 10.5 所示,规划了未来以"SAP ERP 系统 + 财务共享服务系统"为双核驱动的信息系统业务应用架构,同步建设合同管理、科技管理、SRM、CRM等业务应用系统,以满足集团未来业务管理需要,并驱动集团公司管理、研发、制造、服务及产业链的数字化转型。

按照东方电气分三期分步建设优化财务共享服务系统的规划,财务共享服务系统总体应用架构及分期建设情况如图 10.6 所示。

当前,东方电气财务共享服务系统一期项目相关模块上线实施的主要内容如图 10.7 所示。

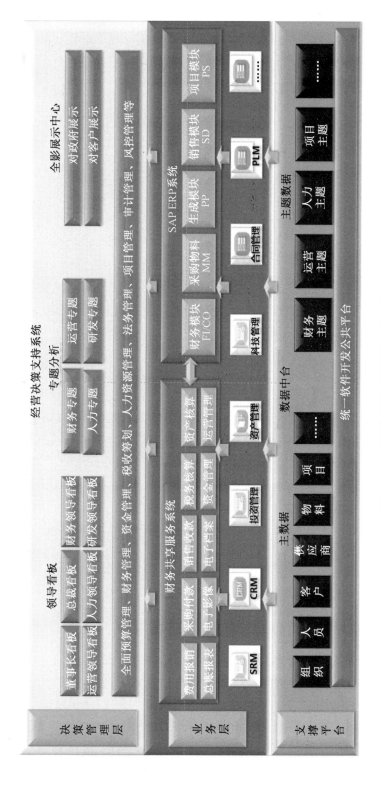

图 10.5 东方电气信息系统整体架构规划

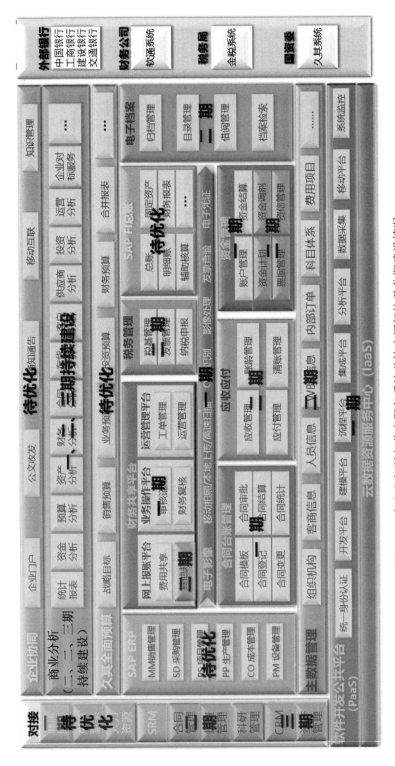

图 10.6　东方电气财务共享服务系统总体应用架构及分期建设情况

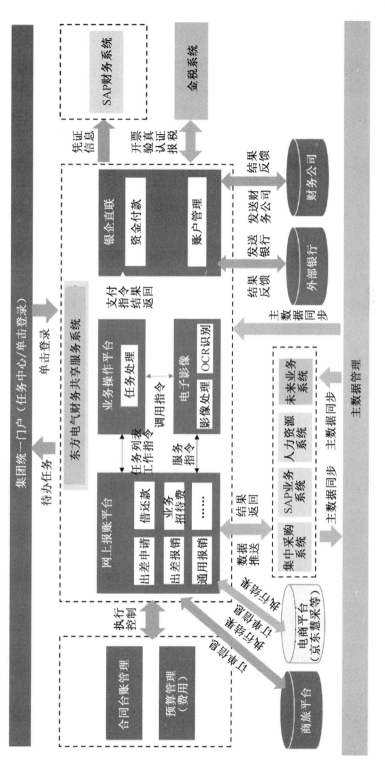

图 10.7 东方电气财务共享服务系统一期项目相关模块上线实施的主要内容

3. 东方电气财务共享服务系统一期实现的内容

东方电气财务共享服务系统一期全部实现的内容如下：

针对预算管理，综合各单位现状，将费用预算管控模式进行优化改革。集团总部层面将预算管控模式归纳为按费用总额、按部门、按成本中心、按项目预算（辅助核算、WBS、内部订单）四种统一管控模式，通过财务共享服务系统实现费用预算自动控制；预算编制支持手工编制及导入/导出方式，并且支持预算在线调整审批功能。

搭建网上报账平台，实现了以人工填写、业务系统推送、差旅云引入、影像识别回写等多种方式发起报销，按部门、项目、时间等多个维度进行费用预算管控，通过本地上传、扫码上传等方式采集影像，实现发票、合同等相关原始附件的电子化，同时实现发票的OCR识别及发票自动查验，实现全流程线上审批，财务双屏稽核按照嵌入规则自动入账，银企直联快速结算支付。

搭建商旅平台，实现了根据差旅申请单自动订票，控制差旅标准，引入差旅行程明细生成差旅报销单行程明细，引入消费明细生成对账单，核算单位与商旅平台对账完成后自动生成结算单等功能。

除了以上内容，东方电气完成与外部银行包括中国银行、工商银行、建设银行、交通银行以及财务公司对接直联，实现"4+1"的银企直联，满足东方电气费用报销业务在线对私、对公结算的统一管理需求。

搭建集团统一门户，建成智云东方移动办公门户，集成了财务共享、蓝凌OA、帆软报表、小鱼易联、SAP、党费、学习云等13套系统，发布200多个移动功能，解决了员工外出时的办公问题，充分利用碎片化时间，提高了员工工作效率，目前已推广至全集团，活跃用户超过2万个。

针对业务招待业务，实现业务招待及会议费线上申请、费用报销全流程线上管理，以及关联招待品汇总结算单的线上付款管理。此外，还搭建招待品管理系统，实现招待品、纪念品物料线上入库、退库，与东方电气财务共享服务系统申请联动出库、补发、公司内移库、汇总结算功能。

针对招投标保证金收退款业务，完成与SRM系统集成开发，实现招投标保证金收款、退款、保证转中标服务费在线管理，实现自动入账、统一结算、自动清账。

针对其他业务，完成其他费用实施方案编写、表单设计、流程梳理及配置、凭证模板配置及个性化内部开发，最终上线培训工作，实现无合同费用线上报销管理。

完成与集团统一门户、商旅平台、IAM系统、MDM系统、人力资源系统、税务管理系统、CSM 系统、SAP 系统、招待品管理系统、SRM 系统等十大系统的集成对接，实现数据互联互通。

此外，依托东方电气财务共享服务系统一期上线实施的内容，实现业务在线管理。对于招待业务，实现了业务招待及会议费线上申请、费用报销全流程线上管理，以及关联招待品汇总结算单的线上付款管理；对于招待品、纪念品物料线上入库、退库，通过搭建招待品管理系统，与东方电气财务共享服务系统申请联动出库、补发、公司内移库、汇总结算功能。对于招投标保证金收退款业务，完成与 SRM 系统集成开发，实现招投标保证金收款、退款、保证转中标服务费在线管理，实现自动入账、统一结算、自动清账。对于其他业务，通过其他费用实施方案编写、表单设计、流程梳理及配置、凭证模板配置及个性化内部开发，实现无合同费用线上报销管理。

4. 东方电气财务共享服务系统二期实现内容

东方电气财务共享服务系统二期项目以集团统一软件开发公共平台为底座，统一底层架构；以财务共享服务中心为依托，对核算制度、流程体系、数据标准等进行了逐步规范；以深度业财一体化系统集成应用为目标，通过技术赋能，实现了横向整合 SRM、CRM、合同管理、SAP ERP、财务共享、税务管理、资金管理、外部银行相关系统等业财一体化应用，纵向贯通各级子企业统一应用的目标；全面实现了全级次业财系统高度集成、互联互通，业财信息全面对接、深度协同，实现了管理层、业务线、财务线业务实时可视、数据即时共享，进一步提升了集团数字化运营能力。

针对应付管理，如采购应付及付款业务，完成财务共享二期系统与采购管理平台、SAP 系统、合同管理系统、税务管理系统、外部银行、财务公司等系统集成应用推广上线，实现涵盖采购策划—招投标—采购合同—采购结算—采购付款全流程端到端的一体化管理。

针对应收管理，如销售应收及收款业务，通过财务共享二期系统与 SAP 系统、合同管理系统、金税系统、税务管理系统、外部银行及财务公司等系统集成应用推广上线，实现涵盖销售合同、销售订单、销售开票、收款认领、收入确认、收款清账等全流程的在线审批及标准化管理。

针对总账，如总账管理及核算业务，通过财务共享二期系统与 SAP ERP 系统、人力资源系统等的集成，以及总账共享相关功能开发设计，实现总账业务的财务流程线上处理。

针对电子档案，通过搭建电子档案系统，覆盖会计档案采集、立卷、归档、接收、入库、保管、变更、移交等环节，实现电子档案"采""存""管""用"

全方位管理，达到企业对档案业务的管理要求。

　　除东方电气财务共享服务系统二期上线实施的内容外，还完成东方电机财务共享平台切换方案，实现东方电机财务共享平台切换至东方电气财务共享服务系统。

　　此外，新增完成与 SRM 系统、CRM 系统、合同管理系统、运输管理系统、科技管理系统、质量管理系统、数据中台系统、财务公司系统、外部银行（中国银行、工商银行、建设银行、交通银行）票据直联、金税系统共 10 个系统集成应用。

10.3　东方电气财务数智化应用场景

10.3.1　统一移动门户"智云东方"全面应用

　　在财务共享平台的基础上，智能化的企业移动办公平台"智云东方"是东方电气信息技术中心组织开发的新一代智能云工作平台，由移动端和 PC 端组成，致力于为全集团员工提供便捷、高效和统一的协同办公入口。"智云东方"于 2020 年 6 月实现集团全覆盖，彻底改变了原来一个应用就需要安装一个 App 的局面，成为东方电气人人必用的平台。如图 10.8 所示，员工可以通过"智云东方"查看各类工作事项，发起业务申请并上传支撑附件等。

图 10.8　"智云东方"云工作平台

　　"智云东方"实现了以下四大功能。

　　① 全集团实时沟通服务：全员共享、消息同步、信息一体化管理。

② 移动办公，工作看板：近期事项聚合，随时随地查看工作状态、待办事项，员工可合理安排时间，提升工作效率。

③ 数据采集，趋势分析：随时随地掌握一手资料，发现信息资源，聚焦企业资讯、知识文档等，集成数据，让智慧释于指尖。

④ 云上应用，统一入口：通过云连接器整合数据流、信息流，以及第三方系统轻应用。

10.3.2　智能商旅实现无忧出行、便捷报销

东方电气财务共享服务系统利用集团统一办公门户和"智云东方"App 作为 PC 端和移动端入口，深度集成了 eHR、SAP、商旅、税务、银行等业务系统的数据，全集团的差旅报销业务、会议费、招待费和其他费用报销业务，全部实现在财务共享服务系统完成，为集团公司加快推进数字化转型奠定了基础。

上线完成后，集团的差旅申请、商旅预订、差旅报销、自动记账、银企支付等业务流程全部信息化线上办理，实现了全集团费用报销制度流程统一、标准规则统一、报销平台统一、操作界面统一，能够通过系统自动管控差标等级和招待标准，利用数据分析手段发现业务异常，可从源头上防止各类违规行为的发生。在 2017 年机票集中采购的基础上，结合财务共享服务系统建设，集团公司打造了东方电气自有的商旅平台，新增酒店、火车票业务模块，引入三家商旅服务商系统，实现机票、火车票、酒店的在线比价预订，公司统一对公结算。差旅业务管理更加全面、规范、透明，员工轻松出行，不用垫钱、开发票，可快速报账，差旅更方便、快捷、高效。

东方电气财务共享服务系统差旅业务流程如图 10.9 所示，下面就一些关键工作加以解释。

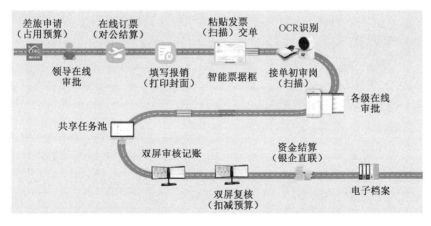

图 10.9　东方电气财务共享服务系统差旅业务流程

① 差旅申请：员工出差前，通过在线（移动端/PC 端）填写差旅申请单，说明出差事由，填写行程明细、住宿及同行人员，系统按照人员职级自动控制差旅标准，自动计算预估补贴费用等，领导接收到待审批差旅申请之后，可随时随地完成在线审批，方便快捷。

② 在线订票：通过财务共享系统直接跳转至商旅平台进行差旅预订，可预订机票、酒店、火车票、用车。系统支持区分因公订单和因私订单，支持员工因私出行预订享受同等企业优惠。可根据企业差旅审批情况自动筛选和限制员工可预订范围。

③ 填写报销：基于差旅申请填写报销单，系统自动引入差旅平台的行程信息，自动回填至行程明细，员工垫付费用在发票拍照上传后自动识别，发票电子信息自动回填到报销单，大大简化了员工填写报销单的复杂度，提升了员工满意度。在员工没有自己垫付费用时，可以直接提交报销单，财务共享服务系统自动计算补助，财务共享中心审核后，将补助金额自动支付到员工报销账户。

④ 智能票据柜：智能票据柜为全自动化设备，可以让用户轻松快捷地独立完成报销票据的交付过程。为了更好地提升用户体验，方便员工提交报销单据，东方电气自主开发了智能票据柜，并且实现了与财务共享服务系统的对接，员工已经提交的报销单信息可自动同步到智能票据柜管理，在员工将原始凭证投放到票据柜时，系统自动完成信息核对与校验，减少由于原始凭证随意投放造成的丢单现象，在提高财务服务水平的同时，也提升财务服务的形象。

⑤ 从 OCR 识别到双屏复核：实现对公垫付差旅费按照不同差旅服务商自动出具对账单，双方线上对账完成后，自动生成商旅垫付费用结算单，经领导审批后，自动传至资金管理系统进行结算。

⑥ 资金结算：所有报销单据、对外支付单据统一集中到资金管理系统，通过银企直联打通了财务公司、工商银行、中国银行、建设银行、交通银行等金融机构，实现了所有付款业务线上自动付款，付款完成状态自动回传至单据，并且为员工提供了自助查询服务，确保员工可随时了解报销进度情况。

⑦ 电子档案：所有通过银企直联完成支付的单据，系统自动获取银行电子回单并自动配置至原报销单据电子影像中，形成完整的电子档案信息。

10.3.3 财务机器人智能稽核、严控单据

通过财务共享服务系统配置智能稽核机器人，根据不同业务审核规则，财务共享服务系统可实现自动稽核、自动预警，大幅提升财务审核人员的工作效率和审核准确性，避免出现因人情关系导致的不合规现象。例如，集团明文规定杜绝与在职领导干部有关的"影子公司"与集团内部企业发生业务往来，在传统方式下，财务人员在审核业务单据时，对每笔单据均需核对对方单位是否属于集团正

式公布的"影子公司"名单中的企业，耗时耗力。在财务共享服务系统上线后，通过企业财务共享智能稽核功能，将"影子公司"名单配置到系统内，由系统自动检测进项发票开票单位及收款方名称，如确认是"影子公司"名单中的企业，则系统自动预警提示，并且自动控制不允许审核通过，大大减少了财务人员审核单据的工作量，降低了审核难度，加强了财务管控和违规风险控制。

10.3.4　电子采购系统投标保证金自动化管理

东方电气为物产公司单独设计投标保证金管理流程，通过与 SRM 系统集成，实现了投标保证金收款自动记账、退款及转款自动核销收款记录功能。

1. 线上收费

线上收费项目主要包含中标服务费、项目投标保证金、年度投标保证金，如图 10.10 和图 10.11 所示。

图 10.10　线上费用缴纳

图 10.11　中标服务费缴费

① 实现 B2C 聚合支付，覆盖个人对公线上支付业务；完成收费、财务凭证、开票线上闭环管理。

② 违约金管理：实现供应商违约或其他原因违约金线上缴纳。

③ 线上收费凭证：SRM 系统将收费信息同步至财务共享服务系统，通过财

务共享连接 SAP ERP 系统，根据收款金额和缴费时自动生成的投标方及投标项目信息计入银行存款和往来科目，其中，中标服务费和投标保证金列入不同的分录。凭证生成后，财务共享服务系统将凭证生成结果信息同步至 SRM 系统。

2. 线上退费

招标项目完成后，SRM 系统计算生成投标方退费金额、银行账户等信息，招标经理在财务共享服务系统中提出退费申请，经东方物产财务部审核确认后，通过财务共享服务系统完成退费。退费完成后，财务共享服务系统传送退费凭证到 ERP 系统。凭证生成后，财务共享服务系统将凭证生成结果信息及退费信息同步至 SRM 系统，如图 10.12 所示。

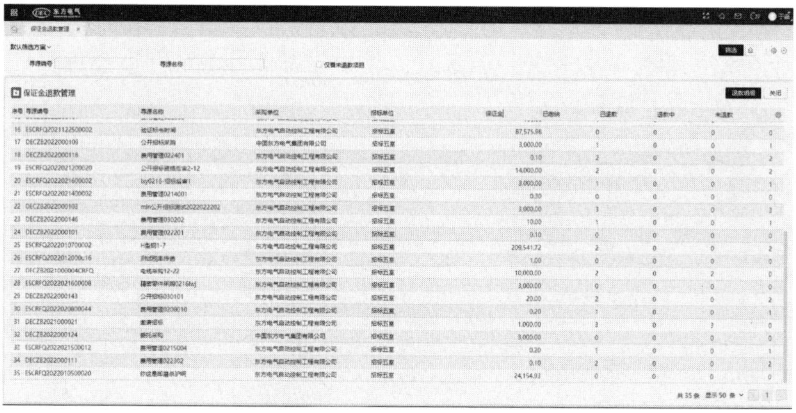

图 10.12　保证金退费管理

3. 投标保证金发票开具及记账

开票完成后，根据金税系统反馈的开票信息（包括发票号码、发票代码、开票日期、开票金额等）及 SRM 系统反馈的投标方及投标项目信息，通过接口自动传入财务共享服务系统生成发票开具申请单，按照财务共享服务系统配置的统一记账规则，自动生成记账凭证。

10.4　东方电气财务数字化转型建设的成效及启示

10.4.1　筑牢"五个统一"，奠定标准化管理基础

东方电气通过财务共享项目建设，实现了统一制度、统一流程、统一规则、统一表单和统一系统（五个统一），为标准化、规范化管理奠定了基础。管理制度化、制度流程化、流程表单化、表单信息化是项目建设的准绳和目标，要实现从业务发起到最终清账完成全过程的线上办理，制度和标准的统一是前提。

1. 统一制度

统一全会计核算制度、差旅开支管理规定、现场服务人员费用报销管理规定、日常费用报销管理规定、业务招待管理办法等制度。以差旅开支管理规定为例，差旅报销标准从每家企业独立 1 套标准整合成全集团 18 类标准，梳理了 4 个一级主流程、18 个二级子流程、247 个具体应用场景，建立了 16 类标准表单，有力提升了费用管理工作的规范性。

2. 统一流程

统一全集团财务共享业务流程，包括费用共享、应收共享、应付共享、资金共享、总账共享、薪酬共享，实现全财务核算业务统一流程高效处理。

3. 统一规则

统一会计核算规则和会计科目使用规则。完善会计核算制度，统一会计科目，建立层次清晰、结构合理、释义明确的全集团会计科目体系。费用类科目从 4 级精简为 3 级，科目数量从 280 个规范为 159 个，减少 121 个，确保集团费用管控统一性，为财务报告和分析提供标准数据。

4. 统一表单

统一线上单据，如差旅、会议、招待、其他费用报销、借还款业务、发票报账业务、收入确认业务、资金收付业务、总账报账业务等标准单据。

5. 统一系统

统一财务信息系统，即"SAP+财务共享服务系统+合并报表系统"。

10.4.2　搭建一个平台，形成企业数字化开发能力

东方电气通过财务共享建设搭建了 1 个平台，建设了 1 套体系，培养了 1 支队伍，推动了集团数字化转型，实现了财务共享服务系统、统一门户、数据分析、移动端等在统一软件开发公共平台的应用，初步形成了东方电气自主可控的企业数字化开发能力。

同时，通过打造"1 个平台+1 套体系+1 支队伍"，东方电气打破了集团与企业、企业与企业、部门与部门之间的信息壁垒，建立起全集团沟通协作的工作模式，通过平台的一体化带动了业务发展的无边界化，以适应集团不断变化的业务需求，推进东方电气的数字化建设。

10.4.3　贯通集团内部系统，实现数据共享共用

东方电气财务共享服务系统，以全业务共享为理念，以深度业财一体化融合应用为目标，通过技术赋能，全面实现了横向整合 SRM/CRM/合同/SAP ERP/财务共享/税务管理/资金管理/银行相关系统等业财一体化应用，纵向贯通了各级子

企业统一应用的目标；真正实现了以合同为主线贯穿采购业务全流程的端到端管理，真正做到了"无合同不计划，无计划不付款"的集团统一管控目标，实现了全级次业财系统高度集成、互联互通，业财信息全面对接、深度协同，实现了管理层、业务线、财务线业务实时可视、数据即时共享，进一步提升了集团数字化运营能力。

10.4.4　实现三个转变，推动集团数字化转型

① 费用业务全流程线上办理：员工办理更方便、领导审批更便捷、财务报销更规范、业财联系更紧密。

② 全过程系统管控：前端预算自动管控、差标等级自动管控、招待标准自动管控。

③ 全方位数据分析：财务数据分析、业务数据分析、工作效率分析、异常情况分析。

东方电气通过财务共享项目一期建设，实现了以上三个转变，为集团数字化转型积累了很好的业务实践和系统落地建设经验，锻炼并培养了一批业务和信息技术人才，为集团按照"十四五"规划进一步实现集团数字化转型奠定了坚实的基础。

10.4.5　案例启示

习近平总书记指出，高质量发展是"十四五"时期我国经济发展的必由之路，装备制造业高质量发展更是重中之重。东方电气始终坚持解放思想、自我革新，主动对接国家战略，危中寻机，以"改革永远在路上"的精神和魄力持续推进改革，积极开展数字化转型升级。2020年，东方电气克服行业下行和疫情的双重影响，实现营业收入、利润总额、新生效订单数同比大幅增长，达到"十三五"以来的最好水平，高质量发展态势进一步巩固。

财务共享服务系统是东方电气第一个由集团总部统一规划建设、统一推广且全员应用的信息系统平台。东方电气财务转型虽起步较晚，但定位高、目标准、手段新、信息化基础好，是国内第一家采用微服务建构财务共享服务系统的中央企业。当前，财务共享项目一期已取得以下阶段性成效。

在技术上，东方电气成功搭建集团统一的软件开发公共平台、"智云东方"移动平台，系统稳定运行。财务共享服务系统连接集团门户系统、商旅平台、HR系统、银行系统、东方财务金融系统、税务系统等内外部系统，实现了多系统互联互通。

在管理上，东方电气全集团统一制度、流程、标准，统一系统和操作界面，统一表单，将规则嵌入系统，实现了申请、预订、报销、支付和对公集中结算的

全业务、全流程线上处理，实现了管理手段创新，满足公司战略发展要求。

在数据上，通过系统互联互通和大量数据积累，逐步形成了东方电气财务共享大数据平台，建设费用相关管理分析报表和看板，充分挖掘数据价值，根据管理需求进行多维度数据分析，为公司决策提供了有力的数据支撑。

立足集团数字化转型发展，要从三个方面认识东方电气推进财务共享项目建设的重大意义：一是集团公司战略转型的需要，基于信息化系统建设、流程再造，通过自动化、信息化、智能化赋能管理升级和数字化转型；二是夯实基础管理水平的需要，通过财务共享服务系统建设，在统一标准、优化流程后，实现全集团统一、透明、高效、便捷的系统运行；三是推进财务转型的需要，财务是企业的血液，通过财务共享，推动核算财务向战略财务转型，使每个循环、每个流程都更具有价值创造能力，帮助企业坚持问题导向，提升核心竞争力。

对标先进企业，东方电气的财务管理水平仍存在一定差距。通过积极对标、分析和消化，缩小与先进标杆企业之间的差距，明确提升方向，利用后发优势，变跟跑为并跑、变并跑为领跑，东方电气力争利用3～5年时间，建成制造行业内具有东方电气特色的财务共享服务中心，在财务共享领域成为行业标杆。

未来，东方电气将以财务共享服务系统建设为载体，以软件开发公共平台、"智云东方"移动平台为技术支撑，快速推动实现数字化、智能化、智慧化管理，助力集团公司高质量发展。

第11章 潍柴集团：共享中心助力精细化管控，彰显业财深度效应

11.1 潍柴控股简介

潍柴控股集团有限公司（以下简称"潍柴集团"）始建于1946年，是一家跨领域、跨行业经营的国际化公司，在全球拥有动力系统、汽车、工程机械、智能物流、农业装备、海洋交通装备六大业务板块，分子公司遍及欧洲、北美洲、亚洲等地区。潍柴集团旗下拥有七家上市公司，是目前中国综合实力最强的汽车及装备制造集团之一，名列中国机械工业百强企业第一位。

潍柴集团多年来始终心无旁骛，专攻装备制造业主业，牢牢抓住科技创新这项核心竞争力，实现了高端、高质量发展，创造了令人瞩目的"潍柴速度"，拥有内燃机可靠性国家重点实验室、国家燃料电池技术创新中心等基地，先后荣获"国家创新型企业""中国质量奖""中国工业大奖"与"全国质量奖"等荣誉称号，其下属企业潍柴动力完成的"重型商用车动力总成关键技术及应用"项目荣获2018年国家科技进步一等奖。

潍柴集团以"绿色动力、国际潍柴"为使命，以客户满意为宗旨，形成了独具特色的企业文化。潍柴集团的战略目标是：到2025年传统业务稳居世界一流水平，2030年新能源业务引领全球行业发展；2025年前实现收入1000亿美元，2030年前实现收入1万亿元人民币；各主业核心业务进入全球前三，稳居世界500强前150位，打造受人尊敬的智能化工业装备跨国集团。

潍柴集团快速发展的国际化经营，给集团的精益化管理和风险管控带来了巨大挑战。如何降低运营费用、控制成本，踏实推进内部重组、整合，推动产业协同效益最大化，是潍柴集团迫切要解决的问题。为实现上述战略目标，在财务领域，潍柴集团开始探索数字化财务建设的道路，寻求实现财务转型，为业务发展提供高效支撑的财务管理体系。潍柴集团于2012年启动"财务一体化"项目，为当前的业财融合和数字化财务转型奠定了良好的基础。2016年，潍柴集团开启了以"财务共享"为代表的智能财务建设之路，为提升财务管理水平，助力业务发展和精细化管控，推进业财深度融合，支撑集团数字化转型战略翻开了新篇章。

11.2 潍柴集团基于财务共享的业财智能化建设概况

11.2.1 建设思路

1. 整体思路

潍柴集团财务共享平台建设，不单是软件平台的建设，更是财务管理模式的升级，并在此基础上打造出具有潍柴集团特色的、行业领先的、全流程、全业务领域的数字化平台。潍柴集团以集团战略发展为指引，着力构建适合集团战略发展与管理要求的新型财务管理体系，实现财务管理转型升级，面向战略发展、集团管控、业务支撑提供服务。财务共享将作为潍柴集团战略实现的重要组成部分，在当前及未来发展中为集团提供持续的核算与管理会计服务，为实现集团业务发展、决策分析和战略落地提供支撑。

潍柴集团财务共享平台建设的整体思路如图 11.1 所示。

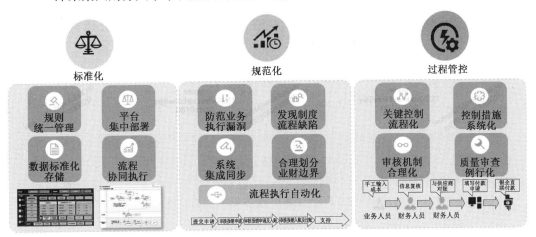

图 11.1　潍柴集团财务共享平台建设的整体思路

① 标准化：通过对规则、制度、数据标准化和流程方面，实现规则统一管理、平台集中部署、数据标准化存储和流程协同执行，为财务流程化、自动化和数字化建设奠定基础。

② 规范化：业务处理向规范化靠拢，通过平台的标准化处理，流程和规则围绕防范业务执行漏洞设计，并在业务处理中持续迭代优化，及时发现制度流程缺陷。同时，合理划分业财边界，通过系统集成同步，实现流程规范、高效的自动化执行。

③ 过程管控：通过关键控制流程化、控制措施系统化、审核机制合理化和质量审查例行化，实现精细化过程管控，加强风险管理和关键指标把控能力，为管理目标的执行和战略落地提供支撑。

2. 定位与要求

潍柴集团的财务共享平台建设，定位于"管控服务型"财务共享平台，满足潍柴集团在新时代集团管控的要求，推进财务管理转型升级，适应未来战略发展，并对业务提供服务支撑。在此基础上，潍柴集团财务共享平台建设要以"柔性共享、刚性管控、业财融合"为要求，适应当前及未来国际化、业务板块多元化发展的需要，支撑潍柴集团2020—2030年战略目标，实现数字化转型。

① 柔性共享：潍柴集团的财务共享平台建设，要充分考虑潍柴集团业务板块、管理特点、战略发展要求，能够在共享组织建设、服务单位范围、服务内容、业务流程服务、管控力度方面进行柔性管理。

② 刚性管控："不以规矩，不能成方圆"，潍柴集团作为国际化企业集团，需要建立一套强有力的管控平台，对不同业务板块、不同单位、海外公司等建立统一管控体系。实现集团化管控，主要体现在数据标准化、业务标准化、流程标准化、管控标准化、数据化，形成"标准一张网、管控一盘棋"的总架构。

③ 业财融合：财务共享平台建设，要打通业务与财务数据通道，推进业务数据与财务数据的集成，并在业财数据融合的基础上实现财务与业务管理上的融合，财务指导业务、业务融入财务，真正构建业财融合的一体化平台。

11.2.2　建设路径

潍柴集团财务共享建设经历了筹备、建设、升级和优化推广四个阶段。如图11.2所示，潍柴集团于2015年开始进行财务共享中心的筹备工作，按照核算化、流程标准化管理要求，以业财融合为指引，财务转型为目标，支撑战略发展；2016年，正式启动财务共享中心建设，开启一期工程，并于2017年上线费用、资金和薪酬系统模块；2019年潍柴集团启动财务共享服务升级改进，新纳入资产、税务和总账系统，进入二期工程；2020年年初，完成费用、资金、薪酬系统切换，并在2020年7月上线应收和应付部分，同步启动全集团共享中心建设和推广；2021年，潍柴集团启动共享中心业务优化升级和服务范围的扩大。

图 11.2　财务共享的建设路径

潍柴集团的财务共享平台建设按照"规划先行、分步建设、技术领先、管控与服务相结合"的原则进行设计。充分考虑到潍柴集团业务模式众多、管理及核算差异大、异构系统众多，以及重塑财务组织之后的业财分工等问题，财务共享平台建设以流程标准化、规范化为切入点，以自动化和数字化为抓手，通过推进管理制度、业务流程、会计核算的统一，为平台建设打下了坚实的地基。针对异构系统，充分分析业务系统间的关联关系，先行推动集团内单位业务系统的统一，然后基于各业务系统的业务类型，在共享系统中搭建了不同的集成逻辑，实现了业财资税一体化平台的建设。

11.2.3　建设方案

1．组织架构

基于组织架构，潍柴集团财务共享平台支持多共享中心设置，将不同单位按照区域、板块、海外等特点纳入不同共享中心进行业务处理；同时，可以按照管理要求，在统一的共享平台建设中，按共享中心组织进行系统部署。

2．业财系统框架

潍柴集团数字化业财融合建设的基本架构包含以财务共享为核心的核算层，以合并报表、成本管理系统、预算系统为核心的管理层，以及以 BI 分析平台为核心的决策层，并在前端、后端对接相关内外部系统，如图 11.3 所示。财务共享平台搭建报账平台、资金结算平台、预算管理平台、运营管理平台、影像平台、税务平台、数据分析平台等模块，实现单据流、影像流、票据流、税务流、实物流、资金流的"六流"合一，实现业财资税深度融合的一体化。潍柴集团通过财务共享中心的建设与应用，实现了标准规范统一、系统内外集成、业务处理自动化、智能化，以及数出同源一键分析，推动企业财务管理转型升级，加深企业管理会计应用，使企业财务管理逐步从会计核算型转向决策支持型、价值创造型。

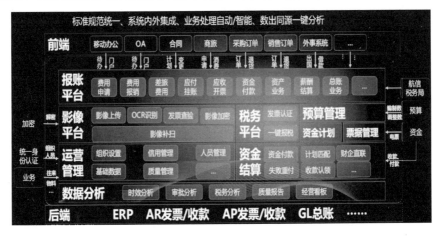

图 11.3　业财资税一体化平台框架

3. 业务流程

潍柴集团基于八个业务模块的业务特点及管控需求，全面梳理业务场景及规则，在各单位业务基础上，进行统一评估、求同存异，形成统一的业务流程。通过规则的系统化内置，实现共性需求标准化和个性需求差异化设计，强化了集团管控，实现了业财资税一体化平台的搭建，提升了平台的自动化与智能化水平。潍柴集团财务共享平台作为财务业务处理中心，连接前端业务，服务后端核算，在这种处理模式下，共享中台，拉通前台与后台，实现全业务共享与处理。

① 连接业务前台：面向销售、采购、库存、资产、运输等提供敏捷业务处理，满足业务多变及快速反应需求，随需应变，支撑业务快速发展。

② 共享中台：前台业务结算处理进入财务共享中台后，共享中台提供审批服务、影像服务、发票验真与查重、报账控制等为业务前台提供支持，面向共享中心人员提供任务管理、业务稽核、信用管理、绩效管理、信息发布等服务，形成规范化、一体化、电子化服务平台。

③ 拉通前台与后台：通过前台业务与中台共享，形成财务信息凭证，保证后台财务核算的实时、准确、高效，形成统一财务报表。

4. 技术应用

在财务共享平台建设过程中，引用云计算、OCR、API（业财资税系统）、RPA、移动通信等技术，实现平台的自动化与智能化。

① 引入云计算技术应用，增添平台"活力"。云计算是一种以互联网方式提供服务的计算模式，其应用为财务共享增添了"活力"。例如，通过差旅云的应用，实现差旅报销全过程的自动化和集成化，打造一站式差旅服务。云计算技术的应用，使财务共享能够打破地域限制，实现集中核算。同时，借助云平台，可实现业财数据的融合及多维度分析，以数据赋能业务、企业发展，发挥财务的价值创造职能。

② 引入 OCR 技术，防范税务风险，打造电子档案馆。引入 OCR 技术，建立财务共享系统与税务局金税三期的接口，实现发票电子化数据实时传递。利用 OCR 发票采集技术自动获取发票信息，实现发票结构化数据的自动获取，在财务共享平台实现票面信息、发票状态、流程跟踪等全生命周期的管理，实时监控异常发票，将虚假发票、重复报销等提前扼杀在前段环节，从而规避税务风险。电子影像系统覆盖从票据到单据采集、影像管理、档案管理的全流程，借助 OCR 识别、图像分析等技术，实现移动端扫码原始票据信息自动采集、数据自动存储，为全面实现财务无纸化、打造电子档案馆提供支撑。

③ 联通业财资税系统（API），打破信息壁垒。在系统及数据的标准化、规范化基础上，如图 11.4 所示，通过 API 接口实现财务共享系统与办公平台、人力资源系统、税务系统、财务公司银行、预算系统、合同系统、商旅壹号、SRM系统等端到端的联通，实现信息互联共享，消除系统间的信息孤岛，实现业财资税数据深度融合，提升平台的自动化与智能化，为管理会计报告体系的搭建提供基础数据支持。

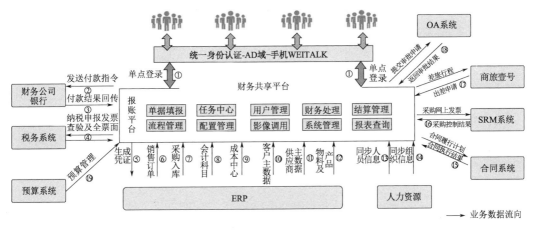

图 11.4　业财资税系统互联互通

④ 搭建流程机器人（RPA），助力财务提质增效。RPA 作为新一代数字化劳动力，具有灵活的扩展能力和无侵入性，能够轻松集成不同系统的信息，跨系统自动处理财务数据，同时能够以零错误率执行大量重复性任务，从而大大降低企业运营成本。潍柴集团财务共享平台通过 RPA 技术的应用，能够实现标准化单据的自动审核、资金自动支付、凭证自动推送、来款自动认领等功能，不仅简化了财务操作流程，提高了数据处理效率和准确度，还能规避业务违规风险。RPA的应用改变了财务共享平台的运营模式，推动财务职能发挥更加灵活、深度的管理与增值作用。

⑤ 多接入端的移动应用，提高服务体验。财务共享平台服务内容多数来源于企业内部员工的服务请求，可通过手机 App、移动办公软件等方式，为员工提供自助体验。员工可随时随地在手机上提交申请、预定出差资源、自动上传影像扫码等，也可充分利用碎片时间，在移动端实时审批业务，极大地提高了工作效率。同时，待办预警提示、付款成功与失败提醒、交单提醒等功能让用户实时掌握业务办理进度，降低了沟通成本，提升了工作效率，提高了共享服务应用体验，实现了真正意义上的移动办公。

5. 运营管理
潍柴集团财务共享平台除需具备高效的业务处理功能外，还需要高效、完善、自动化的运营管理，可对财务共享中心的组织、人员、信用、绩效、时效等进行简便的维护与数字化的考核，并使用信用管理功能，对员工单据填报、发票提交等行为进行信用记录。员工信用数据为集团企业大数据分析提供数据支撑，同时，企业可以根据自身情况，按照信用水平高低对员工制定奖惩制度。

11.3 潍柴集团业财智能化的应用场景

11.3.1 资金管理：多级管控、智联可视

潍柴集团财务共享平台搭建了独立的资金管理平台，功能涵盖资金计划管理功能、资金结算功能、资金池管理功能，实现了集团全级次资金的集中管理。

1. 多级管控和多维度信息匹配

资金计划管理功能提供资金计划的编制、上报、审批、汇总、下发、调整等功能。基于集团的业务活动内容，财务共享平台搭建了标准化的资金收支项目语言引擎。基于集团的资金管控要求将收支项目划分为不同级别的多级管控模式，统一了集团资金管控力度，实现了集团资金管控力度的落地。同时，平台构建了资金平台与报账平台间的自动匹配逻辑，将资金支付相关信息按照不同维度进行匹配管理，细化了资金管控颗粒度。具体的资金计划管控路径如图11.5所示，在上述基础上，实现了以资金计划为源头的系统自动控制，为集团资金的集中管理、筹划提供了有效的数据支持。

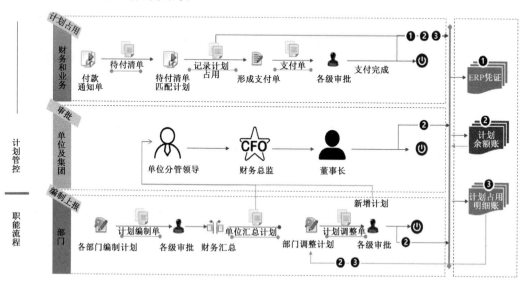

图 11.5　资金计划管控路径

2. 智联"银""票"通道，资金自动结算

财务共享平台通过构建银企、票据直联通道，与各商业银行后台系统有机互联，实现了资金自动结算。报账平台单据审批完成后，相关的结算支付信息会自动同步，资金结算平台根据前端信息自动匹配资金计划，并按照管控维度进行金额的自动控制，自动发送银行支付、票据背书、提示付款指令。

11.3.2 控制引擎：刚柔相济、松弛有度

潍柴集团依托国家的法律法规、财税政策、集团规章制度，以风险管控为核心，全面梳理控制规则，通过财务共享平台实现控制规则内置，形成了标准化、智能化的风险管控模式。

1. 流程引擎：权责分明的"三线"设计

将分散在各业务模块各个流程制度中的审批流程及节点进行标准化和规范化，明确各级审批的范围和职责。审批点完整但不重复，各尽其责，针对母子公司的管理方式和特点及集团重点事项管控需求，财务共享平台内置流程引擎。潍柴集团在审批流上搭建了可视化的"三线管理"审批模式，包括汇报线、专业线和财务线，有效强化了集团的专项管控。同时，为满足个性化的审批需求，财务共享平台设置了灵活的加签、授权等审批方式。

2. 预算引擎：刚柔相济的"三维"管控

通过引入预算控制引擎，实现预算的"三维"自动管控，即通过科目、预算项目及业务场景的组合实现业务范围的管控，超过设定的百分比自动预警提示，将财务管控前移到业务管控，实现事事有预算，无预算无支出的预算管控模式，让业务实时掌握预算执行数据。同时，设立柔性的超预算解冻流程，从而保证业务的有效开展。

3. 合同引擎：多场景的闭环管理

按照各业务模块的特点、业务场景及合同类别，财务共享平台搭建合同控制引擎，实现了从挂账到付款的自动系统控制，有效地防范了税务及资金风险。通过模块间的联通，实现了合同付款信息的共享，规范了合同变更、废止操作的规范性。

11.3.3 税务管理：税企直联、一键申报

借助财务共享平台，潍柴集团首创税企直联，搭建了财务共享税务核算平台，如图11.6所示，实现了发票全生命周期管理、税金的自动计提，实现了"一个平台、一键税务"的纳税申报及税金支付活动，提升了税务管理水平，防范了税务

风险。

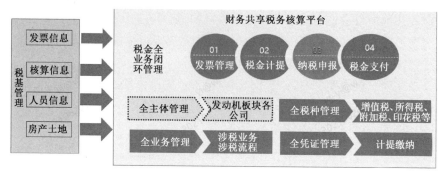

图 11.6　财务共享税务核算平台

1. 发票的全生命周期管理

借助信息技术，消除发票结构化数据的孤岛，建立企业的发票池，实现发票结构化数据的自动获取及发票数据的实时交互。在财务共享平台实现票面信息、发票状态、流程跟踪等的全生命周期管理，实时监控异常发票，将虚假发票、重复报销等提前扼杀在前段环节，规避税务风险。同时，依托人工智能技术，实现发票信息的自动采集、校验、稽核、验真、认证、归档等功能，提升了业财资税融合水平。

2. 多模式的智能直联开票

通过财务共享平台与 ERP、CRM 等业务系统、税控开票系统的完美对接，实现了多场景销售模式的直联开票，实现发票数据电子化流转，支持复杂维度的发票拆分、合并的规则引擎配置，同时实现从销售订单到收入确认的智能转换。

3. 首创税企直联，一键纳税申报

与省、市、区联合开展税企信息系统合作项目，利用现代互联网技术开创税务核算的新通道，实现企业与电子税务局、金三系统的联通，成为山东省首家创建"税企信息系统直联"模式的企业，集团分/子公司实现纳税"一个平台、一键税务"申报，为全国的税务信息化做出了有益的探索，提升了税务基础管理水平和工作效率。财务共享平台开发多系统自动获取数据功能，提升了数据质量和纳税遵从度，办税效率大幅提升。

11.3.4　差旅管理：三位一体、出行无忧

通过商旅平台，潍柴集团实现了出差申请、商旅预定和财务共享三位一体的全方位集成，将差旅申请、预算控制、审批、下单、记账、结算全流程打通。一方面，员工可在平台发起申请并与商旅系统集成实现飞机票、住宿等预定，可添

加同行人，报销前可进行信息变更。另一方面，在网上报账系统进行差旅报销时集成商旅系统，参照出差申请单，可根据同行人进行申请单次数控制，同时可控制借款的核销与单据邮寄的提醒。差旅管理从在线申请、在线下单、系统自动与预算关联到完成采购、统一结算，形成完整的闭环，有效防范了内控风险。同时，全方位开发的财务共享和差旅云集采平台，实现了 PC 端、App、微信的全方位接入，提供了个性化的数据分析支持，实现了潍柴集团数字化差旅目标。

11.3.5　影像平台：自主研发、混合识别

　　潍柴集团财务共享中心业务处理涉及对影像的多场景应用，对影像采集、识别、查阅等提出了详细需求。为解决影像系统需求的个性化，支持多类影像采集设备，避免第三方影像系统厂商的技术和应用制约，浪潮自研了影像管理系统。浪潮影像系统实现了与专业扫描设备的解耦，可以支持多厂家的影像扫描仪、高拍仪、移动扫描、本地影像文件上传等方式，同时可支持混合识别，如图 11.7 所示。财务共享中心通过搭建电子影像管理系统，实现了实物票据的影像化和影像的全生命周期管理，包括影像采集、处理、审核、存储、输出、传输、查询等。同时，将电子影像系统与业务系统（如网上报账系统等）对接，便于领导审批、财务处理等环节的影像调取审核。

图 11.7　影像采集方式

11.3.6　运营管理：效率为王、数据看板

　　在财务共享平台搭建绩效分析平台，可将内部可量化绩效评价指标嵌入平台的具体操作，通过电子绩效看板，实现实时数据更新，滚动播放人单量、业务效率、环比分析等绩效状况，数据维度不仅涵盖年、月，甚至可细化到周、日等较细颗粒度。此外，建立灵活可配置的派工规则，财务共享平台建立任务池，可根据不同业务需要满足多种任务分配方式，快速派工，提升财务共享中心协同能力

与工作效率。通过数字化的运营管理，潍柴集团实现了对业务全流程、各环节处理时效、人单量等管理数据的提取分析，明确瓶颈环节和工作短板，有针对性地采取措施，有效提升各项工作效率。

11.4　潍柴集团业财智能化建设的成效及启示

11.4.1　成效

1. 深入贯彻标准统一，强化集团管控

潍柴集团以流程标准化为切入点，建立了基于业务规范性的流程驱动模式，通过流程引擎的搭建实现了业务流程、会计核算流程和管理流程的有机融合，提高了业财一体化水平。借助财务共享平台实现了集团管理方式和管理理念的落地，强化了集团管控能力。财务共享平台在实现业财融合的同时，利用财务指导业务，促进了基础数据标准化、业务规范与流程处理，为财务数据的一致性提供了保障。

2. 聚焦过程控制，有效防范风险

围绕"服务+管控"两个核心，潍柴集团通过引入规则引擎，实现了资金、发票、预算、合同、价格、数量等围绕八个业务面的核心控制点的自动控制，有效防范了资金、税务等管理风险，借助财务共享平台为集团的风险管理提供了数据输出，强化了集团内控风险体系建设，从整体上提高了集团的风险应对能力。

3. 专业化财务服务，彰显规模化效应

潍柴集团推进了财务组织的变更，财务分工更加细化，财务共享平台实现了财务人员与核算工作的集中，专人专业专岗，发挥财务规模效应，实现了财务管理工作的降本增效。同时，运行共享平台后财务角色的分工也为企业集团化发展提供了有力的财务支撑，使更多的财务人员从核算业务中解放出来，去助力业务发展和集团管理决策分析等工作。

4. 智能技术应用，提升管理效率

潍柴集团的财务共享平台为新技术的应用提供了入口，通过应用 OCR、RPA、API 等各类自动化、智能化的技术，实现了核算自动化、发票自动化、差旅自动化、资金支付自动化、匹配自动化、税务自动化、移动办公自动化等，大大提高了财务工作效率。在标准化管理体系下，利用系统实现业务单据化、单据流程化、流程系统化、系统信息化，所有业务进入财务共享中心处理，按照核算规则自动生成财务凭证，实现数出同源，提升了业务处理效率与数据质量。

5. 深挖数据价值，提供经营决策支持

在财务共享模式下，业务汇聚形成财务大数据，多系统的数据对接与全业务流程的逻辑梳理，实现了业财数据融合与业财逻辑互通，有利于构建"全员财务"体系，深度挖掘财务数据价值，提高财务数据利用效率与质量。业财资税一体化平台的搭建，实现了业务、财务、税务数据的有效聚合，构建了融财务小数据、业务中数据、社会大数据于一体的大数据平台，通过搭建多维度、多场景的分析模型，实现了分析、预警数据的实时传送，完善了内部绩效评价体系，为企业决策提供了有力的数据支持。

6. 促进财务转型升级，助推企业数字化

潍柴集团的财务共享平台为企业财务转型升级打下了良好的数据基础、管理基础和组织基础，并通过平台建设培养了一支精通财务、业务和系统知识的融合性人才队伍。在财务共享平台的推动下，集团逐步形成了完整的三层级的财务管理模式，即进行管理控制的战略财务、提供全价值链财务管理支持的业务财务，以及以提供交易处理服务为主的共享财务（财务共享中心），促进财务转型升级，助推企业数字化落地。

11.4.2　启示

当前我国正在大力推进国有企业数字化转型，"制造业+智能"成为重要发展趋势，是制造业高质量发展的关键支撑。潍柴集团率先开展财务数字化转型，从平台搭建、流程控制引擎设计、系统对接联通、智能技术深度应用等方面着手，构建数据中台，深度挖掘数据价值；创新预算、合同、资金、标准、发票、价格等七大控制引擎，实现风险控制前移和自动化；搭建银企电汇及票据智联通道，实现资金自动支付；首创山东省内"税企信息系统直联"模式，实现"一个平台、一键税务"申报；运用RPA等技术大幅提升业财流程处理效率；建立财务信息化团队。

潍柴集团基于财务共享打造了覆盖全业务链的业财资税一体化数字平台，以"柔性共享、精细管控"为核心，推动了业财深度融合，其业财智能化建设打造了可传承、可复制、可推广的财务数字化转型思路。未来，潍柴集团的财务数字化转型的发展趋势主要取决于企业的实际应用需求、智能技术的发展、智能财务系统的研发速度，以及智能财务相关政策、法规和文化的匹配度等方面。智能财务应用场景也需要在财务核算全流程自动化系统、智能财务决策支持系统、企业智能财务共享服务平台、人机智能一体化业财融合管理平台等方面持续发力。财务的智能化和数字化转型是一个全新的发展领域，当前可借鉴的理论和实践相对较少，只有不断跟踪数字化和智能技术、财务理论、企业实践的发展，在不断试错中优化和演进，才能乘着数字经济的东风为集团发展助力。

第 12 章　首钢集团：数字化管控平台，助力集团财务转型

12.1　首钢集团简介

首钢集团有限公司（以下简称"首钢集团"）始建于 1919 年，迄今已有百余年历史。一百年光影流转，一百年赓续传承，一百年砥砺奋进。首钢是我国钢铁工业的缩影、改革开放的一面旗帜，参与和见证了中国钢铁工业从无到有、从小到大、从大到强的历史跨越，参与和见证了中国人民从站起来、富起来到强起来的伟大飞跃。目前，首钢集团已发展成为以钢铁业为主，兼营矿产资源业、环境产业、建筑及房地产业、生产性服务业、海外产业等跨行业、跨地区、跨所有制、跨国经营的大型企业集团，全资、控股、参股企业达 600 余家，有职工近 9 万人，总资产达 5000 多亿元，2011 年以来十次跻身世界 500 强。

在经济转型升级中，首钢集团经营规模快速扩大，经营业态逐步多元化，分散式的财务管理模式为集团发展和管控带来了新的挑战。在集团领导强烈号召下，"129"财务转型战略诞生，如图 12.1 所示，"1"是以端到端财务管理业务流程

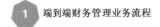

❖ 业财融合的端到端流程，是指从前端业务到后端财务的全价值链业务流程，强调管理融合、协作和管控，实现企业整体价值最大化
❖ 以业财融合的端到端财务业务流程建设工作为起点，通过流程体系建设，横向建立战略财务、业务财务和共享财务人工协作机制，纵向建立分层级、分类型的财务管控体系

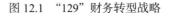

图 12.1　"129"财务转型战略

为基础，"2"是要业务与技术两手抓，"9"是全面提升九大财务管控能力。需要说明的是，九大财务管控能力对应七个财务管理系统应用，包括共享、预算、核算、报表、资金、税务和财务分析。

12.2 财务数字化管控平台建设概况

12.2.1 建设思路

首钢集团以促进财务转型为重点，以业财端到端流程为起点，横向建立战略财务、业务财务和共享财务分工协作机制，纵向建立分层级、分类型的财务管控体系，建立与集团战略定位相匹配的价值创造型财务管控体系。

① 建设业财端到端流程：突破部门职能界限，从业务源头到财务价值进行整体设计，强化流程控制，明确端到端关键流程及所有者，为财务与业务的横向融合奠定基础。

② 推进财务职能融合：基于财务共享中心和财务公司对集团财务管控现状的支撑，进一步明确战略财务、业务财务和共享财务之间的职责定位，落实财务专业战略管理职能与服务共享性业务的分离，实现集团财务管理由传统核算型向决策支持型转变。

③ 提升财务管控能力：在战略财务层面，构建财务辅助决策能力体系，夯实集团资源配置和调度能力；在业务财务层面，强化资源使用的过程监控能力，推进业务运作的财务指引；在共享财务层面，提高信息标准、核算规则等标准化，优化财务报告管理能力。

④ 深化系统应用：配合专项财务职能业务提升工作，用系统固化管理措施；借助智能化新技术，如云大物移、轻量化工具、平台技术等，促动专项财务管理职能的发展。

12.2.2 建设路径

进入 21 世纪，首钢集团适应管理发展要求，走"引进学习—合作集成—自主创新"之路，为首钢集团搬迁调整和转型升级提供了重要支撑。集团信息化建设以五年为一个阶段，分四个阶段稳步前行，推进路径为：起步探索、推广扩展、集成深化、管控深化，如图 12.2 所示。

首钢集团财务数字化管控平台，是"十三五"期间规划并部署的，覆盖集团合并报表单位的，集预算、共享、核算、资金、税务、报表、财务分析为一体的集团财务管控平台，协同投资、资产、人力资源、主数据、协同办公、审计、科创、法务等 12 个核心业务管控系统一体化推进，落实大财务、大共享管控模式，探索出智能化、数字化转型发展的新路径。

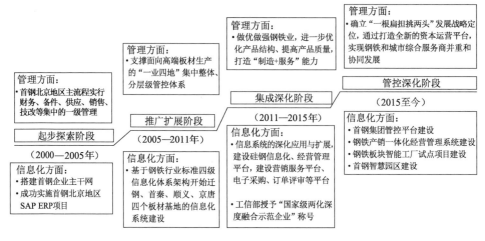

图 12.2　首钢集团信息化发展历程

首钢集团财务数字化管控平台建设遵循"全局谋划、统一部署、分步实施、有序推进"的原则，分两步走：第一步为试点实施，第二步为重点推广、全面覆盖，并同步集成投资管理、资产管理、主数据管理、人力资源管理等信息系统，搭建集团管控业财资税一体化管控平台。

首钢集团于 2018 年年初启动集核算、合并报表、资金、税务、财务分析等五个应用为一体的财务数字化管控平台建设；2019 年上半年，集团五家试点单位陆续成功上线，实现了共享模式下的业财资税一体化、集团一本账、资金一盘棋、发票全生命周期管理。

12.2.3　解决方案

1. 总体框架

首钢集团财务数字化管控平台的建设，通过信息集成、流程集成、组织人员集成和系统集成，消灭了信息孤岛，实现了真正的业财融合与一体化，打破了业务、财务、资金、税务、财务分析的管理壁垒、系统壁垒、集成壁垒，形成集业、财、资、税为一体的数字化管控平台（如图 12.3 所示），实现了业务驱动财务、财务监督业务；同时，将全面预算、资金结算、会计核算相结合，形成以预算管理为核心，以控制现金流为抓手，以会计监督为基础，各项财务控制职能实时联动、各种财务控制手段一体化应用的"三算合一"体系，形成一个互通、互联、相互牵制的管理闭环，强调全过程控制、业务协同、运行效率，实现管理、流程、平台、数据"四流合一"。

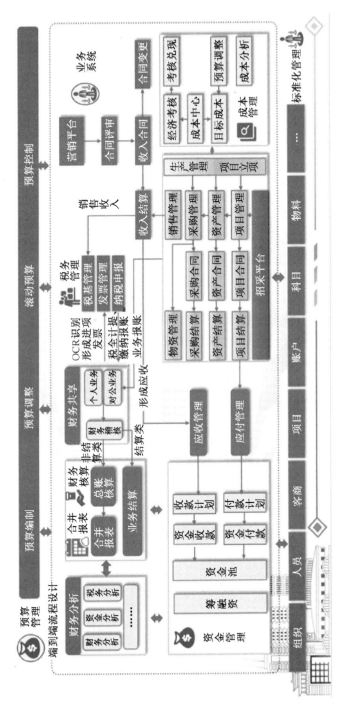

图12.3　首钢集团财务数字化管控平台架构

2. 建设内容

首钢集团财务数字化管控平台共有七大应用：预算、共享、核算、报表、资金、税务、财务分析，全部由战略管控部门经营财务部和财务共享中心主导推进实施。部分应用的具体建设内容如下。

① 财务核算。财务核算全面覆盖首钢集团会计核算相关的业务类型与流程，重点关注新业务、衔接业务、待规范业务、差异业务和特色业务。核算平台集中化，固化财务处理规则和流程，支持公司多层管理架构的组织体系，实现集团多组织、多层级的"一本账"管理。核算系统与其他业务系统集成，提供基础财务数据信息支撑，建立业务与财务的紧耦合。

② 合并报表。制定集团范围内统一的报表取数标准、内部交易规则。搭建集团合并报表系统，通过完整的工作流、内部审核确认、控制和审批等手段降低控制风险，从而保证合并过程、数据处理的准确性；简化财务数据收集和转换流程，缩短合并周期，降低合并成本，提高合并质量和效率，实现集团快报、月报等定期报告的准时报送，为财务分析工作提供及时、准确、有效的数据支撑。

③ 资金管理。搭建一套完整的资金管理信息化系统，实现全集团一体化资金管控系统。强化集团对成员单位的资金集中、统一管理。成员单位以账户管理为核心，实现企业所有日常资金业务管理、操作的标准化、自动化，以提高资金管理效率。集团以资金调度为核心，建立集团各公司资金管理的公共平台，强化集团资金集中管理，实时监控集团资金动向、预警集团资金风险，全面提升资金运作水平和使用效率，实现资金运作效益的最大化。资金管理信息化系统的主要功能模块包括账户管理、资金预算、融资管理、票据管理、外汇管理、统计分析。

④ 税务管理。通过规范集团涉税业务流程，构建事前预测、事中跟踪、事后评价的全生命周期的集团税务工作机制，搭建税务管理系统，增强税务管理意识，提高税务工作效率，有效防范税务风险，实现集团依法依规纳税、合理规划纳税、创造税务价值。

⑤ 财务分析。首钢集团的财务分析指标体系及分析系统，覆盖三层组织（集团、平台公司、下属单位）、服务三个层级（高层、中层、基层）、涵盖三项内容（集团领导看板、板块看板、报表）。坚持问题导向，重主题、轻报表，通过现状问题归纳关注点，大数据平台灵活配置；根据关注点，分析数据来源，适时调整分析主题，满足管理需求，实现决策智能化，确保指标可视、数据可追溯、信息反馈更及时。

12.3 财务智能化的关键应用场景

首钢集团智能财务的应用场景众多，业财融合产生了卓有成效的效果。随着业务系统、财务共享的全面推广，实现了采购到付款、销售到收款、筹资到还款、记账到报账、资产全生命周期、投资全生命周期、国有产权组织全生命周期、员工薪酬及个税缴纳的全流程管理。以下将以财务管控的典型业务场景为例进行重点说明。

12.3.1 精细化智能核算

1. 集团"一本账"智能生成

首钢集团一本账有广义和狭义之分：广义一本账是指集团所有单位账套数据保存在一个数据库实例中，每家单位都具有独立的账套；狭义一本账是指浪潮核算系统与 SAP 核算系统双系统融合出具一本账。集团主数据平台统一管理会计科目与辅助核算关系，自动识别浪潮核算系统及 SAP 核算系统的会计科目对应关系，双系统凭证与科目余额自动对账，保证数据准确一致，最终实现浪潮核算系统集团一本账。"一本账"满足了集团管控数据完整性的要求，既实现了物理的统一，也实现了数据的统一。

2. 业财融合凭证自动生成

首钢集团的业务范围共涉及 14 个重点行业，业务场景有近 500 个大类。为支撑集团对多行业、多组织、全业务场景标准化管理的要求，集团以业务类型分组为基础，建立跨行业、跨场景的业财数据仓库，通过"行业+组织+业务"类型维度组合自动识别并匹配业务场景；通过系统会计引擎转换业财数据，自动生成会计凭证，实现账务实时集成，促进业财融合，极大地减少了人为制证的工作量。

凭证自动生成路径如下：统一规范业务场景配置凭证模板，支持不同行业业务场景的模板智能配置；根据业务系统传输信息对应多辅助核算关系，自动生成凭证辅助信息；系统定义凭证自动生成任务，实时监控任务执行进展；自动生成凭证机制标志，清晰区分手工凭证。

首钢集团月均生成凭证 20 万张左右，钢铁主业凭证自动化率稳定保持在 99% 的水平，非钢业财单位也达 95% 的高水平。高水平的凭证自动化，有效提升了财务核算基础工作的效率，使业财数据质量、分析数据质量大幅提升，从而助推财务月结、财务报表、财务分析及协同主业的工作效率。

12.3.2 资金智能化管控

资金结算管理作为风险管控的抓手，从风险识别到风险应对，借助自动化、智能化新技术，满足集团资金全方位风险管控的需求。资金结算管控以年度预算为起点，以现金流控制为核心，以核算入账规则为基础，形成预算、结算、核算三者统一的现金流量码项目，统一财务核算与资金管控分析口径，完整构建"三算合一"智能监控体系，如图 12.4 所示。

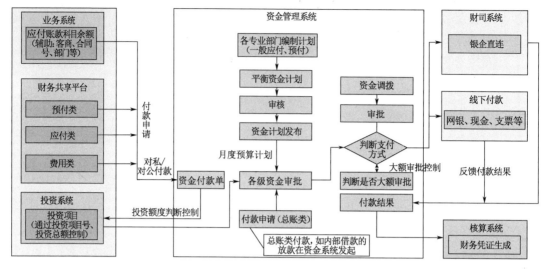

图 12.4　"三算合一"智能监控体系示意图

1. 资金结算全流程智能化管控

资金结算全流程涉及 12 个内控风险要素，涉及 20 余个流程节点自动处理，自动化率达到 95%。自动处理分为两种情形：业务处理自动化和资金管控智能化，其中，业务处理自动化以提升工作效率为基本目标，资金管控智能化以风险防范为管控目标。

（1）业务处理自动化

业务处理自动化主要包括年度预算自动发布、业务类型自动匹配现金流量项、供应商黑名单信息自动获取、结算方式自动匹配、银行流水自动返还、凭证自动生成及自动回传、报表自动生成、财务分析指标数据自动生成。同时，经营类排款计划一键生成、合并、拆分，融资类付款银行流水自动关联融资合同，核算凭证自动生成且资金计划自动回传。具体实现方式如下。

① 以年度预算作为起点，预算系统自动发布年度预算至资金管理系统；以年度预算作为终点，核算数据自动回传预算系统进行预实分析，实现闭环管理。

② 付款发起业务类型自动匹配现金流量项目，作为月度资金计划的校验基础。

③ 月度资金计划编制环节，月度计划累计额自动校验年度预算；月度资金计划执行环节，付款现金流项目累计额自动校验月度计划执行总额，超计划禁止付款。

④ 经营类项目付款管控：以钢铁主业为例，采用智能排款计划模式，"两上两下"完成排款计划的平衡分配。具体实现流程如下：

◎ 按照单位、部门、供应商、合同、报支类型五个维度，一键自动抽取应付账款挂账凭证，自动生成排款计划。

◎ 相同维度的多次挂账自动合并、自动计算，并展示期初余额、当期结算额和期末余额。

◎ 系统自动按挂账时间顺序、欠款金额大小自动分配切分。

◎ 主数据自动匹配获取客商的电汇收款账户和电票收款账户，自动将审批通过的计划生成付款单，无须手工录入付款单和查找收款账号。

◎ 自动生成完整的应付账款核销凭证，自动核销应付池挂账信息。

⑤ 融资类支出管控：实际发生的交易流水自动关联融资合同，自动生成核算凭证并回写资金计划，保证资金结算、融资管理及财务核算三者数出一门。

⑥ 线上实时自动结算：在有效防控资金风险的情况下，打通集团财务公司付款通道，资金配款环节自动匹配结算方式，应收票据、应付票据，财司账户结算一键发送至财司系统完成线上付款。自动返还银行流水信息，反馈周期设置为银行流水明细30分钟，票据明细20分钟。

⑦ 资金系统自动接收流水返还，核算系统自动生成凭证，并自动匹配对应现金流量项目。

⑧ 报表数据自动生成。报表信息根据付款凭证及现金流量项等信息，财务报表系统自动抽取财务凭证信息，自动生成财务报表项数据。

（2）资金管控智能化。资金管控智能化主要有以下四个关键管控点

① 大额审批智能化监控：落实分级审批、分级监控要求，依据大额审批策略，遵守落实国有资产"三重一大"监管要求，防范资金流动性风险，有效平衡集团资金头寸。依据大额审批策略，单笔付款超过月度资金计划中的经营性、投资性、筹资性三类支出项目金额的5%且大于1000万元大额阈值，自动触发大额审批流程，经集团资金总监审批后方可进入下一环节，资金总监具有一键驳回权力，可直接终止付款流程，保证监管到位。

② 供应商信用风险智能化管控：供应商黑名单通过税务局金税接口、税务局线下通知、电子抵账库发票异常状态（已认证作废）等三种途径由税务系统自动获取。付款环节资金系统按黑名单等级自动识别供应商信用状况，分单位、分等级进行付款控制。高等级黑名单单位全集团禁止付款，中等级黑名单单位禁止付款，低等级黑名单单位提醒付款风险。

③ 投资类项目支出控制：采用双重策略严控投资类支出。一是年度投资计划发布至预算系统形成年度预算指标，年度预算控制月度资金计划，依据现金流码校验月度计划，超投资项目计划禁止付款，实现逐层、逐级、逐项智能化控制。二是投资类付款校验投资项目总额，超项目投资总额，系统自动驳回终止付款。

④ 财务分析指标预警：财务分析实时自动抽取与资金相关的指标数据，以满足资金流动信息监控需要，如资金账户余额日动态监控、资金支付实时动态信息。

通过资金指标动态展示，满足资金预警及趋势分析、30日资金支付总额及笔数趋势分析、资金大额审批预警分析。通过对两金周转率月度指标、现金净流量预实分析，实现定期资金管理指标的及时获取与分析。

资金付款全流程除以上关键管控点外，为满足精细化管理需要，还通过与成员单位项目管理系统等对接，进一步实现了月度资金计划与业务资金计划校验，提升了资金精细化管理水平，使财务真正成为业务的合作伙伴。

2. 资金管控移动应用

通过集成"首钢通"平台，实现资金付款业务的实时实地审批，提升各单位付款业务的流转效率，如图12.5（a）所示；针对融资、票据及债券三类资金管控指标，依据不同到期日进行分层展示预警，避免逾期带来的资金风险，如图12.5（b）所示；设定13类资金查询指标，涵盖资金全量业务范畴（账户管理、票据管理、资金计划管理及融资管理等），支撑集团实时了解掌握全局资金状况。

（a）大额资金审批　　　　　　　（b）融资预警查询

图 12.5　首钢通平台大额资金审批界面、融资预警查询界面

12.3.3　税务多方位智能管控

建立首钢集团统一的发票池，对销项发票和进项发票进行全生命周期管理。通过百望金税提供接口服务实现与税务局端联通，实现进项发票全票面信息获取、电子底账库发票获取服务、查验服务、专票勾选认证、空白发票领购、销项发票

开具打印服务、抄报税清卡服务、黑名单查询服务等。

实现纸质及电子发票开具，进项发票采集、验真、认证的全流程闭环管理。销项发票开具、发票自动上传税务局；销项发票销售清单自动生成；电子抵账库发票自动获取；进项发票自动查重、发票全票面信息自动获取、购方信息自动校验；进项发票认证凭证自动生成；增值税申报表底稿自动生成；申报表数据自动取数；供应商黑名单自动获取；税金计提、税金缴纳凭证自动生成；待开发票按照开票终端精确控制数据权限，通过对商品分类、开票用户数据权限的精细化管理实现按照业务开票需求向不同的开票终端推送开票数据，避免错开发票。

同时，首钢集团对全税种管理进行了智能化建设，主要包括企业所得税分配比例自动计算，印花税底稿、申报表自动生成，个税自动获取 HR 系统人员信息，城镇土地使用税、房产税、环境保护税、水资源税、土地增值税、车船税、矿产资源税纳税申报表数据自动获取。

12.3.4　合并报表自动出具

首钢集团统一报表取数公式 19 928 个，统一固化取数逻辑，设置合并对账数据源 43 个，实现报表自动出具。例如，核算凭证信息、资金融资数据、产销固定资产卡片信息等均可自动获取，实现财务报表、资金报表、固定资产相关报表的自动出具，报表整体自动化率达 73%。通过设置多个合并范围、多层级集团合并，实现集团产权口径、管理口径合并；通过多样化的数据采集、灵活的合并规则和逻辑等灵活的股权投资抵销合并，建立集团多级合并的模式。

内部交易数据实现系统自动取数，依据对账规则在线自动对账，通过内部交易处理机制进行事后处理，即发起单位与对方单位分别制作凭证，每月在交易中心进行自动对账，生成抵销业务，提高对账效率，进而提高合并报表出具效率。同时，内部交易对账数据能够穿透联查至会计科目余额表及财务凭证，保证内部交易数据真实可靠，使整体效率提高 50% 以上，准确率提高 60% 以上。

12.3.5　多终端分析+智能报告

财务分析展示终端分为大屏端、PC 端、手机端三种形式。大屏端包含首钢集团管理驾驶舱，展示了领导关注的产量、财务指标、资金指标、实时支付，以及网络爬取的市场信息。PC 端包含板块看板、各主题看板、报表查询、自助分析、智能报告、预警中心等主要功能；手机端通过与"首钢通"平台集成，展示领导驾驶舱、板块看板、单位概览等页面，体现了大屏端与 PC 端主要的财、资、税、产量、预警等内容，达到了随时随地查看数据的效果。

智能报告是通过扩展报告模板自动生成分析报告的智能化过程。它将系统中的关键指标、报表、查询等数据动态生成 Word 文档，使报告内容模板化、规范化、自动化，从而提高工作效率。报告的内容包括图表、关键数据和对运行情况的常规分析。也可将智能报告挂接至综合展板，在综合展板中预览时，打开报告的内容，如图 12.6 所示。

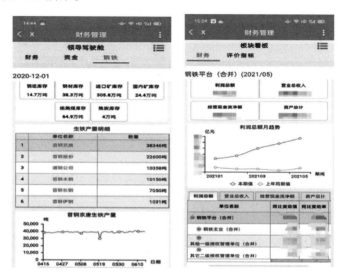

图 12.6　领导驾驶舱、板块看板分析效果展示

12.4　实践成效与未来展望

12.4.1　实践成效

1. 系统整合、加速转型

首钢集团在财政部《关于全面推进管理会计体系建设的指导意见》的要求下，做好系统整合、改造或新建，推动管理会计的有效应用，通过业财融合管控平台与同步建设的集团管控、成员单位业务系统的全面集成、无缝衔接，实现集团财务系统横纵贯通、资源共享的目标，加速推进集团转型发展。

横向实现预算管理覆盖集团、板块、成员单位及三级以下责任单位，融合经营计划与预算，支撑全面预算与专项预算管理，实现集团预算"一张网"。财务核算数据穿透溯源路径为账簿查询→联查明细账→凭证→原始业务单据，报表数据溯源路径为报表→分析构成→联查余额表→联查明细账→凭证→原始业务单据，落地集团核算管理一本账。资金管理实现与财务公司系统直联，搭建月度支付计划为主的控制体系，设计大额阈值、控制大额资金支付节奏，基本实现资金"一盘棋"。财务共享打通业务、资税流程，实现与"首钢国旅"平台集成，从业务发起到财务处理全流程可追溯。资产管理完成与财务核算系统集成，实现资产实物与财务价值信息联动、共享。

纵向实现预算、共享、核算、资金、税务与投资、资产、主数据等集团管控业务数据的集成；集团财务与 12 家单位（涉及 14 个行业）业务系统集成，首先落地钢铁主业产销一体化一贯制管理执行与集团财务管控的数据贯通，陆续实现钢铁贸易、外贸、房地产、建筑施工、金融业、信息产业、餐饮等行业业务系统的全面集成，数据自下而上传递，管控自上而下贯通，全集团业财融合、高效协同。

2. 业务规范、夯实基础

国资委在《关于加强中央企业财务信息化工作的通知》中强调，财务信息化的基础工作是关系财务信息化成败的关键。首钢集团业财智能管控系统的全面建成，其业务标准化体系支撑是根本，为业务系统提供了数据共享和标准传递，真正实现了系统的互联互通，使集团财务管理业务标准更加完善、业务流程更加规范；建立"1+14+N"集团会计制度体系，即 1 个基本会计制度、14 个行业会计制度核算方法，以及 N 个会计业务操作规范或实施细则；统一会计科目 3155 个，统一会计凭证模板 468 个，统一标准流程 113 个，统一集团报表 343 张，统一财务分析指标 642 个，统一月度资金计划项目与集团现金流项目代码 122 项。财务共享确定了集团费用项目 200 余项，规范了业务处理标准 800 余条。投资管理规范了 13 类业务流程、45 个表单模板，制定了投资和财务集成数据规范。资产管理制定了 66 项资产数据标准，规范了 63 个业务流程。人力资源管理确定了 23 类 305 项薪酬项目，规范了集团的薪酬结构，建立了集团规范管理组织树，明确了岗位信息。

3. 风险防控、能力提升

首钢集团推进信息化建设的目标之一，就是努力推动会计监管手段、技术和方法的创新，不断提升会计管理和会计监督水平。通过系统控制大额资金支付节奏，截至 2021 年上半年，资金系统年均触发大额审批近 400 笔，累计金额近千亿元，实现了有效防控资金风险、统筹集团资金平衡。通过建立全集团供应商黑名单体系，实现了有效防范资金支付过程风险，发票入账前验真验重，杜绝假发票，降低了重复报销风险。

4. 效率提升、服务到位

财务转型要充分利用新技术手段提高工作效率，发挥财务共享服务职能，为财务价值创造奠定基础。通过系统固化规范财务政策、标准化基础数据，支持财务数据从成员单位、板块到集团的直接汇总，减少中间过程的人为干预，提高了信息的及时性、真实性。

统一业务规则、数据标准、系统接口标准，大幅提升数据准确率和及时率。财务报表稳步提速，如月报提报，88% 的单位提前 1 天，82% 的单位提前 2 天，

48%的单位提前 3 天，延迟报送单位大幅减少。财务共享通过系统固化差旅标准、业务招待标准，落实预算管理，杜绝超预算单据；打通业务、资税流程，单据流转效率平均提升 30%以上，通过与"首钢国旅"平台集成，实现商旅业务报销不见钱、不见票，大幅提升了用户体验。

5. 组织创新、锻炼队伍

首钢集团遵循财务人员转型提升与人员稳定同等重要原则，采取以空间换时间，逐步实现人员替换和提升，人员转型与激励同步的转型策略。随着财务信息系统在集团范围的广泛应用，加速推进财务共享组织模式和组织调整，以共享服务模式进行业务处理，落实完整的共享组织职能，进而搭建完善的共享服务运营体系。集团层面可清晰剥离战略财务、业务财务及共享财务三项职能的权责，形成职能互补、协调统一的财务专业管控体系，支撑、推动、服务集团整体战略。

首钢集团对标学习华为管理方法，将决策深度下沉，应用于财务信息化项目管理，取得了良好的效果。日常项目推进以首钢项目经理、首自信公司和浪潮公司形成 PMO 总控组，三位一体现场指挥，实现了项目日常工作决策的深度下沉，真正做到了"让听得见炮火的人指挥战斗"。当遇到重大问题，三方分歧无法解决时，将问题升级到项目组中央管控组（财务部长、信息化部长）集中决策。项目管理方式的创新，保证了项目里程碑节点的时间，充分激发了基层管理者的工作热情，锻炼培养了一支 T 形人才队伍，提升了决策管理能力，将"方向大致正确，组织充满活力"管理方法贯彻到底，锻造了一支有能力、有活力、有耐力的钢铁队伍。

6. 行业标杆、社会广传

首钢集团财务信息化的实践经验，得到北京市国资委、中国钢铁工业协会（以下简称"钢协"）的高度认可。在北京市国资委的大力推荐下，京能集团、国管中心、北汽、国投、国管中心、一轻、北京电控、光明集团等多家大型国有企业纷纷来首钢学习交流，借鉴集团财务管控项目系统选型、业务标准设计及平台建设经验。钢协多次邀请首钢做财务转型与业财智能化管控平台相关主旨演讲，通过分享困扰钢铁业精细化核算、资金风险防控、供应商信用管控等方面的解决方案和实践经验，不仅得到赞同和认可，还发挥了行业示范作用。

12.4.2 未来展望

1. 打造高效、敏捷、智慧的财务管控体系

在国资委《加快推进国有企业数字化转型工作的通知》的指引下，"十四五"期间，首钢集团财务转型进入深化期，研究总结影响中国会计人员的十大信息技术实践经验，通过大数据、人工智能等数字化技术的深度应用，敏捷感知内、外部环境的变化趋势，延伸智能化技术应用，快速响应财务管理需求，以数据为依

据，实现高效决策，最后达到自我优化的智慧财务管控体系目标。另外，还要加深业财融合，提高智能化应用场景的广度，充分挖掘管理需求，提高智能化应用的深度。

2. 进一步提升共享服务中心的效率，服务产业

进一步优化共享服务流程，通过各业务场景流程机器人的大量使用，提升用户体验，提高服务效率，降低共享成本，服务好产业集团。

3. 构建财务数据中台，支持孵化新业务

紧跟集团技术中台、数据中台、业务中台步伐，支持新产业、新业务的快速孵化，降低试错成本。以税务管理为例，建立企业运营、业务运转的全生命周期税务筹划体系，税务筹划场景化，满足个性化的定制筹划方案；建立税务风险图谱和重点业务风险预警鸟瞰图，从多个维度发现风险，建立税务风险的评价体系，搭建智能税务风险控制模型或应用智能化软件。

4. 钢铁板块管理平台建设和智能制造体系建设

通过板块经营管理决策平台的建设，加强板块内各钢铁企业的协同作用，发挥平台优势。做好智能制造顶层规划，纵向涵盖设备级、控制级、车间级及企业级，横向覆盖设计、采购、生产、销售及售后服务等全价值链、全要素。在条件较好的企业，聚焦打造"装备智能化、工厂数字化、生产柔性化、营销数字化、产品定制化、决策智能化"的智能制造新格局。

5. 园区开发与运营管理——北京园区数字化建设

做好北京园区数字化顶层规划，支持园区提升运营质量，按照极低成本运行的理念，自动化、智能化地对数据采集进行支撑，对指标预警、分析进行支撑；通过财务分析建立完备的财务、业务指标评价体系。打造"智慧+"园区服务，针对不同的园区定位，为入驻的企业提供全方位的数字化技术服务，提供财务智能化支持。

6. 完善数据治理体系，打造数字化人才队伍

优化财务系统数据治理结构，围绕智能化、数字化战略构建人才队伍，打造财务团队的核心能力。采用自我培养和外部引进相结合的方式，营造人才成长的环境，以有市场竞争力的待遇吸引人，以事业平台留住人。

第 13 章　天津港集团：构建综合管控一体化平台，促进企业财务数字化转型

13.1　天津港集团简介

天津港（集团）股份有限公司（以下简称"天津港集团"）是天津港最大的港口运营商，2019 年完成货物吞吐量 4.25 亿吨，稳居世界港口前十，是天津市国有独资企业。作为天津港的经营主体，天津港集团目前资产总额超过 1400 亿元，在香港联合交易所有限公司和上海证券交易所拥有两家上市公司。天津港集团的经营主业包括港口装卸及国际物流、港口工程建设、港口地产，以及港口相关服务。

天津港是国家重要的战略资源，是京津冀及"三北"地区的海上门户、雄安新区主要出海口，是"一带一路"的海陆交汇点、新亚欧大陆桥经济走廊的重要节点和全面对外开放的国际枢纽港，连续多年跻身世界港口前十强。

天津港是我国重要的现代化综合性港口、世界人工深水大港，码头等级达 30 万吨级，航道水深 22 米，拥有各类泊位 192 个，其中万吨级以上泊位 128 个，主要由北疆、东疆、南疆、大沽口、高沙岭、大港六个港区组成。天津港对外、对内服务辐射能力强，拥有集装箱航线 130 条，每月航班 550 余班，同世界上 200 多个国家和地区的 800 多个港口保持贸易往来；辐射京津冀及中西部地区的 14 个省、直辖市、自治区，腹地面积近 500 万平方千米，占全国总面积的 52%；70% 左右的货物吞吐量和 50% 以上的口岸进出口货值来自天津以外的各省、直辖市、自治区。

13.2　天津港集团综合管控平台建设的总体概况

13.2.1　建设背景

根据国家企业改制、国企改革的要求，天津港集团目前股权关系复杂，管理模式及组织架构发生了很大变化。与此同时，天津港集团的各个信息系统孤军奋战，在管理信息化领域缺少统一的管控平台，信息孤岛现象严重，难以支撑集团的快速发展及战略落地。因此，建设企业综合管控平台在宏观环境、战略要求及技术推动等方面都有着重要意义。

1. 宏观政策对天津港集团提出更高要求

牢记习近平总书记殷切嘱托，天津港集团明确"加快建设世界一流绿色智慧枢纽港口，打造世界一流港口营运集团"的目标，助推北方国际航运核心区建设，为服务京津冀协同发展和"一带一路"建设贡献力量。

天津港集团需以加快港口转型升级为主攻方向，以港口技术和服务创新为引领，着力提升港口枢纽功能，着力增强港口辐射能力，着力优化港口集疏运体系，着力完善航运服务功能，全力推进功能形态向"第四代港口"发展。

2. 数字技术创新推动智慧港口建设要求

港口行业是全球产业分工体系的重要部分，国内外智能产业的快速发展，必将有力地加速港口行业智能化变革的步伐。

天津港集团为"加快建设世界一流绿色智慧枢纽港口，打造世界一流港口运营集团"，全力推进功能形态向"第四代港口"发展，形成具有天津港特色的"智慧港口"整体架构：一个基础、一个核心、三个智慧方向，即以设备设施智慧化为基础，以港航数据融合化为核心，以运营管理智能化、贸易物流便利化、创新共享生态化为方向，从而实现京津冀港口物流供应链服务平台和北方国际航运物流贸易生态圈的智慧化目标，如图 13.1 所示。而天津港集团的综合管控平台是"智慧港口"建设的重要组成部分。

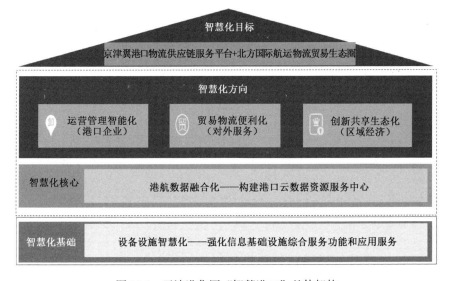

图 13.1　天津港集团"智慧港口"整体架构

3. 天津港集团发展战略对集团综合管控提出新要求

2020 年，天津港集团明确了今后一个时期的"一二三四"新战略，"一"是坚持以习近平总书记视察天津港时的重要指示精神统领一切工作的根本要求，

"二"是加快建设世界一流港口、打造世界一流港口营运集团的"双一流"战略目标，"三"是大力实施世界一流绿色港口、智慧港口、枢纽港口的三大强港举措，"四"是全面从严治党、全面依法治企、全面深化国企改革、全面推进高质量发展的四大兴企方略。

基于综合管控的新要求，天津港集团的对外服务要降费提效，对内管理要提质增效，提升集团信息整合与分析能力、资源管控能力、精细化管理能力、业务协同能力、业务创新能力、业务监管能力。

4. 天津市国资委在线监管要求

国资监管向管资本为主转变，授权经营措施落地，对企业监管数据报送的全面性、及时性、准确性要求越来越高。根据天津市国资委国资监管的要求，天津港集团应定期或实时上报财务数据、资产数据、人员数据、产权数据、重大项目数据等，因此需要建立相应的一体化信息系统，以简化数据上报工作，高效执行国资监管政策，满足国资监管需求。

综上所述，从宏观环境、行业趋势、战略发展、国资委监管要求整体来看，综合管控平台建设是当前天津港集团发展的主要任务和重点需求。

13.2.2 建设总体规划框架

综合管控平台是落实天津港集团运营管理的重要组成部分，遵循"顶层设计，统筹建设"的推进策略，以业务流程信息化为核心，以信息资源共享为目标，以制度流程优化为辅助，搭建统一的信息化平台，实现集团与下属单位的集团化、规范化、标准化运作和管控，以信息化、数字化手段助力集团转型发展。基于天津港集团对总体信息化战略发展的需求，形成了综合管控平台的总体规划，如图 13.2 所示。

天津港集团综合管控平台的总体规划以云基础设施的 IaaS、数字化应用支撑平台的 PaaS、数据中台的 DaaS 为底座，完成财务、人力、资产、采购、业务经营、投资、综合管理的多种业务核心应用，构建财务共享、人力共享、资产共享、采购共享、客户共享、合同中心、IT 共享的大共享服务中心，并与集团各板块的业务系统实现数字化集成，实现综合统计、经营分析、决策支持、智能管控等功能，最终成为能够创造价值的企业大脑。综合管控平台的总体规划主要体现在以下几个方面。

① 企业大脑：天津港集团围绕综合管控大数据展开的平台建设，是企业大脑的重要组成部分，通过建设综合管控平台整合企业内外部数据，利用各种数字技术挖掘数据价值，为领导智能决策提供及时、实时、准确的数据，同时满足天津国资委报送数据的要求。

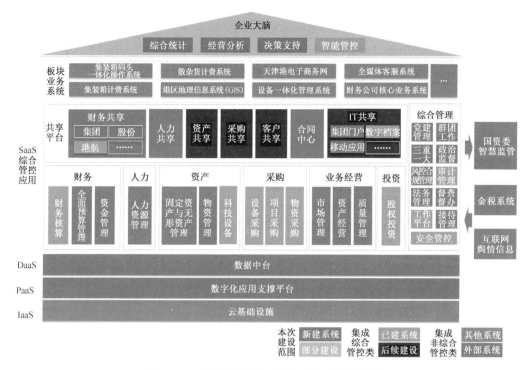

图 13.2　天津港集团综合管控平台的总体规划

② 支撑多业务板块：综合考虑天津港集团的各个业务板块的需求，支撑港口装卸、港口建设、贸易、物流、物业、金融等板块的业务发展要求，并与综合管控平台形成业务支撑关系。

③ 共享服务：在综合管控平台和核心应用的基础上，建立具有天津港特色的共享平台，包括财务共享中心、人力共享中心、合同中心等，并逐步建立采购共享、资产共享和客户共享中心，为集团提供高效服务。

④ 业务核心应用：在综合管控平台的基础上，搭建服务于整合集团管控核心的各类应用，如资金管理、全面预算管理、人力资源管理、资产经营、物资管理、风控合规、"三重一大"、党建管理、督查督办等，并与现有的财务核算、科技设备、物资采购等相关系统进行业财融合。

⑤ 一个平台层：天津港集团综合管控平台的基础设施包含 IaaS、PaaS、DaaS 三层，它们是整个综合管控平台的底座。

13.2.3　建设内容

综合管控平台建设主要围绕天津港集团本部及其下属所有成员企业的管控要素展开，主要涵盖 19 个系统及应用。

1. 财务共享平台

建立业财资税一体化的财务共享平台,满足天津港集团财务共享建设的要求,实现报账、收入与支出结算、预算控制、税务、核算、影像及异构系统集成等的一体化应用,建立管控与服务并重、业财资税一体化的财务共享信息平台,实现财务资源的有效配置和高效利用,完成管控前移和业务财务的深度融合,形成管理闭环,提高财务对业务的监督和指导能力,倒逼业务的规范化和精细化管理,实现财务管理模式创新,推动财务职能和财务数字化转型,提高财务服务效率,支撑全集团的强化管控。

2. 资金管理系统

建立天津港集团内部分级分权的资金管理系统,通过与业务、财务公司的一体化,加强存量资金、营运资金的精细化管理,并强化各级单位的资金管控职能,加强风险管理,满足对内管控和对外监管的要求。

3. 全面预算管理系统

构建一套面向集团各层级的全面预算管理系统,以天津港集团发展战略为导向,以年度生产计划为依据,以预算编制为起点,以资金管控为重点,实现"目标下达→预算编制→过程管控→执行分析→考核评价"的一体化全面预算管控流程,为集团构建一套面向集团各层级单位的全面预算管理系统的应用平台。

4. 人力资源管理系统

建立天津港集团人力资源一体化管控系统,在集团总部建立集团人力资源信息数据库和集团关键人才数据库,涵盖对人员"规划、选、用、育、留、考"的全业务管理,全方位、多层次地掌握人力资源信息,并满足人力共享的管理模式要求。

5. 固定资产与无形资产管理系统

建立天津港集团统一的固定资产与无形资产管理系统,统一资产管理标准,并实现对资产从投前、投中、投后、转固、经营、处理的资产数字化全生命周期管理,实现固定资产投资、固定资产与无形资产管理、经营类资产管理一体化平台,实现同平台流程贯通、业务协同、数据共享、决策分析支持。

6. 物资管理系统

建立天津港集团物资管理系统,统一库存物资管理标准,并对物资的出入库进行记录,实现物资的动态管理,对集团内多个独立核算单位的库存进行集中统一管理,并通过与物资采购平台、财务管理、全面预算管理、合同管理等系统进行集成,完成物资全生命周期的精细化、数字化管控。

7. 业务经营管理平台

建立天津港集团业务经营管理系统,覆盖市场管理、资产经营管理、区域开发管理、质量管理、业务经营分析核心功能的信息系统，实现集团各类客户信息、经营数据共享，同时满足市场开发业务的信息化管理。

8. 合同管理系统

建立天津港集团合同管理平台，实现集团合同的统一归档管理，并对合同从签订、变更、执行、结算等进行全生命周期的数字化管理。

9. 合规风控管理系统

搭建一套纵向到底、横向到边的天津港集团合规风控管理系统，实现以上报、预警、处置、监控为核心的风险、内控、合规一体化管理平台，基于天津港集团内控管理要求，实现对风险、内控、合规进行一体化线上管理，实现对经营活动中各项风险智能化的从识别到预警处置的全过程数字化管理。

10. 法务管理系统

建立天津港集团法务管理系统，实现法务工作的在线办理和流转，并对规章制度从制定到执行、经济合同从订立到履行、重要决策从酝酿到实施，进行全过程监控。

11. "三重一大"系统

建立天津港集团"三重一大"系统，对"三重一大"事项决策的制度、规则、清单、程序、内容和落实情况进行全过程监督，并完成与国资委监管平台的对接，提升集团自身管控效能。

12. 党建管理系统

建立天津港集团党建管理系统，实现对党务信息的一体化、数字化管理和数据可视化展示分析。

13. 出国（境）管理系统

建立天津港集团出国（境）管理系统，建立外事管理信息库，提升信息化水平、办事效率和服务质量。

14. 督查督办系统

建立天津港集团督查督办系统，实现督办工作规范化、信息化、智能化。

15. 接待管理系统

建立天津港集团接待管理系统，对接待活动建立规范化、数字化的管理。

16. 集团门户

建立天津港集团门户（包括 PC 端和移动端），对现有应用系统、界面等进行有效集成，统一用户管理，统一入口访问，统一待办，统一消息提醒。

17. 移动应用

建立一套天津港集团移动应用系统，满足综合管控业务对移动协同办公的需求。

18. 综合管控决策分析系统

建设天津港集团综合管控决策分析系统，构建综合管控数据指标分析体系框架，包括相应的智能分析模型和分析方法，实现数据的自动采集与存储、提供智能数据分析服务，满足数字化数据统计分析，辅助集团综合管控决策。

19. 应用支撑平台

搭建一套天津港集团应用支撑平台，集系统运行、配置、开发、集成于一体，为集团的业务应用开发、运行、集成提供全方位支持。

13.2.4　建设思路

综合管控平台是天津港集团的"大脑"和"神经中枢"，是企业战略意识贯彻的最直接渠道，也是企业决策的支撑平台。通过纵向一体化管控，将财务、人事、资金、风险自上而下地建立统一、规范的平台，并进行横向一体化整合，构建业务、财务的实时一体化平台，对物流、信息流、资金流进行直接反馈。基于一体化、数字化、智能化等思维，天津港集团综合管控平台更强调价值的赋能管理与跨部门协同。

基于天津港集团信息化总体规划要求，考虑到集团信息化建设的现状和特点，综合管控平台建设的总体思路将在集团标准化管理、端到端全流程数字化业财管融合、大共享服务建设、以数据为核心构建企业大脑四个维度展开。

1. 以集团标准化管理为核心，强化集团战略贯彻执行

综合管控平台将建立一套标准化、集中化、集成化的综合管理体系，以业务体系标准化为基础，以系统体系标准化为工具，以运维机制标准化为手段，为集团战略、职能管理、业务运营提供标准化支撑，如图 13.3 所示。

天津港集团综合管理体系在标准化、集中化、集成化的前提下，实现集团管理标准体系，即会计制度、预算体系、资产管理、人力管理、分析报告、评价体系的"六统一"。集团通过建立体现管控的集中式管理平台，以共享服务为纽带，实现业务流、信息流、资金流的有效统一，并以现金流管理为抓手，实现风控前移。因此，通过综合管理体系，可以给各级领导提供统一的决策汇总分析。天津港集团综合管理体系具有如下特征。

① 承接集团战略，梳理集团业务管理标准体系，包括内控风险标准体系、财务核算标准体系、预算管理标准体系、人力管理标准体系、数据资源标准体系等内容。

② 建立具有天津港集团特色、体现管控的统一管理平台，支撑系统标准体系落地。

③ 制定统一的信息化运维机制，构筑信息化管理的牢固基础。

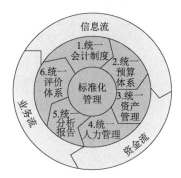

√ 实现集团管理标准体系的"六统一"

√ 在系统环节，建立具有天津港集团特色、体现管控的集中式管理平台

√ 风险管控环节，以现金流管理为抓手，实现风控过程的前移

√ 在业财管融合方面，通过系统集成，实现业务流、信息流、资金流的统一

√ 在决定支撑环节，提供统一的指标供各级领导汇总分析

图 13.3　天津港集团综合管控平台的综合管理体系

2. 端到端全流程数字化，实现业财管融合

综合管理平台的建设离不开端到端全流程数字化。天津港集团梳理全业务流程，利用数字技术实现全流程数字化、标准化、流程化、自动化、智能化，同时将管理制度和风险内控点融入其中，实现业财管融合，提升服务效率和准确度，如图 13.4 所示。

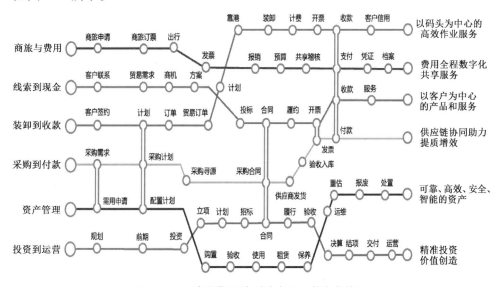

图 13.4　天津港集团端到端全流程数字化梳理

天津港集团端到端全流程的梳理体现了横向节点间的流程化、自动化、智能化，不同的业财管流程在纵向节点上体现了标准化、自动化、智能化，集团端到端的全流程始终体现了数字化。天津港集团端到端全流程数字化具有如下特征。

① 推动管理点前移，实现全业务流程控制。

② 打通现有系统，实现业务流、信息流、资金流的统一。

③ 实现数据共享，提高协同效率，打通部门壁垒，消除信息孤岛。

④ 推进职能转变，管理人员进业务，业务人员懂管理。

3. 通过共享服务，提升资源集约化、精细化管理水平

集团化运营的企业管理要有大共享思维，能集中并能提供统一服务的资源都可以共享，企业信息化建设要以共享理念为重要引领之一。财务管理作为集团资金流的核心部门，财务共享可以先行，随后集团可以分批次建设人力资源共享、采购共享、资产共享等。天津港集团通过大共享服务建设，提升业务数据获取能力，强化管控分析能力。天津港集团大共享服务理念如图 13.5 所示。

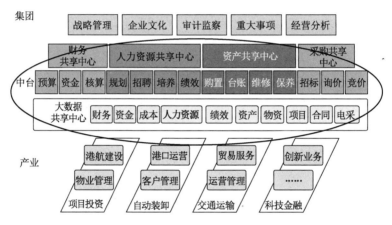

图 13.5　天津港集团大共享服务理念

天津港集团大共享理念将集团财务、人力资源、资产、采购等建设成共享服务中心，与项目投资、自动装卸、交通运输、科技金融等产业，通过集团大数据共享中心进行融合，从而为集团战略管理、重大事项、经营分析等提供支持。天津港集团大共享理念具有如下特征。

① 借助共享服务，集团各职能在纵向上实现规范化、标准化、统一化，提高各项工作的效率。

② 借助共享服务和大数据中心，集团各职能在横向上实现数字化，提高各项工作相互融合的能力，提升集团创造价值的能力。

4. 以数据为核心构建企业大脑，提升决策支持能力

天津港集团以数据为核心构建企业大脑，提升决策支持能力，对下属公司的运营情况进行实时的职能监控，以支持科学的战略决策，做出经营决策和管理决策的相应调整。天津港集团以数据为核心的企业大脑如图 13.6 所示。

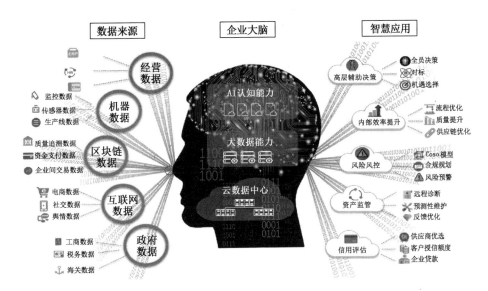

图 13.6　天津港集团以数据为核心的企业大脑

天津港集团建设的企业大脑借助新一代数字化平台及物联网、数字孪生等数字技术，获取经营数据、机器数据、区块链数据、互联网数据、政府数据等大数据资源，利用感知智能、运算智能、认知智能等人工智能技术，以及云计算的基础设施能力，为集团高层决策、内部效率、风险内控、资产监管、信用评估等提供全面、实时的智慧应用。天津港集团以数据为核心的企业大脑具有如下特征。

① 借助新一代数字化平台和各种数字技术，获取集团大数据资源。

② 借助人工智能技术，对集团各项管理提供智慧运营，实现集团的全面智慧应用。

13.3　天津港集团综合管控平台的组织架构

13.3.1　集团三层组织体系架构

围绕天津港集团核心管控的资源要素与业务战略，实现集权与分权相结合，并借助综合管控平台进行职责的固化，形成集团的财务三级管控架构，即强总部、实股份、抓基层生产。

天津港集团的三层组织体系架构如图 13.7 所示。一级组织架构是总部，具有战略投资与运营职能，主要负责管理集团战略方向、资源配置标准、投资方向与规划、安全风控、绩效管理等。一级"强总部"对二级组织架构来说，起到了战略管控、释放集团资源、层级权限清晰等作用。

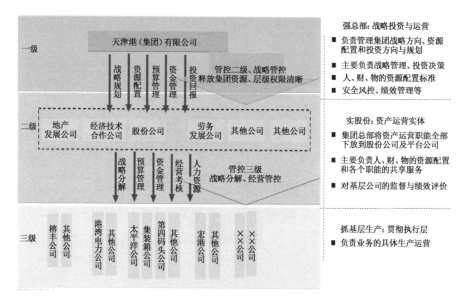

图 13.7　天津港集团的三层组织体系架构

二级组织架构是资产运营实体。集团总部将资产运营职能全部下放到股份公司及平台公司，主要负责人、财、物的资源配置和各个职能的共享服务，并负责对基层公司监督与绩效评价。二级"实股份"对三级组织架构来说，起到了战略分解、经营管控等作用。

三级组织架构是贯彻执行层，贯彻执行集团总部和股份公司的运营任务，负责业务的具体生产运营。

13.3.2　"1+2"的共享中心组织模式

结合集团发展战略及管理目标，天津港集团确定了财务共享中心的战略目标、职能定位、发展规划等内容。天津港集团将财务共享中心定位为"管控服务型"，在进行财务共享中心建设时，采用"1+2"的组织模式。其中，"1"是指集团财务共享中心为全集团提供统一运营支撑，提供财务数据分析与管理服务；"2"是指股份财务共享中心及原有的港航财务共享中心，分别为下属单位公司提供专业的财务管理服务。

天津港集团"1+2"的共享中心组织模式如图 13.8 所示。集团财务共享中心除为全集团提供统一运营支撑外，还专门负责集团销、保、本、经、机、工、房、土、金等财务共享职能；股份财务共享中心负责集团装、物以及三级公司的装、物、销、保等财务共享职能；港航财务共享中心负责港航工程的财务共享职能。在这种模式下，与集团的三级管控架构相匹配，"1+2"组织模式的不同板块实现统一业务处理，在板块内实现共享业务流程的集中管理。

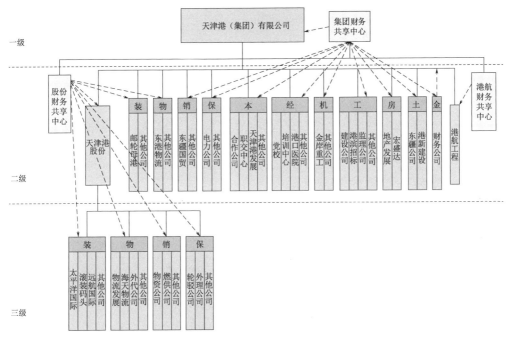

图 13.8　天津港集团"1+2"的共享中心组织模式

天津港集团按照板块特征，财务共享中心纳入的业务主要包括费用报销、应付管理、应收管理、资产管理、薪酬管理、税务管理、资金管理、总账报表等业务，基本涵盖了所有的核算业务和部分财务稽核工作，在共享中心运行成熟后，可以继续扩展，将不同的业务纳入共享服务，如图 13.9 所示。

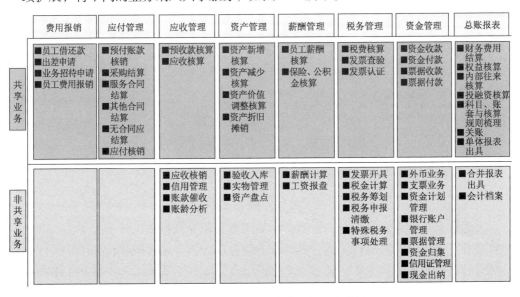

图 13.9　天津港集团共享中心的业务范围

天津港集团根据自身情况，梳理出财务共享中心的一些特殊事项，如下所述。

① 信用管理、实物管理、发票开具等操作具有较强的属地化属性，因此归入业务财务负责。

② 银行账户管理、票据管理等业务管理流程目前未统一，在这些管理流程统一后，仍然可考虑纳入共享服务的范围。

③ 合并报表出具目前仍然存在大量的手工调整工作，暂时没有纳入共享中心处理，后期合并报表会结合共享中心实现全集团自动化生成。

13.3.3 多组织协同的资金管理

天津港集团资金管理体系主要涉及集团财务部、财务公司、财务共享中心、下属企业财务部等组织，综合管控平台在进行规划和建设过程中，也必然对资金管理组织架构体系的组织定位和职责划分进行全面的设计。基于资金管理的多组织协同，天津港集团资金管理组织架构的组织定位和职责划分如图 13.10 所示。

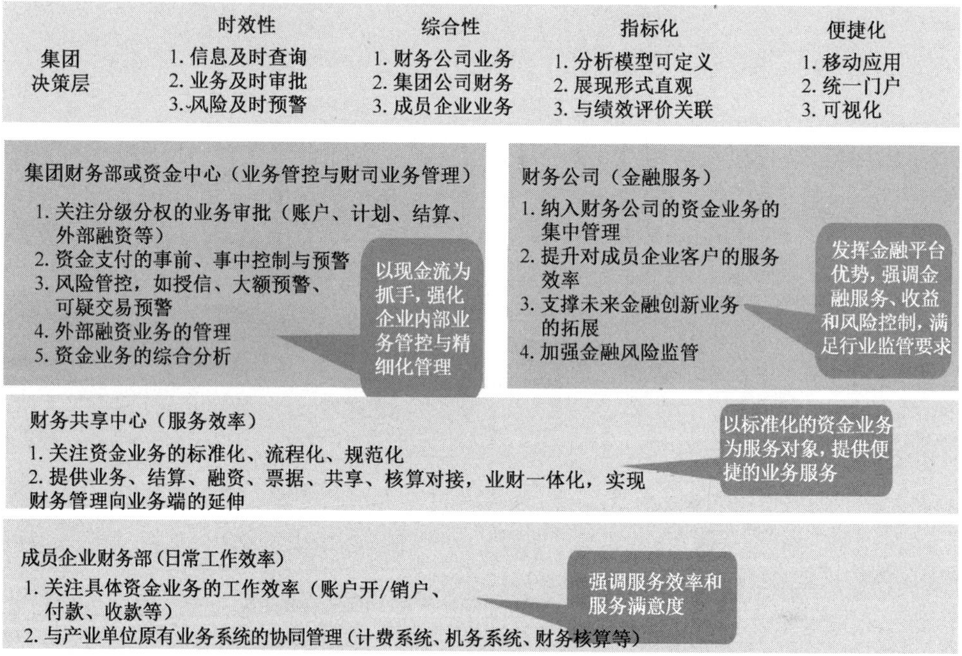

	时效性	综合性	指标化	便捷化
集团决策层	1. 信息及时查询 2. 业务及时审批 3. 风险及时预警	1. 财务公司业务 2. 集团公司财务 3. 成员企业业务	1. 分析模型可定义 2. 展现形式直观 3. 与绩效评价关联	1. 移动应用 2. 统一门户 3. 可视化

集团财务部或资金中心（业务管控与财司业务管理）
1. 关注分级分权的业务审批（账户、计划、结算、外部融资等）
2. 资金支付的事前、事中控制与预警
3. 风险管控，如授信、大额预警、可疑交易预警
4. 外部融资业务的管理
5. 资金业务的综合分析

以现金流为抓手，强化企业内部业务管控与精细化管理

财务公司（金融服务）
1. 纳入财务公司的资金业务的集中管理
2. 提升对成员企业客户的服务效率
3. 支撑未来金融创新业务的拓展
4. 加强金融风险监管

发挥金融平台优势，强调金融服务、收益和风险控制，满足行业监管要求

财务共享中心（服务效率）
1. 关注资金业务的标准化、流程化、规范化
2. 提供业务、结算、融资、票据、共享、核算对接，业财一体化，实现财务管理向业务端的延伸

以标准化的资金业务为服务对象，提供便捷的业务服务

成员企业财务部（日常工作效率）
1. 关注具体资金业务的工作效率（账户开/销户、付款、收款等）
2. 与产业单位原有业务系统的协同管理（计费系统、机务系统、财务核算等）

强调服务效率和服务满意度

图 13.10　天津港集团资金管理组织架构的组织定位和职责划分

集团财务部或资金中心：作为整个集团资金业务管控和风险管控中心，侧重管理和业务决策，同时行使部分具体业务的办理职能。主要职责包括：①关注分级分权的业务审批（账户、计划、结算、融资等）；②资金支付的事前、事中控制与预警；③风险管控，如授信、大额预警、可疑交易预警；④外部融资业务的管理；⑤资金业务的综合分析等。

财务共享中心：作为集团财务标准化业务处理服务中心，重点关注业务处理效率和服务。对资金来说，主要职责包括：①关注资金业务的标准化、流程化、规范化；②提供业务、结算、融资、票据、共享、核算对接，提供流程化、智能化的业务处理与预警分析等。

财务公司：作为集团内的非银金融机构，侧重金融服务，强调的是服务的效率和具体的业务执行职能，为集团和成员单位提供更好的金融服务。

成员单位财务部：主要以业财融合为手段，加强企业财资和风险管控。主要职责包括：①关注具体资金业务的工作效率；②与产业单位原有业务系统的协同管理（计费系统、机务系统、财务核算等）。

13.4 天津港集团综合管控平台的关键业务流程

13.4.1 预算业务流程

天津港集团按照三层组织体系架构，将预算业务流程结合集团、股份公司及平台公司、基层公司的不同管控权限进行整体梳理，并在数字化转型背景下实现全面预算管理，综合管控平台预算业务流程如图 13.11 所示。

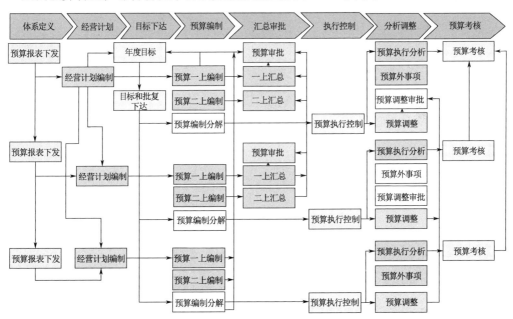

图 13.11 天津港集团综合管控平台预算业务流程

天津港集团对预算业务进行体系定义，将预算报表进行下发和接收，并据此编制经营计划。集团根据年度目标和批复下达的目标编制预算，并按照三层组织体系架构分解预算指标，层层汇总后进行集团预算审批。集团按照三层组织体系架构对编制的预算自动进行预算执行控制，并根据股份公司和基层公司的业务发展情况，进行预算调整。集团根据预算外事项和预算执行分析，分别对集团、股份公司及平台公司、基层公司进行预算考核。

13.4.2 资金业务流程

天津港集团结合数字化转型要求和综合管控平台的建设需求，对集团资金管理的关键业务进行流程梳理，形成集团统一的资金管理规划，嵌入并固化到资金业务系统中，基于数字化思维强化资金业务的规范化和流程化管理，如图 13.12 所示。

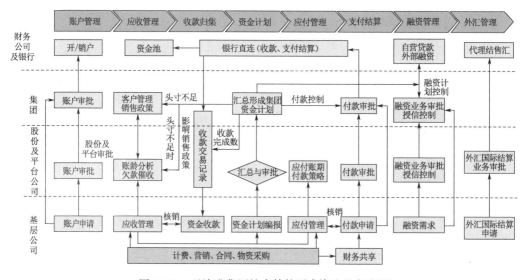

图 13.12　天津港集团综合管控平台资金业务流程

资金业务流程按照财务公司及银行、集团、股份公司及平台公司、基层公司的多组织协同进行梳理，流程主要涉及账户管理、应收管理、收款归集、资金计划、应付管理、支付结算、融资管理、外汇管理等节点，分别进行开/销户、账户审批、账户申请、账龄分析、应收管理、应付管理、付款审批、授信控制、外汇国际结算等工作。

13.4.3 共享报账主流程

天津港集团结合财务共享中心的建设需求，对财务共享中心的报账业务进行流程梳理，形成集团统一的报账入口，嵌入并固化到财务共享中心中，形成报账业务的规范化、流程化、统一化管理，如图 13.13 所示。

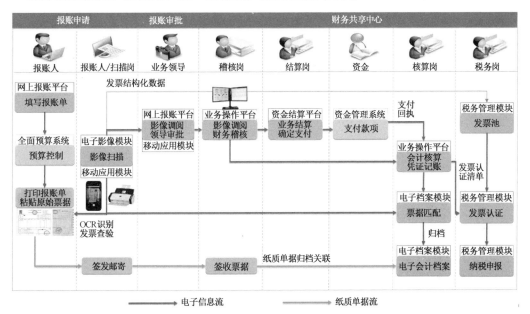

图 13.13　天津港集团综合管控平台共享报账主流程

　　共享报账主流程主要涉及报账人、业务领导、稽核岗、结算岗、资金、核算岗、税务岗等节点，由业务报账人在报账平台智能填写报账单，并连接全面预算系统进行预算控制，通过 OCR 自动识别各类票据，业务领导、稽核岗线上进行相关业务处理，最后完成智能付款、智能记账、智能纳税申报等业务节点工作，使电子信息流和纸质单据流在共享报账主流程中体现不同的作用。

13.4.4　资金付款流程

　　天津港集团结合综合管控平台的建设需求，对集团资金付款的关键业务进行流程梳理，形成集团统一的资金付款流程，进一步强化资金付款业务的规范化、流程化、数字化管理，如图 13.14 所示。

　　资金付款业务流程主要涉及前端业务系统、应付管理、财务共享平台、资金管理、核算管理等节点，进行合同管理、全面预算、应付付款单、应付单、影像上传、领导审批、财务稽核、进项票认证、结算、支付办理、总账、报表等节点工作。

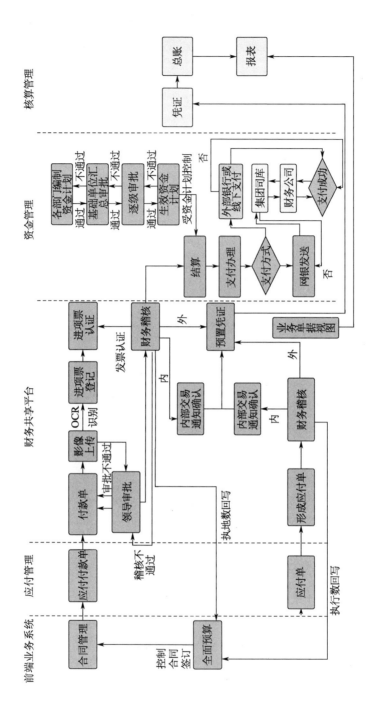

图 13.14 天津港集团综合管控平台资金付款流程

13.4.5 人力成本核算流程

天津港集团结合综合管控平台的建设需求，对集团人力成本核算的关键业务流程进行梳理，形成集团统一的人力成本核算业务流程，进一步强化人力成本核算业务的规范化、流程化、数字化管理，如图 13.15 所示。

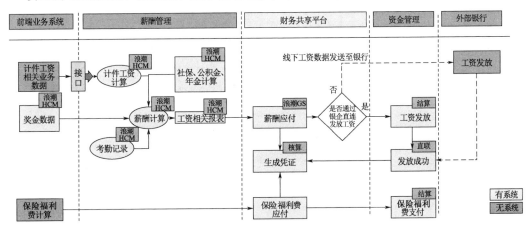

图 13.15 天津港集团综合管控平台人力成本核算业务流程

人力成本核算业务流程主要涉及前端业务系统、薪酬管理、财务共享平台、资金管理、外部银行等节点，进行计件工资相关业务数据自动录入、奖金数据自动录入、保险福利费计算、计件工资计算、社保计算、公积金计算、年金计算、薪酬计算、考勤记录、薪酬应付、生成凭证、工资发放、保险福利发放支付等节点工作。

13.5 天津港集团综合管控平台的关键业务场景

13.5.1 财务共享

基于天津港集团对财务共享的建设需求，结合共享服务的特点和优势，集团搭建一套规范化、标准化、集中化、集成化的统一财务管理体系，对战略财务、运营财务、共享财务提供支撑，最终实现财务信息的大数据决策支持。

天津港集团财务共享平台的功能体系如图 13.16 所示，网上报账平台发起集团各种业务事项，通过业务操作平台、资金结算平台等，完成财务核算、报表管理、资金管理等工作内容。财务共享平台还提供运营管理平台、运营支撑平台、风险监控平台、电子档案、全面预算等支持。

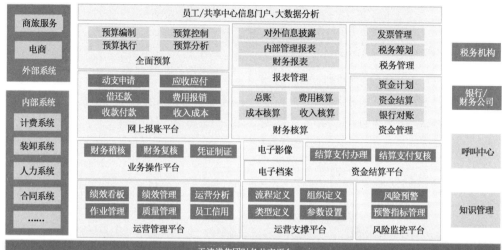

图 13.16　天津港集团财务共享平台的功能体系

通过财务共享平台为所有成员单位提供规范、高效、专业的财务共享服务，同时加快战略财务、运营财务、共享财务模式的落地应用，天津港集团实现了财务会计与管理会计职能的分离，加快了管理会计的应用实践，完善并规范了财务管理体系，将更多的人员、时间投入到管理、分析、控制、建议等高附加值工作中，发挥管理会计的职能和价值，为集团管理和领导决策提供及时、准确的数据，夯实财务数字化转型，有效提升了企业核心竞争力，主要体现在以下几个方面。

① 柔性共享，满足集团多维管控需求：柔性共享组织与刚性管控组织互为支撑，强调刚柔并济。天津港集团财务共享中心作为集团财务管理下属的独立运作业务单元，为集团所有下属业务单元提供服务。

② 端到端全流程数字化管理：天津港集团通过建设财务共享平台，实现报账、收入与支出结算、预算控制、税务、核算、影像及异构系统集成的一体化应用，建立管控与服务并重、业财资税一体化的财务共享平台，实现全业务端到端全流程数字化管理，促进财务资源的有效配置和高效利用，完成管控前移和业财深度融合，形成管理闭环，提高财务对业务的监督和指导能力，倒逼业务的规范化和精细化管理，实现财务管理模式创新，推动集团管理的精细化和优化。

③ 智能化财务管理，促进财务管理转型：浪潮集团通过大数据、人工智能、云计算、物联网等数字技术的应用，提供对话式 UI 与机器人服务，提供人工智能场景的支持，将人工智能技术与天津港集团财务共享平台相融合，替代低附加值的人工重复工作，能够有效提升财务管理效率，为企业办公提供全新的交互体验。

④ 电子影像与发票云互联互通：天津港集团通过电子影像与发票管理进行集成应用，在业务报账流程中，提供票据影像的精准智能识别，借助税务管理实时

完成发票验真查重，进行业务过程中的合规性及风险控制，通过影像与发票管理的互联互通，为后续业务流程提供高效服务。

⑤ 精细智能运营，支持共享中心高效运行：财务共享平台以任务驱动，发挥共享中心的规模效应，提升工作效率，对共享中心接收的工作任务进行统一分配、统一调度，通过派工规则将进入财务共享中心的任务分配到不同的作业岗位，并由作业人员分别进行处理。

⑥ 移动助力财务共享，提升服务体验：财务共享中心强调用户体验，提升共享中心服务效率和服务质量，通过移动填报、智能填报、移动审批、微信审批、移动查询等移动应用，使员工能够随时随地进行业务处理及查询，助力提高企业协同效率，更好地提升服务水平。

⑦ 财务大数据中心支撑决策分析：天津港集团利用大数据技术及财务共享的资源整合优势，从单纯的储存数据到利用数据，为财务管控，甚至企业决策提供优质服务。财务共享中心数据可以提供统计分析客商行为、存货周转率、员工行为分析、精细化管理分析数据等服务，使共享财务和管理会计融合，借助人工智能技术，为企业管理层和领导决策提供及时准确的数据支撑。

13.5.2 资金管理

天津港集团资金管理体系按照"提高收益、强化风控、业务高效"的原则，实现对整个集团存量资金和营运资金的精细化管理和智能化风险管控。资金管理系统按照分级分权、与财务公司及业务系统的协同应用，实现业务全流程的在线高效处理，并满足对整个集团资金业务的综合分析和国资监管的数据上报要求。天津港集团资金管理的应用架构如图 13.17 所示。

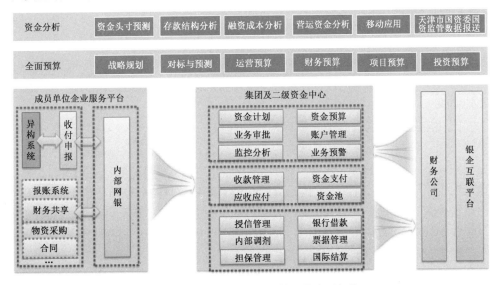

图 13.17　天津港集团资金管理的应用架构

天津港集团资金管理系统结合集团的可视化、系统化、集中化、协同化的建设要求，形成集团资金中心和财务公司两大平台，构建整个集团的资金管理体系。财务公司作为集团资金管理的金融服务平台，发挥统一的资金池、结算收支、融资服务作用，为集团的资金管理提供支持。集团资金中心除对财务公司之外的资金进行集中管理外，更多的是侧重整个集团管理、风控、计划、账户、营运资金精细化和大数据综合分析等管理职能。天津港集团资金管理体系主要有以下价值表现。

① 建立覆盖整个天津港集团的资金分级管理体系，包括集团总部、上市公司、二级集团和下属成员单位分级分权的管理体系，满足上市公司二级资金中心的管理需求。

② 满足资金业务协同一体化的高效处理需求，实现与企业、财务公司、外部监管方的协同应用。

③ 实现营运资金的精细化管理，实现应收应付的核销对账、基于业务的资金计划预测、资金占用成本考核、欠款的催收、客户价值的挖掘与分析。

④ 满足集团多维度的资金风险管控需求，包括计划、可用头寸、综合融资成本、融资风险、可疑交易跟踪、风险预警分析等职能。

⑤ 实现天津市国资委大额资金监管数据的组织和报送。

⑥ 实现集团资金业务的综合分析、指标预警、业务决策和灵活展现等数字化和智能化应用场景。

13.5.3　全面预算管理

天津港集团全面预算管理以集团发展战略为导向，以年度生产计划为依据，以预算编制为起点，以资金管控为重点，实现"目标下达→预算编制→过程管控→执行分析→考核评价"的一体化、全过程的全面预算管理，为集团构建一套面向集团各层级单位的全面预算管理系统应用平台。全面预算管理一方面保证集团战略目标通过预算真正落地，另一方面对企业运营层进行整体管控，实现企业的集团管控需求。

天津港集团通过全面预算管理系统的建设，完成了天津港集团公司、股份/平台公司、各业务板块及下级单位的预算闭环管理，实现了预算数据在线填报、指标在线下达、编制数据多口径自动化汇总、归口分管预算审核、费用实时控制、执行数据实时归集、预算执行情况分析和预算考核评价的业务功能。全面预算管理系统使预算真正成为天津港集团战略落地、业务管理的工具和手段，有效提升了企业的战略管理能力、资源整合能力、精细化和目标化运作能力及防范风险能力，促进企业规范化管理和可持续发展。

天津港集团全面预算管理系统应用架构如图 13.18 所示，集团以战略目标的经营计划为基准，通过销售预算、生产预算、采购预算、项目预算、人力预算、投资预算、财务预算进行需求计划和资源管理，从而构建集团全面预算管理体系，结合财务反馈的实际数据和 EVA 工具进行集团绩效管理。

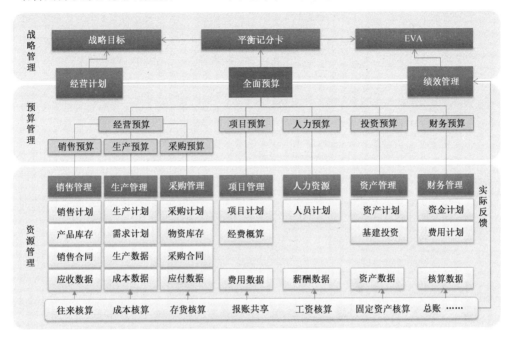

图 13.18　天津港集团全面预算管理系统应用架构

天津港集团全面预算管理的建设效果主要体现在以下几个方面。

① 统一标准，建立统一完整的全面预算管理标准体系：天津港集团全面梳理、优化预算管理组织、流程、业务内容、编报与分析模型等，最终形成一套符合集团管理需要的标准化全面预算管理体系，包括预算组织体系、预算指标体系、预算报表体系、预算控制体系、预算分析体系、预算调整体系、预算考核体系。

② 自动高效，建立高效的全面预算管理流程：天津港集团通过全面预算管理信息系统的建设应用，实现集团从预算下达、数据编制、汇总合并、执行控制、调整分析到考核评价的全流程数字化闭环管理，解决手工预算管理的弊端，全面提高预算自动化水平和工作总体效率。

③ 集成共享，实现系统间的业务集成、数据信息共享：天津港集团通过与企业综合管控平台的同步建设，实现预算的事前和事中控制，并与财务核算等系统进行集成应用，对预算进行及时的分析，真正实现降本增效，防范集团资金风险，在与财务、业务等系统的集成应用中，进一步消除信息孤岛，实现数据共享。

④ 闭环管理，强化考核，保障集团战略目标落地实现：天津港集团通过加强预算分析和预算考核管理，使考核政策通过系统应用真正落到实处，并做到有据

可依、有据可循，确保集团战略目标有效达成，提升集团全面预算管理的整体水平。

13.5.4　决策分析

以经营分析为导向，以集团管控为主，利用云计算、大数据、人工智能、物联网、数字孪生等先进数字技术，整合天津港集团财务、资金、预算、投资、资产、风控、对标等内外部数据，构建管控大数据仓库，实现数据资源资产化，搭建天津港集团大数据分析平台，建立客户、经营、财务、资金、人力、投资、安全、国资委监管等方面的智能业务分析模型，数字化、可视化、实时化地展示集团经营成果、洞察问题、预警风险，支撑集团精细化管控战略落地，以聚数融智的方式逐步实现管理决策的可视化、智能化、科学化。

结合天津港集团决策分析建设目标及现状分析，梳理出天津港集团决策分析的应用架构，如图 13.19 所示。

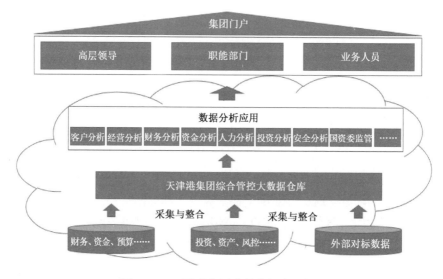

图 13.19　天津港集团决策分析应用架构

天津港集团决策分析的建设效果主要体现在以下几个方面。

① 建设一个涵盖天津港集团综合管控数据的大数据仓库：基于天津港集团的综合管控平台，建立面向业务主题的数据仓库，应用联机在线采集处理技术，从现有的数据中抽取、清洗出有用的指标数据，构建一个面向主题的、集成的、相对稳定的、反映历史变化的数据集合，即数据仓库。此数据集合是用于支持管理和决策的数据集，是由天津港集团管控类系统的历史数据、当前数据、操作数据和外部（对标）数据，按照一定的主题标准归类，经加工和集成而建立的，是为天津港集团的经营、管理提供可靠、科学决策的依据。

② 建设一个一体化、一站式的数据分析平台：建设天津港集团的数据分析平

台，为集团提供一套一体化、一站式的数据可视化展示工具，为集团用户提供从展示工具到分析应用的全方位数据服务，解决集团"看不到数、看不全数、看不透数"的决策困惑。

③ 构建综合管控数据分析体系，建设各类主题分析应用：构建天津港集团综合管控平台数据分析体系，涵盖客户、财务、资金、人力、投资、安全环保、国资监管等主题分析，确定每个主题主要的分析指标、分析模型，通过数据分析平台实现数据的分析、挖掘、可视化展示，辅助管理者实时掌握集团运营状况、洞察问题、预警风险，为科学决策提供支持和依据。

13.6 天津港集团综合管控平台的建设成效

13.6.1 建立"一横、一纵、一张网"的管控体系

1．一横：以财务视角为链接，建立业务环节的横向协同

综合管控平台借助集团核心要素的统一配置及共享服务，优先以财务视角为出发点，倒逼业务管理的统一，如围绕码头运营为核心的业务，由客户服务、供应链协同、资产、投资等形成作业环节的横向协同，形成业务、财务、资金、税务的端到端全流程数字化管控。

天津港集团的财务视角横向协同管理如图 13.20 所示，基于共享中心的作用，将核心业务事项与财务稽核、资金结算、税务核算、财务核算、财务报表等财务工作进行数字化融合，提高财务工作的效率，并为业务财务深入融合提供强有力的支持。

2．一纵：以资源要素与业务战略组合，推动集团管控分级分权

天津港集团以资源要素与业务战略组合的方式，实现集权与分权相结合，推动集团建立分级分权的三级管控架构。一级组织架构是总部管理，具有战略投资与运营职能的强总部特征；二级组织架构是实股份，主要负责股份公司及平台公司人、财、物的资源配置和各个职能的共享服务，具有实股份的特征；三级组织架构主要负责业务的具体生产运营，具有抓基层生产的特征。

3．一张网：形成以财务管控为主线的集团一张网，落实管控手段

综合管控平台借助财务共享实现与天津港集团现有财务核算系统、集装箱计费系统、散杂货计费系统、集装箱码头一体化、金税系统、考勤系统、财务公司核心系统、国资监管平台等相关信息系统的一体化，实现业务财务实时一体化融合，打通数据通道，形成以财务管控为主线的集团一张网，强化风险的事前识别和事中控制，如图 13.21 所示。

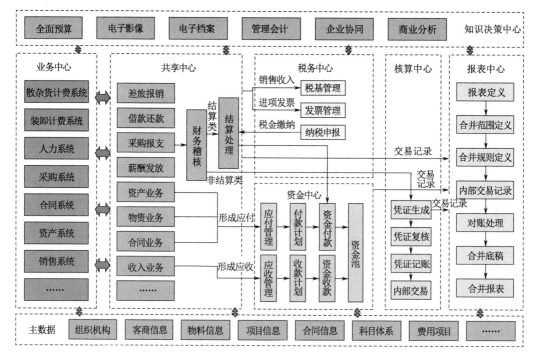

图 13.20　天津港集团的财务视角横向协同管理

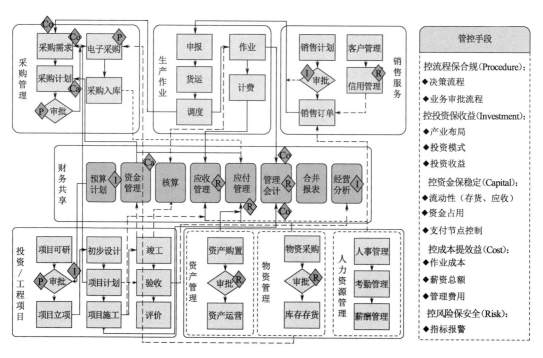

图 13.21　天津港集团以财务管控为主线的集团一张网体系

通过控流程保合规、控投资保收益、控资金保稳定、控成本提效益、控风险保安全等集团财务管控手段，将集团财务共享、采购管理、生产作业、销售服务、投资项目、工程项目、资产管理、物资管理、人力资源管理等全要素，构建成以财务管控为主线的集团一张网。

13.6.2　业务协同，形成业务财务实时一体化平台

通过与天津港集团现有管理系统、生产系统等集成，形成业务财务实时一体化平台，对物流、信息流、资金流进行直接处理及反馈。天津港集团通过业务财务系统的集成对接构建了综合管控平台，该一体化平台主要对接的管理系统包括智慧工作平台、财务管理系统、财务公司核心业务系统、财务共享中心（港航工程）等系统，对接的生产系统包括集装箱计费系统、散杂货计费系统、集装箱码头一体化操作系统等系统。其他有集成对接需求的还包括天津市国资监管平台、金税系统、考勤系统、数据中台及其他预留系统等。

天津港集团业务财务实时一体化平台集成架构及集成内容如图 13.22 所示。天津港集团基于综合管控平台，将集团已经集成的各种信息系统进行集成与对接，进一步构建了业务财务实时一体化平台。该平台通过整合集团内外部数据资源，利用人工智能、大数据、物联网等数字技术挖掘数据价值，提供实时、准确全面的数据分析结果，为领导层和各级管理层提供智能决策支持。

13.6.3　构建集团一体化视图，满足可视化、智能化管理要求

天津港集团以整合的管控类数据为基础，建设集团大数据分析平台，以集团经营分析为导向，建立财务资金、物资采购、合同客商、科信设施、组织人力、业务经营、党委综合、党建工作、合规审计、纪检监察、安全环保等方面的业务分析模型，以智能化洞察模型结果，以数字化展示集团经营成果、洞察问题、预警风险，逐步实现管理决策的可视化、智能化、科学化。基于此，天津港集团一体化视图管理如图 13.23 所示。

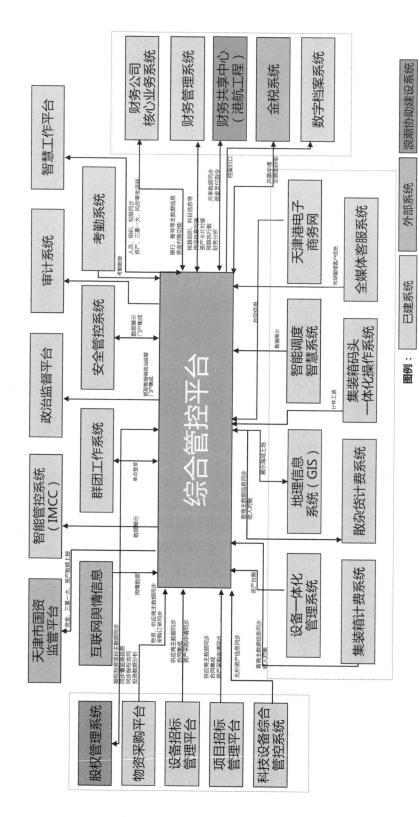

图 13.22　天津港集团业务财务实时一体化平台集成架构及集成内容

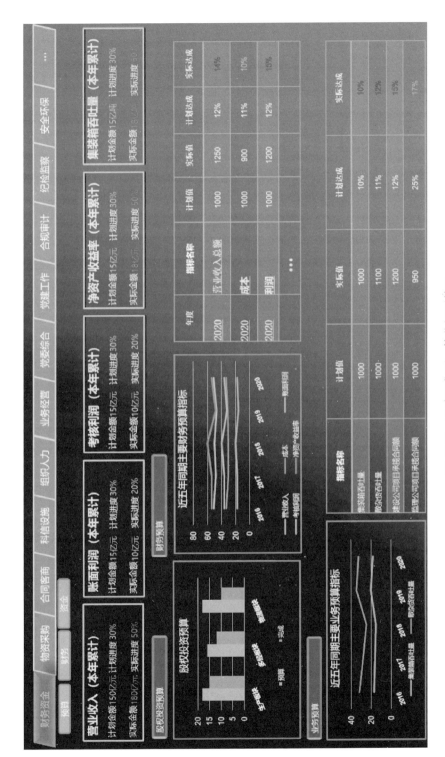

图 13.23　天津港集团一体化视图管理